ACCESS 2013

LE GUIDE COMPLET

POCHE

Micro Application

88 ter, avenue du Général-Leclerc
92100 Boulogne-Billancourt

1re Edition - Octobre 2013

Auteur Céline LOOS SPARFEL

ISBN : 978-2-822-402736

ISSN : 2109-7410

Couverture réalisée par Olo

Avant-propos

Destinée aussi bien aux apprentis qu'aux utilisateurs chevronnés, la collection *Guide Complet Poche* aborde l'ensemble du sujet traité. Privilégiant toujours l'aspect pratique, elle vous permet de progresser pas à pas depuis la découverte d'un logiciel, d'un langage ou d'une technologie, jusqu'à sa maîtrise avancée. Complète, elle délivre de nombreux exemples pratiques, des trucs et astuces et des conseils de professionnels pour tirer le meilleur parti de vos attentes.

Conventions typographiques

Afin de faciliter la compréhension de techniques décrites, nous avons adopté les conventions typographiques suivantes :

- **gras** : menu, commande, boîte de dialogue, bouton, onglet.
- *italique* : zone de texte, liste déroulante, case à cocher, bouton radio.
- `Police bâton` : Instruction, listing, adresse internet, texte à saisir.
- ✂ : indique un retour à la ligne volontaire dû aux contraintes de la mise en page.

REMARQUE

Il s'agit d'informations supplémentaires relatives au sujet traité.

ATTENTION

Met l'accent sur un point important, souvent d'ordre technique qu'il ne faut négliger à aucun prix.

ASTUCE

Propose conseils et trucs pratiques.

DEFINITION

Donne en quelques lignes la définition d'un terme technique ou d'une abréviation.

DÉCOUVRIR L'ENVIRONNEMENT MICROSOFT ACCESS 2013

1.1. Définition d'une base de données

Une base de données permet de centraliser, stocker, rechercher, supprimer ou consulter tous types d'informations. C'est un ensemble organisé d'informations traitant d'un même sujet.

Un système de gestion de base de données relationnelle (SGBDR) est une base de données dans laquelle sont créées plusieurs tables distinctes, liées les unes aux autres. Ces relations facilitent l'extraction de données provenant de différentes tables et la production de rapports complexes.

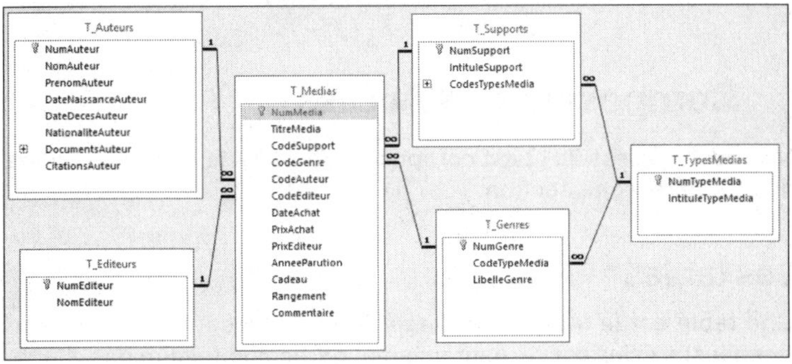

Figure 1.1 : Exemple de relations sous Access

Les principaux avantages d'une base de données sont :

- L'élimination des redondances d'informations. Une donnée est stockée une fois. Les seules données saisies en plusieurs exemplaires sont les données nécessaires pour établir les liens entre les tables.
- La facilitation des mises à jour. En effet, il n'est plus utile de saisir la même information dans plusieurs fichiers, comme c'est le cas avec Excel ou Word. Cela réduit le temps passé à la saisie et les risques d'erreurs.

Microsoft Access 2013 est un logiciel appartenant à la famille des SGBDR. C'est un outil de développement de base de données très complet. Avec un peu d'effort et de pratique, il est relativement simple d'emploi. Une base de données Access porte l'extension *.accdb*, à l'instar des versions 2007 et 2010. Pour les utilisateurs de versions antérieures à Access 2007, notez que cette extension remplace l'ancienne extension *.mdb*. Toutefois, Access 2013 prend toujours en charge les bases de données créées avec les versions précédentes.

Access peut être employé pour gérer votre carnet d'adresses, vos rendez-vous, vos collections de livres, cassettes, CD ou DVD, votre facturation, votre budget personnel, votre club de tennis, etc. Que ce soit dans le domaine personnel ou professionnel, c'est l'outil idéal pour satisfaire vos besoins en matière de gestion d'informations.

Il vous reste maintenant à découvrir les très nombreuses possibilités de cet outil afin de l'utiliser de façon optimale.

1.2. Composantes d'Access

Microsoft Access 2013 est composé de six objets que nous allons décrire dans cette section.

Les tables

Une table est le lieu de stockage de toutes les informations (ou données) saisies concernant un sujet particulier tel que des clients ou un catalogue de produits. Elle est constituée d'enregistrements, eux-mêmes décomposés en champs. Chaque champ contient une information précise correspondant à l'enregistrement.

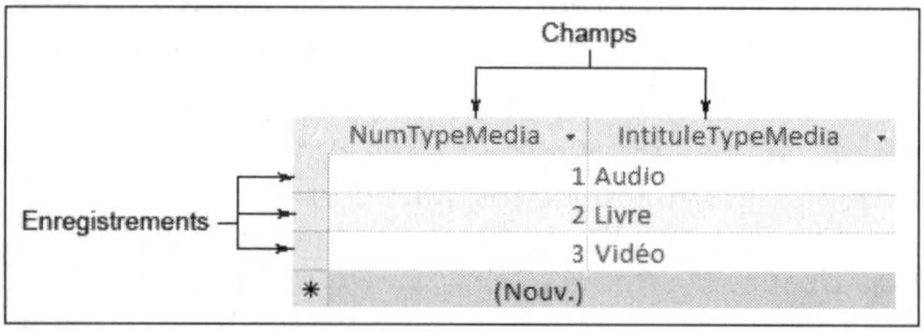

Figure 1.2 : Éléments d'une table

Par exemple, un enregistrement renferme l'ensemble des renseignements concernant un client. Un champ contient une information sur le client, comme son nom, adresse, numéro de téléphone, etc.

Pensez également à décomposer au maximum un champ. Par exemple, un champ *Adresse* doit être décomposé en plusieurs champs : un champ *Rue*, un champ *Code postal* et un champ *Ville*. Ceci permettra de réaliser, par la suite, des traitements sur chacun des champs. On dit que l'on manipule alors des données élémentaires, c'est-à-dire qu'il est impossible de les segmenter davantage. Pensez à la fameuse maxime : "Diviser pour mieux régner."

Une table peut être visualisée dans deux modes de présentation : le mode Création et le mode Feuille de données. Notez que, dans cette nouvelle version, le mode Tableau croisé dynamique et le mode Graphique croisé dynamique ont disparu.

-  Le mode Création est destiné à mettre en place la structure de la table et à l'examiner ou la modifier ultérieurement. Il sert à définir les propriétés de chacun des champs nécessaires dans la table en cours. Ces propriétés incluent le nom du champ, le type de donnée attendue, une description, un index et bien d'autres propriétés.

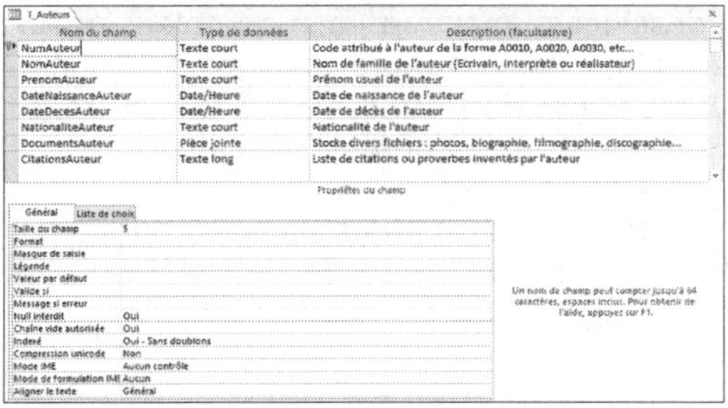

Figure 1.3 : Table en mode Création

- 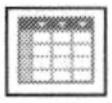 Le mode Feuille de données permet la saisie des informations dans chacun des champs. Il ressemble à une feuille de calcul Excel. Les colonnes représentent les champs de la table. Chaque ligne correspond à un enregistrement de la table.

Figure 1.4 : Table en mode Feuille de données

Une base de données Access doit contenir plusieurs tables. Il ne serait pas judicieux d'utiliser Access si vous ne souhaitiez créer qu'une seule table. Excel suffirait amplement.

L'exemple que nous aborderons durant toute cette initiation porte sur la gestion de votre médiathèque personnelle. Vous enregistrerez et manipulerez des données concernant des livres, des CD audio ou encore des DVD. Il serait donc tentant de limiter le stockage des informations à une seule table. Les informations concernées pourraient être le titre du média, son support, son auteur, son éditeur et le genre auquel il appartient.

La redondance d'informations est la première source d'erreur. En effet, si vous êtes fan d'un chanteur, vous êtes dans ce cas obligé de saisir son nom pour chaque album que vous possédez, avec les risques d'erreurs de frappe que cela suppose.

La difficulté de mise à jour des informations est la deuxième source de problème. Admettons que vous souhaitiez modifier le genre BD en Bandes dessinées, le terme vous semblant mieux approprié. Vous serez obligé de reprendre tous les enregistrements contenant le libellé BD et de les ressaisir. C'est un travail fastidieux et vous risquez d'oublier de nombreux éléments.

Il va donc falloir morceler les informations et les grouper par thèmes communs. Vous reprendrez cette réflexion un peu plus tard.

Les requêtes

Une requête sert à exploiter les données contenues dans les tables. Elle permet de trier les données, de les extraire par critères, de les modifier, de produire des calculs, etc. Une requête peut aussi être utilisée pour ajouter des enregistrements dans une table ou modifier la structure d'une ou plusieurs tables.

Une requête construite à partir d'une table est dite "monotable". Une requête construite à partir de plusieurs tables est dite "multitable".

Une requête peut être employée comme source de données d'un formulaire, d'un état, d'une liste déroulante, etc.

Une requête peut être visualisée de trois façons différentes, via le mode Création, le mode Feuille de données et le mode SQL.

- Le mode Création permet de concevoir la structure de la requête. Dans ce mode, la grille de conception fournit des moyens simples pour créer et modifier facilement les requêtes.

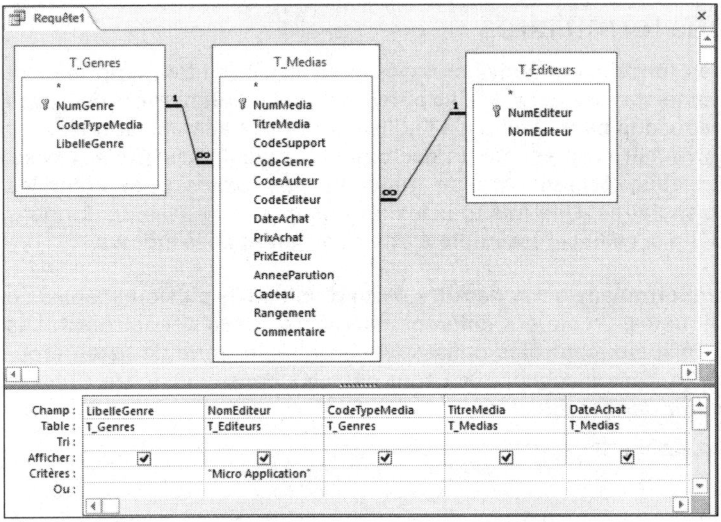

Figure 1.5 : Requête en mode Création

- Le mode Feuille de données permet d'afficher les données résultant de l'interrogation mise en place en mode Création. Ce résultat est affiché sous la forme d'un tableau dans lequel vous pouvez effectuer des modifications, des ajouts, des suppressions de données, ou encore appliquer des filtres ou des tris sur ces données. Par exemple, une requête peut extraire rapidement la liste des livres de l'éditeur Micro Application.

Requête1

Genre	Auteur	Editeur	TitreMedia	DateAchat
Bureautique	Céline LOOS	MICRO APPLICATION	ACCESS 2010 - Le Guide Complet	10/05/2010
Programmation	Céline LOOS	MICRO APPLICATION	Le Guide du Codeur VBA	20/06/2007
Programmation	Céline LOOS	MICRO APPLICATION	VBA pour Access	10/01/2005
Programmation	Céline LOOS	MICRO APPLICATION	VBA pour Excel 2003	01/12/2006
Programmation	Céline LOOS	MICRO APPLICATION	VBA pour Office 2007	10/11/2007

Figure 1.6 : Requête en mode Feuille de données

- SQL signifie *Structured Query Language*, c'est-à-dire "langage d'interrogation structuré". Le SQL est un langage de programmation qui vous permet de créer ou de modifier directement une requête. Le mode SQL est réservé aux programmeurs expérimentés, c'est pourquoi ce sujet ne sera pas étudié dans la suite de notre initiation.

Les formulaires

Les formulaires sont employés pour saisir, éditer, supprimer et rechercher les données. Ils procurent un environnement de travail beaucoup plus agréable à l'utilisateur pour traiter les données. Le formulaire représente un des objets les plus puissants d'Access. En effet, Access offre de multiples possibilités pour créer les formulaires. Une fois tous les formulaires de la base de données définis, celle-ci ressemble à une application de Windows.

Un formulaire est construit à partir d'une ou de plusieurs tables ou requêtes. Il contient différents éléments appelés "contrôles". Les principaux contrôles utilisés (zone de texte, zone de liste déroulante, case à cocher, etc.) sont détaillés dans le chapitre *Créer et gérer des formulaires*.

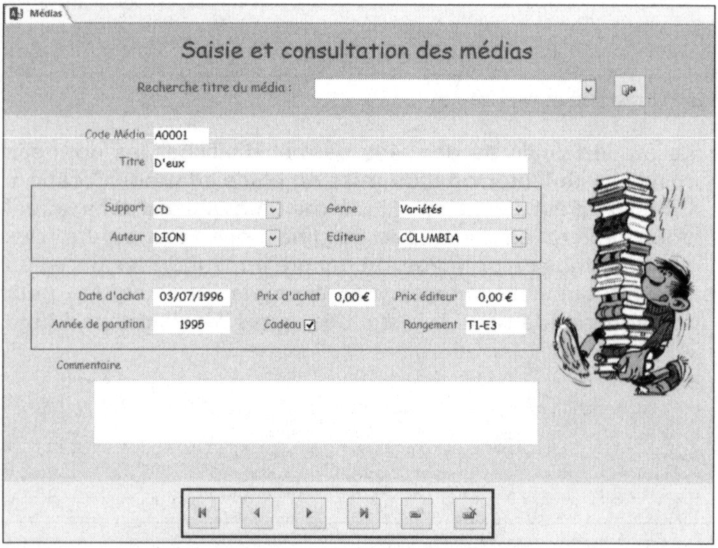

Figure 1.7 : Un exemple de formulaire

Les états

Si les formulaires permettent d'optimiser la saisie et la consultation des données à l'écran, les états sont destinés à leur impression.

Il est possible de créer des états simples (liste de noms, liste de livres, liste de produits, etc.), des états de regroupement (liste d'élèves regroupés par classes, liste de livres regroupés par genres, etc.), des états statistiques (total des chiffres d'affaires réalisés par année et par catégorie) ou encore des planches d'étiquettes (étiquettes d'adresses du fichier client).

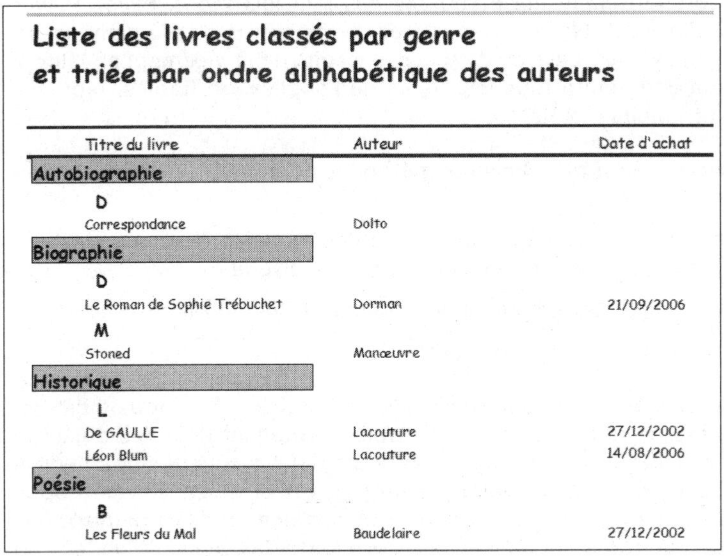

Liste des livres classés par genre
et triée par ordre alphabétique des auteurs

Titre du livre	Auteur	Date d'achat
Autobiographie		
D		
Correspondance	Dolto	
Biographie		
D		
Le Roman de Sophie Trébuchet	Dorman	21/09/2006
M		
Stoned	Manœuvre	
Historique		
L		
De GAULLE	Lacouture	27/12/2002
Léon Blum	Lacouture	14/08/2006
Poésie		
B		
Les Fleurs du Mal	Baudelaire	27/12/2002

Figure 1.8 : Un exemple d'état en mode Aperçu avant impression

Les macros et modules

Les macros permettent d'automatiser des tâches répétitives. Une macro consiste en une liste d'actions qu'Access exécute automatiquement. Par exemple, à partir d'un formulaire, un clic sur un bouton déclenche l'ouverture d'un autre formulaire.

Un module regroupe un ensemble de procédures ou de fonctions écrites en langage Visual Basic Applications (VBA). C'est un langage de programmation commun aux applications Microsoft Office. Ce langage est plus performant que l'utilisation des macros. Les macros limitent rapidement les possibilités d'automatisation. C'est pourquoi l'usage du VBA s'impose rapidement au développeur.

1.3. Créer une nouvelle base de données

Contrairement aux méthodes des logiciels Word, Excel, PowerPoint ou Publisher, vous devez, avant même sa création, sauvegarder votre base de données. Il s'agit en fait de créer l'enveloppe qui contiendra tous les objets de l'application (tables, requêtes, formulaires, états, etc.).

Access propose plusieurs méthodes pour créer une base de données :

- Utiliser un modèle de la liste des modèles fournis à l'installation d'Access et présents sur votre disque dur.
- Utiliser un modèle téléchargé sur le site de Microsoft.
- Créer une nouvelle base de données vide.

Access 2013 est doté de plusieurs modèles. Un modèle est une base de données prête à l'emploi, contenant déjà des objets tables, requêtes, formulaires et états définis. Il vous appartient de les compléter, d'ajouter d'autres objets et de saisir vos propres informations. Notez toutefois que certains modèles peuvent déjà contenir des données. Il est alors tout à fait possible de les supprimer.

Créer une base de données à partir d'un modèle proposé

Les modèles sont un excellent point de départ pour créer votre propre base de données, dans la mesure où vos besoins correspondent à un modèle existant. La procédure mise en œuvre réalisera pour vous une base de données complète, sans intervention de votre part, ou presque. Procédez ainsi :

1. Démarrez Access 2013. À l'ouverture du logiciel, une page d'accueil très simplifiée s'affiche. Vous n'êtes plus qu'à quelques clics d'obtenir votre propre base de données personnalisée.
2. Dans la fenêtre centrale, cliquez sur le modèle de votre choix. Sélectionnez par exemple le modèle *Contacts*.
3. Une nouvelle fenêtre vient se superposer à la fenêtre d'accueil. Vous devrez complémenter quelques informations telles que le nom et l'emplacement de votre nouvelle base de données.

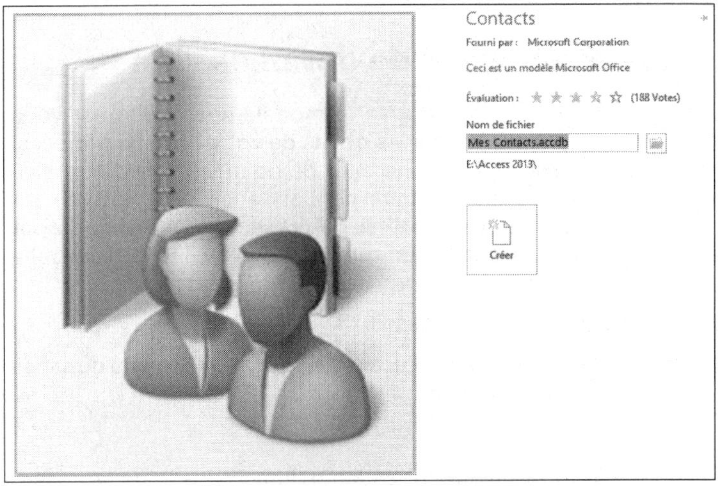

Figure 1.9 : Création d'une base de données à partir d'un modèle

4.  Pour enregistrer la base de données dans un autre dossier que celui qui est indiqué sous le nom, cliquez sur le bouton **Cherchez un emplacement pour votre base de données**.
5. Dans la boîte de dialogue **Fichier Nouvelle base de données**, sélectionnez l'emplacement souhaité, puis cliquez sur le bouton OK.
6. Cliquez sur le bouton **Créer**.

Access crée la nouvelle base à partir du modèle sélectionné, puis l'ouvre. Une fois la base de données créée, un formulaire s'affiche, prêt à recevoir les premières saisies.

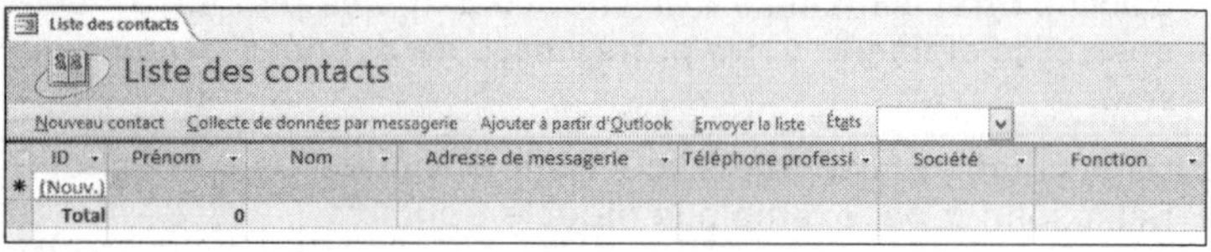

Figure 1.10 : Affichage du formulaire de saisie des données

Utilisez le volet de navigation pour vous déplacer dans les différents objets créés.

1.4. Créer une base de données vide

Enfin, si vous n'avez pas trouvé le modèle souhaité ou si vous désirez créer par vous-même les objets de votre base de données, optez pour la conception d'une base de données vide. Cette procédure vous permettra de faire connaissance progressivement avec les premières fonctionnalités d'Access. Vous constaterez par la suite que si l'utilisation d'un modèle vous facilite la tâche, elle ne répond que rarement à vos besoins. Procédez ainsi :

1. Démarrez le logiciel Access 2013.
2.  Dans la fenêtre d'accueil, cliquez sur **Base de données du Bureau vide**.

   Comme dans la section précédente, une nouvelle fenêtre vient se superposer à la fenêtre d'accueil.
3. Dans la zone *Nom de fichier*, remplacez le nom *Base de données1* par celui que vous souhaitez attribuer à la nouvelle base. Nous vous proposons de saisir `Médiathèque`, qui représente la base de données que vous élaborerez au fil des chapitres. N'effacez pas l'extension *.accdb* indiquée.
4. Pour enregistrer la base de données dans un autre dossier que celui qui est indiqué sous le nom, cliquez sur le bouton **Cherchez un emplacement pour votre base de données**. À vous de choisir l'emplacement le mieux adapté.

5. Cliquez sur le bouton **Créer**.

La fenêtre de l'application *Médiathèque* apparaît dans la fenêtre Access.

Access a créé la nouvelle base de données et y a déjà ajouté une première table, nommée *Table1*, mais pas encore enregistrée. Cette table est affichée en mode Feuille de données et s'apparente visuellement à une feuille de calcul Microsoft Excel.

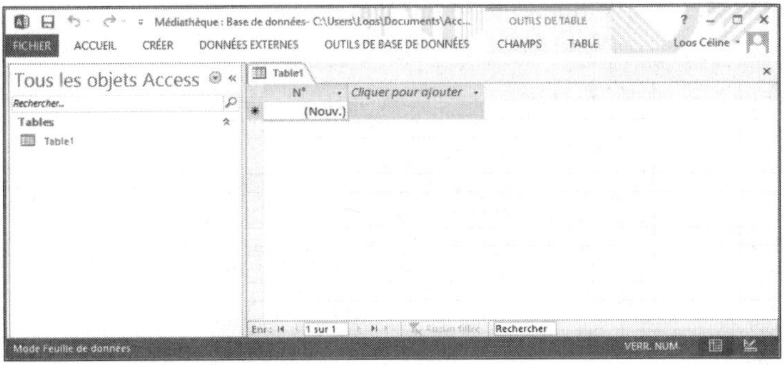

Figure 1.11 : Fenêtre de la base de données Médiathèque

Il vous est tout à fait possible de créer la structure de la table au fur et à mesure que vous saisissez les données. Toutefois, ce n'est pas une méthode très rigoureuse, et bien entendu nous ne vous la conseillons pas.

[x] Pour l'instant, cliquez sur le bouton **Fermer "Table1"**, à l'extrême droite du nom de l'onglet **Table1**.

Si Access vous demande d'enregistrer les modifications apportées à la structure, cliquez sur le bouton de commande **Non**.

ATTENTION

Suppression de la Table1

Si vous fermez la table nommée *Table1* sans l'avoir enregistrée au moins une fois alors que vous avez déjà saisi des données, la table disparaît complètement.

Il vous reste maintenant à créer les objets nécessaires au bon fonctionnement de votre application.

1.5. Description de la fenêtre Access

Lors de la création d'une nouvelle base de données vide, vous vous trouvez face à un écran vide. Avant d'aller plus loin, prenez connaissance des différents éléments de cette fenêtre. Ce vocabulaire sera repris tout au long de ce livre.

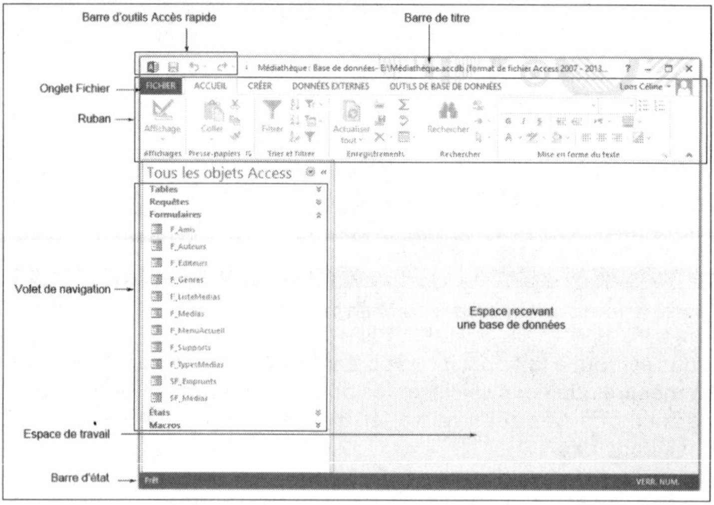

Figure 1.12 : Les différents éléments de la fenêtre Access

1.6. Découvrir le ruban

Depuis la version 2007, barre de menus et barres d'outils ont été remplacées par un unique outil à fonctionnalités multiples, le ruban. Le ruban a été développé afin d'accélérer la recherche de commandes. Les commandes sont regroupées par thèmes (groupes) dans des onglets et représentées par des symboles nommés "contrôles". Ces contrôles représentent en fait des raccourcis de commandes. Chaque onglet concerne un groupe de commandes précis. Certains onglets apparaissent en fonction de l'objet actif et du mode d'affichage de l'objet.

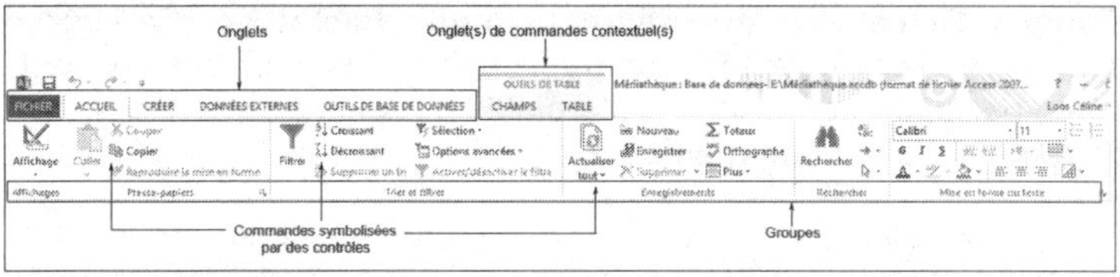

Figure 1.13 : Description du ruban

Le ruban comporte trois éléments principaux :

- Les onglets : chaque onglet regroupe les tâches principales que vous effectuez.
- Les groupes : ils réunissent toutes les commandes concernant une tâche bien précise. Par exemple, le groupe **Mise en forme du texte** rassemble toutes les commandes relatives à la mise en forme des données.
- Les commandes : elles correspondent à une action bien définie telle que la copie, le collage... Une commande peut être identifiée par un bouton de commande (c'est le cas le plus courant), un menu (choix d'une police, d'une couleur...) ou une case à cocher.

REMARQUE

Une commande particulière

Dans certains groupes apparaît, dans le coin inférieur droit, une petite flèche appelée "lanceur de boîte de dialogue". Quand vous cliquez sur cette flèche, une boîte de dialogue s'affiche, proposant des commandes supplémentaires. Par exemple, dans le groupe **Mise en forme du texte**, un clic sur le lanceur de boîte de dialogue vous permet d'accéder à d'autres options de mise en forme.

Utiliser les onglets de commandes

Les principaux onglets de commandes du ruban sont : **FICHIER**, **ACCUEIL**, **CRÉER**, **DONNÉES EXTERNES** et **OUTILS DE BASE DE DONNÉES**. Désormais, nous les écrirons en minuscules pour faciliter la lecture.

Comme nous l'avons déjà indiqué, chaque onglet est organisé en groupes de commandes connexes. Rappelons également que les commandes visibles varient en fonction de l'objet actif et de son mode d'affichage.

L'onglet **Fichier** fait apparaître le mode Backstage. Ce mode Backstage rassemble tous les outils dont vous avez besoin pour créer, partager, définir des préférences pour les différentes bases de données que vous manipulez.

ACCUEIL L'onglet **Accueil** contient des commandes concernant les modes d'affichage, le Presse-papiers, les tris et filtres, les enregistrements, la recherche et la mise en forme.

CRÉER L'onglet **Créer** contient des commandes concernant la création des différents objets tables, requêtes, formulaires, états, macros et modules.

Les contrôles contenus dans cet onglet seront décrits lors de l'étude de chacun des objets correspondants.

DONNÉES EXTERNES L'onglet **Données externes** contient des commandes permettant d'importer, d'exporter ou de lier des données provenant de sources différentes (Excel, Access, messagerie électronique...).

Les contrôles contenus dans cet onglet seront décrits lors de l'étude de l'importation et l'exportation de données.

OUTILS DE BASE DE DONNÉES L'onglet **Outils de base de données** contient des commandes permettant de gérer les relations entre les tables, d'afficher ou de masquer les dépendances d'objets, et propose de nombreuses fonctionnalités utiles à la gestion de la base de données.

Quelques-unes de ces fonctionnalités seront étudiées dans les chapitres suivants.

REMARQUE

Commande indisponible

Si un contrôle est grisé, c'est que la commande n'est pas applicable à l'élément sélectionné.

En plus des onglets de commandes standards, l'ouverture de certains objets fait apparaître un ou plusieurs onglets supplémentaires nommés "onglets de commandes contextuels". Ces onglets proposent des commandes propres à l'objet manipulé et dépendent de son mode d'ouverture (mode Création, Feuille de données...). Ils sont positionnés à droite du ruban, après l'onglet **Outils de base de données.**

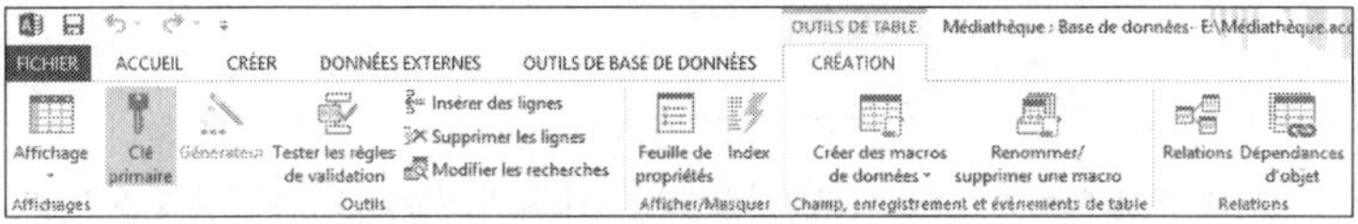

Figure 1.14 : Onglet contextuel associé à l'objet table en mode Création

Masquer ou afficher le ruban

Pour gagner temporairement ou définitivement un peu de place dans votre espace de travail, vous pouvez masquer le ruban selon deux méthodes :

- En double-cliquant sur l'onglet actif. Seule la barre des onglets reste visible.
- En cliquant sur la flèche située à l'extrême droite du ruban.

Un clic sur un des onglets du ruban permet d'accéder temporairement à une commande du ruban.

Vous pouvez restaurer l'affichage complet du ruban de deux façons :

- En double-cliquant sur un des onglets du ruban.
- En cliquant sur un onglet du ruban pour le dérouler, puis en cliquant sur la punaise située à l'extrême droite du ruban.

Découvrir la barre d'outils Accès rapide

Contrairement à ce que nous indiquions précédemment, il subsiste encore une barre d'outils, la barre d'outils *Accès rapide*. C'est une barre comportant très peu d'outils et située, en principe, au-dessus du ruban. Les commandes proposées par défaut sont les commandes **Enregistrer**, **Annuler** et **Rétablir**.

Figure 1.15 : Barre d'outils Accès rapide

Déplacer la barre d'outils Accès rapide

Cette barre peut être positionnée à deux endroits :

- Au-dessus du ruban, au niveau de la barre de titre de l'application Access. C'est son emplacement par défaut.
- Sous le ruban.

Pour déplacer la barre *Accès rapide* :

1. Cliquez sur la flèche déroulante **Personnaliser la barre d'outils Accès rapide**, située à l'extrême droite de la barre *Accès rapide*.
2. Dans la liste déroulante proposée, en fonction de la position actuelle de la barre, choisissez la commande :

   – **Afficher en dessous du ruban**.

   ou

   – **Afficher au-dessus du ruban**.

Ajouter une commande à la barre d'outils Accès rapide

Nous vous proposons deux méthodes pour ajouter une nouvelle commande.

- À partir du ruban (méthode la plus rapide).

1. Dans le ruban, sélectionnez l'onglet dans lequel se trouve la commande souhaitée.
2. Cliquez du bouton droit sur la commande à insérer dans la barre *Accès rapide* et activez la commande **Ajouter à la barre d'outils Accès rapide**.

- À partir de la barre d'outils *Accès rapide* : cette méthode permet d'ajouter plusieurs commandes en même temps.

1. Cliquez sur la flèche déroulante **Personnaliser la barre d'outils Accès rapide**, située à l'extrême droite de la barre *Accès rapide*.
2. Dans la liste déroulante, choisissez la commande **Autres commandes**. La boîte de dialogue **Options Access** s'ouvre.
3. Dans la liste déroulante *Choisir les commandes dans les catégories suivantes*, sélectionnez la catégorie dans laquelle se trouve la commande à ajouter. Il est bien entendu préférable de connaître cette catégorie à l'avance.
4. Dans la liste des commandes, sélectionnez la commande souhaitée, puis cliquez sur le bouton **Ajouter** >>.
5. Lorsque toutes les commandes souhaitées sont insérées, cliquez sur le bouton OK.

Supprimer une commande de la barre d'outils Accès rapide

Pour supprimer une commande, cliquez du bouton droit sur la commande concernée dans la barre d'outils *Accès rapide* et activez la commande **Supprimer de la barre d'outils Accès rapide**.

Utiliser les info-bulles

Quand vous parcourez les contrôles du ruban simplement en faisant glisser le pointeur de la souris, une brève explication apparaît sous le contrôle pointé, dans un cadre appelé "info-bulle".

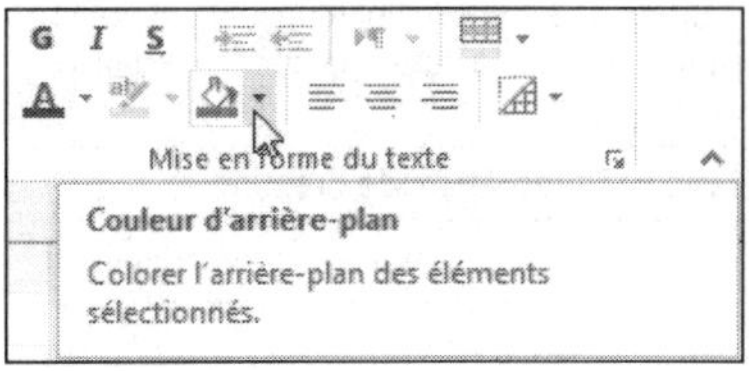

Figure 1.16 : Affichage d'une info-bulle simple

Access 2013 dispose également d'info-bulles avancées. Ce sont des info-bulles de plus grande taille, proposant une description plus complète du contrôle parcouru et pouvant même offrir un lien vers une rubrique d'aide.

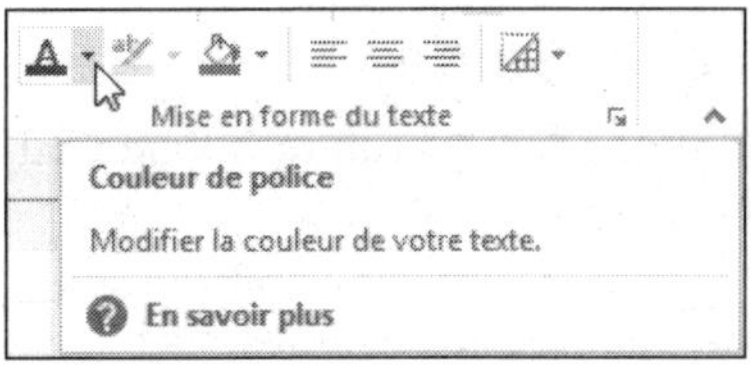

Figure 1.17 : Affichage d'une info-bulle avancée

Utiliser les raccourcis clavier

Les raccourcis clavier sont utiles pour effectuer des commandes manuellement plutôt qu'avec la souris. Dans de nombreux cas, ces raccourcis clavier vous permettent de travailler beaucoup plus facilement et rapidement, essentiellement lorsque vous réalisez fréquemment les mêmes opérations.

Voici quelques raccourcis clavier à utiliser sans modération !

Tableau 1.1 : Raccourcis clavier	
Séquence de touches	**Pour**
Ctrl+N	Créer une nouvelle base de données.
Ctrl+O	Ouvrir une base de données existante.
Alt+F4	Quitter Access.
Ctrl+S	Enregistrer un objet.
Ctrl+F4	Fermer l'objet actif (Table, Formulaire…).
F11	Afficher ou masquer le volet de navigation.
Ctrl+F1	Masquer ou afficher le ruban.
Ctrl+F6	Naviguer entre les différents objets ouverts.
F2	Renommer l'objet sélectionné, dans le volet de navigation. Positionner le curseur à la fin de la saisie, en mode de saisie de données dans un champ.
F4	Afficher la feuille des propriétés, en mode Création.
F1	Activer l'aide.

Pour découvrir tous les raccourcis clavier d'Access, tapez `Raccourcis clavier` dans la zone *Rechercher* de l'aide Access. En principe, le premier article résultant de la recherche est celui à consulter.

Utiliser les touches d'accès rapide

Pour accéder rapidement aux commandes du ruban à l'aide du clavier, utilisez les touches accélératrices.

1. Appuyez sur la touche Alt (ou F10). Des lettres ou chiffres associés aux touches d'accès rapide apparaissent au-dessus :
   - de l'onglet **Fichier** ;
   - de chaque commande de la barre d'outils *Accès rapide* ;
   - de chaque onglet du ruban.

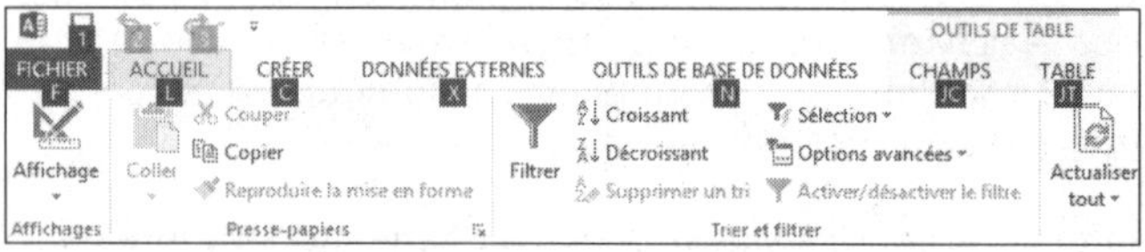

Figure 1.18 : Touches d'accès rapide aux commandes du ruban

2. Appuyez sur la lettre ou le chiffre correspondant à la commande à effectuer.
3. En fonction de la lettre ou du chiffre sur lesquels vous appuyez, d'autres combinaisons de touches apparaissent. Appuyez de nouveau sur la combinaison de touches indiquée pour exécuter la commande choisie.
4. Pour arriver à la fonctionnalité souhaitée, progressez ainsi en appuyant successivement sur les différentes touches proposées.

Par exemple, pour créer une table en mode Création, appuyez successivement sur les touches :

- [Alt] pour afficher les touches d'accès rapide ;
- [C] (minuscule ou majuscule) pour accéder aux commandes de l'onglet **Créer** ;
- [R] pour créer une table en mode Création.

Pour masquer les touches d'accès rapide, appuyez de nouveau sur la touche [Alt].

1.7. Découvrir la barre d'état

La barre d'état, située en bas de la fenêtre Access, affiche des messages concernant l'état des objets (mode Création, mode Feuille de données...), des indicateurs tels que le contenu de la description d'un champ ou encore la progression d'une importation ou d'une conversion, et bien d'autres informations que vous aurez probablement l'occasion d'observer au cours de vos manipulations.

Dans Access 2013, la barre d'état offre deux fonctionnalités intéressantes : une barre permettant de basculer entre les différents modes d'affichage des objets et un zoom.

Cette barre, présentant les modes d'affichage d'un objet, varie en fonction de l'objet actif.

Le zoom n'apparaît que dans les états. Cette fonctionnalité sera étudiée dans le chapitre *Créer et gérer des états*.

Afficher ou masquer la barre d'état

Il est possible d'activer ou de désactiver la barre d'état selon vos besoins.

1. Cliquez sur l'onglet **Fichier**.
2. Cliquez sur la commande **Options**.
3. Dans le volet situé à gauche de la boîte de dialogue **Options Access**, sélectionnez la catégorie *Base de données active*.
4. Dans la section *Options de l'application*, décochez la case *Afficher la barre d'état* afin de masquer la barre d'état, puis cliquez sur le bouton OK.

ATTENTION

Mise à jour de l'affichage non immédiate

Pour que cette modification prenne effet, vous devez fermer et ouvrir de nouveau votre base de données. Cette modification est propre à chaque base de données.

Effectuez la manipulation inverse si vous souhaitez afficher la barre d'état.

1.8. Comprendre les onglets de documents

Depuis la version 2007, Access propose un nouvel affichage des objets dans une fenêtre nommée "document à onglets". Au lieu que chaque objet soit affiché dans une fenêtre indépendante, une seule fenêtre est ouverte et contient l'ensemble des objets ouverts. Chaque objet est alors accessible par un clic sur son nom contenu dans un onglet.

Figure 1.19 : Affichage des objets sous forme de documents à onglets

C'est l'affichage proposé par défaut lors de la création d'une base de données Access 2013. En revanche, si vous ouvrez une base de données au format antérieur, l'affichage sous forme de fenêtres indépendantes superposées est conservé.

Basculer de l'affichage sous forme d'onglets à l'affichage de fenêtres superposées

1. Cliquez sur l'onglet **Fichier**.
2. Cliquez sur la commande **Options**.
3. Dans le volet situé à gauche de la boîte de dialogue **Options Access**, sélectionnez la catégorie *Base de données active*.
4. Dans la rubrique *Options de l'application*, sous la section *Options de la fenêtre Document*, cochez l'option *Fenêtres superposées*, puis cliquez sur le bouton OK.

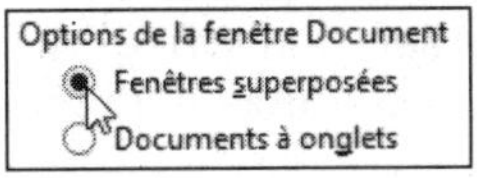

Figure 1.20 : Activer l'affichage des objets en fenêtres superposées

Effectuez la manipulation inverse si vous souhaitez revenir sur un affichage de documents à onglets.

ATTENTION

Mise à jour de l'affichage non immédiate

Pour que les différentes modifications d'affichage prennent effet, vous devez fermer et ouvrir de nouveau votre base de données. Ces modifications sont propres à chaque base de données.

1.9. Découvrir le volet de navigation

Le volet de navigation constitue le poste de pilotage de votre future application. C'est dans cette fenêtre que vous ajouterez et visualiserez les différents objets (tables, requêtes, formulaires, états...) nécessaires à la gestion de vos données. Ce volet remplace la fenêtre **Base de données** des anciennes versions.

Voici quelques avantages offerts par le volet de navigation, qui apportent un confort dans l'utilisation d'Access 2013 :

- Ce volet est affiché en permanence, il n'est jamais masqué par un objet se positionnant dessus. Il peut même servir de menu d'accueil, facilitant pour un utilisateur béotien la navigation entre les différents objets de la base de données.

- Plusieurs types d'actions peuvent être exécutées à partir du volet, comme la copie, la suppression, l'importation ou l'exportation d'objets.
- Vous pouvez afficher ou masquer les objets souhaités dans le volet.
- De nombreuses possibilités vous sont proposées pour organiser le regroupement des objets selon votre choix.
- Vous pouvez créer des catégories et groupes personnalisés, limitant ainsi l'accès à certains objets. Supposons que vous n'autorisiez l'accès qu'à la saisie et consultation des médias et des emprunts ainsi qu'à l'édition de quelques rapports. Dans ce cas, vous pouvez créer une catégorie personnalisée et y placer un groupe de raccourcis vers les objets autorisés.

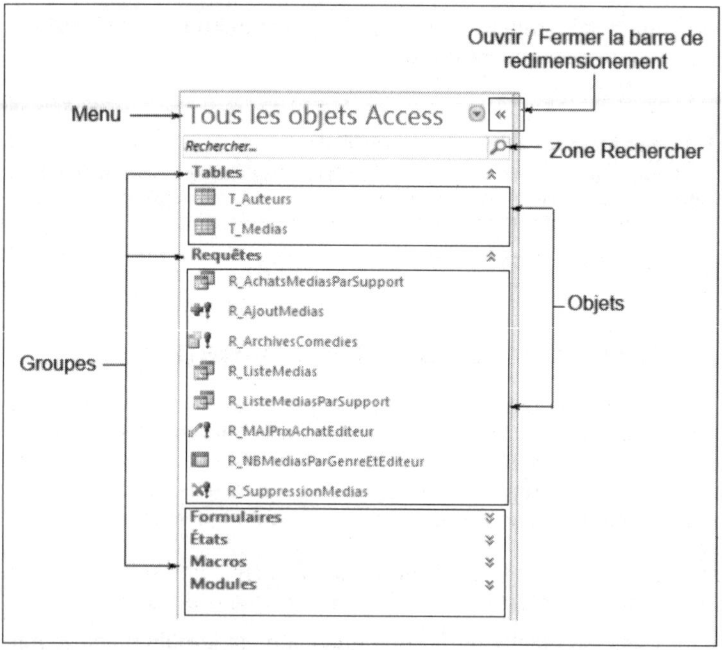

Figure 1.21 : Description du volet de navigation

Tableau 1.2 : Les différents éléments du volet de navigation	
Nom	**Description**
Menu	Il affiche la catégorie choisie pour la présentation des groupes et des objets dans le volet. Un clic du bouton droit dans cette zone déroule un menu contextuel offrant la possibilité de modifier la catégorie, l'ordre de tri ou l'affichage des objets. Vous pouvez également accéder aux options du volet de navigation.
Barre de redimensionnement	Elle permet d'adapter la largeur du volet selon vos besoins. Pour redimensionner le volet, cliquez et glissez la flèche à double pointe vers la droite pour agrandir le volet ou vers la gauche pour le rétrécir. Lorsque le volet de navigation est masqué, cliquez sur le texte vertical Volet de navigation ou appuyez sur la touche F11 afin de l'afficher de nouveau. Si vous souhaitez cacher complètement ce volet, il faut vous rendre dans les options d'Access.
Zone Rechercher	Elle permet de trouver rapidement par son nom un objet de la base de données. Au fur et à mesure que vous saisissez les caractères, le volet masque les groupes et les objets ne correspondant pas à la demande.
Groupes	Pour développer ou réduire un groupe, cliquez sur la barre de titre du groupe.
Objets	Liste des objets (tables, requêtes, formulaires...) appartenant au groupe déroulé. Ces objets peuvent être de même type ou de types différents selon la catégorie sélectionnée.

Fonctionnement du volet de navigation

Le volet de navigation se présente sous la forme d'une arborescence. Il classe les objets de la base de données par catégories, qui elles-mêmes se décomposent en groupes. Chaque groupe contient un ou plusieurs objets. À l'écran, une seule catégorie est visible. Tous les groupes de la catégorie sont accessibles (à moins qu'ils ne soient masqués). Ils peuvent ne pas être tous visibles s'ils contiennent beaucoup d'objets. Dans ce cas, une barre de défilement vertical permet de les faire défiler.

En cliquant sur le **Menu**, vous accédez à la liste des catégories et groupes définis dans Access.

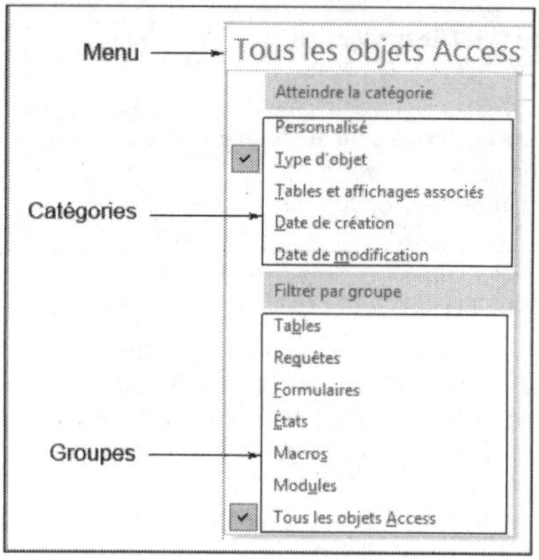

Figure 1.22 : Les deux parties du Menu

Voici quelques explications complémentaires :

- La liste des catégories affiche les catégories prédéfinies et personnalisées. La coche indique la catégorie sélectionnée.
- La liste des groupes affiche les groupes prédéfinis et personnalisés de la catégorie sélectionnée.
- Le **Menu** est propre à chaque base de données. Un **Menu** ne peut être ni importé ni exporté.
- Le titre du **Menu** est fonction de la catégorie et du groupe choisis.
- Par défaut, à la création d'une nouvelle base de données, Access affiche toujours la catégorie *Tables et affichages associés* et le groupe **Toutes les tables**. En fait, Access crée un groupe pour chaque table de la base de données. C'est pourquoi certains objets (requêtes, formulaires et états) peuvent apparaître plusieurs fois dans des groupes différents. Par exemple, si une requête est construite sur deux tables, cette requête apparaît dans les deux groupes associés à chacune des deux tables.
- Si vous souhaitez retrouver un affichage semblable à celui des versions antérieures d'Access, cliquez sur la catégorie *Type d'objets*, puis déroulez de nouveau le **Menu** et cliquez sur le groupe **Tous les objets Access**.

Entraînez-vous à sélectionner les différentes catégories proposées et les groupes associés. Cela représente un bon nombre de combinaisons d'affichage possibles.

Ouvrir un objet en mode de saisie

Pour ouvrir un objet (table, requête, formulaire ou état) dans le but d'y faire de la saisie, des recherches, de lui appliquer des tris ou des filtres, utilisez l'une de ces deux méthodes :

- Double-cliquez sur l'objet souhaité.
- Faites glisser l'objet concerné dans l'espace de travail Access.

Évitez d'ouvrir une macro directement, cela pourrait provoquer une erreur. Modules et macros sont des objets conçus pour être exécutés à partir d'autres objets.

Ouvrir un objet en mode Création

Pour ouvrir un objet (table, requête, formulaire, état, macro ou module) dans le but de modifier sa structure, appliquez l'une des deux méthodes suivantes :

- Cliquez du bouton droit sur l'objet souhaité et activez la commande **Mode création**.
- Sélectionnez l'objet et appuyez sur la combinaison de touches [Ctrl]+[↵].

1.10. Fermer une base de données

Pour fermer une base de données, sans quitter Access :

1. Cliquez sur l'onglet **Fichier** à gauche du ruban.
2. Activez la commande **Fermer**.

1.11. Quitter Access

Il existe plusieurs possibilités pour quitter Access.

- Par l'onglet **Fichier** :

1. Cliquez sur l'onglet **Fichier** à gauche du ruban.
2. Activez la commande **Quitter** en bas du menu déroulé.

- En cliquant sur le bouton **Fermer** (représenté par une croix), situé en haut à droite de l'écran. Cliquez bien sur la croix correspondant à Access - elle est placée tout en haut de l'écran - et non sur la croix correspondant à la base de données si une base est ouverte.

L'application sur laquelle vous travaillez ainsi que le logiciel Access sont fermés. Si un objet, sur lequel vous avez effectué des modifications, est encore ouvert, Access envoie un message vous demandant si vous souhaitez enregistrer ces changements.

1.12. Ouvrir une base de données existante

Bien sûr, votre travail sur la nouvelle base de données ne fait que commencer. Vous allez donc ouvrir de nouveau la base de données *Médiathèque* :

1. Démarrez le logiciel Access 2013.
2. Plusieurs possibilités s'offrent à vous. En voici deux :
   - Si votre base de données a été récemment ouverte, son nom doit apparaître dans la section *Récent*. Dans la partie gauche de la fenêtre s'affichent les noms des bases de données récemment ouvertes. Si le nom de la base souhaitée s'y trouve, un clic sur le nom du fichier déclenche son ouverture.

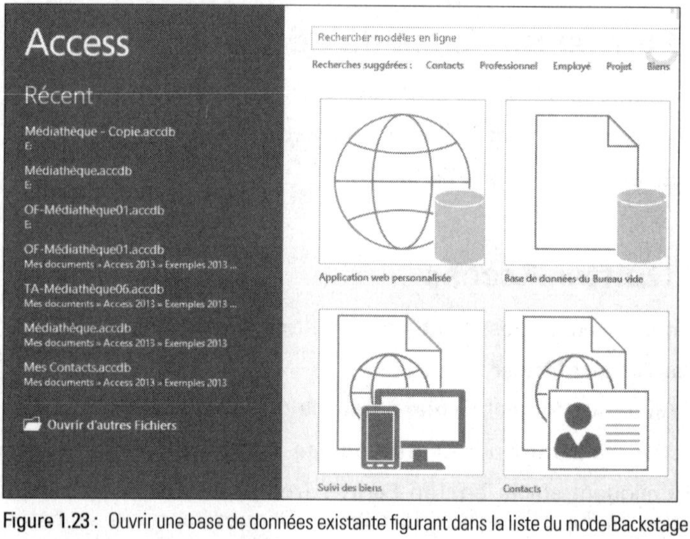

Figure 1.23 : Ouvrir une base de données existante figurant dans la liste du mode Backstage

– Activez la commande **Ouvrir d'autres fichiers**. Déplacez-vous dans le dossier où la base a été sauvegardée et double-cliquez sur le fichier quand vous l'avez repéré.

Si une base de données était déjà ouverte, Access la ferme, vous propose le cas échéant de sauvegarder les modifications effectuées, et ouvre la base de données que vous avez choisie.

Si vous n'avez pas modifié les options de sécurité, un message d'avertissement s'affiche à l'écran dans la barre des messages.

Figure 1.24 : Barre des messages

3. Si vous avez totalement confiance dans le contenu de la base de données, cliquez sur le bouton **Activer le contenu** de la barre des messages. La barre des messages disparaît.

   Vous devrez peut-être répéter cette action si la base de données change. Aussi, pour éviter l'affichage répété de cette barre, vous pouvez approuver définitivement la base de données.

4. Une boîte de dialogue vient compléter l'information précédente en vous demandant si vous souhaitez approuver cette base de données. Si vous répondez **Oui**, plus aucun message ne vous sera adressé aux prochains lancements.

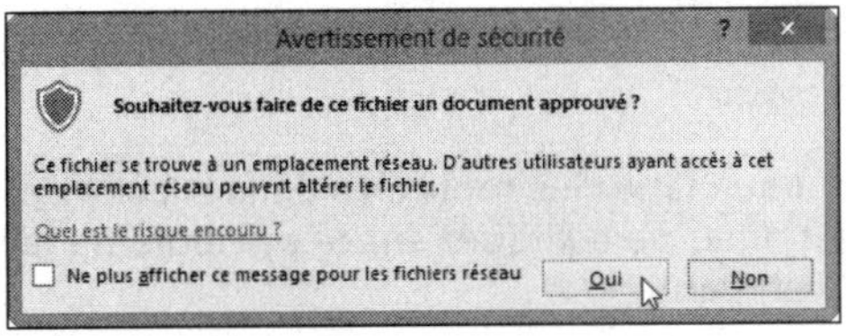

Figure 1.25 : Désactiver l'avertissement de sécurité pour les prochains lancements de la base de données en cours

À la prochaine ouverture d'Access et de la base de données, la barre des messages n'apparaîtra plus.

1.13. Utiliser l'aide d'Access

Access propose deux méthodes pour accéder à la fenêtre d'aide :

-  Cliquez sur le bouton **Aide sur Microsoft Office Access (F1)**, situé à l'extrême droite de l'écran au niveau de la barre de titre de l'application Access.

- Appuyez sur la touche F1 de votre clavier.

La navigation dans la fenêtre d'aide d'Access ressemble à la navigation sur le Web. Elle s'effectue par le biais de liens hypertextes. Les informations contenues dans l'aide sont regroupées par thèmes relatifs aux bases de données. En cliquant sur le thème souhaité, vous accédez à un nouveau sommaire présentant tous les articles en rapport avec le thème choisi.

L'aide est mise en place sur votre ordinateur lors de l'installation du logiciel. Toutefois, vous pouvez accéder à une aide supplémentaire si vous êtes connecté à Internet.

Utiliser l'aide accessible hors connexion Internet

Pour limiter votre recherche au contenu stocké sur votre ordinateur, procédez ainsi :

1. Dans la fenêtre d'aide, cliquez sur la liste déroulante située à droite du titre *Access - Aide*.
2. Sélectionnez l'option *Access - Aide à partir de votre ordinateur*.

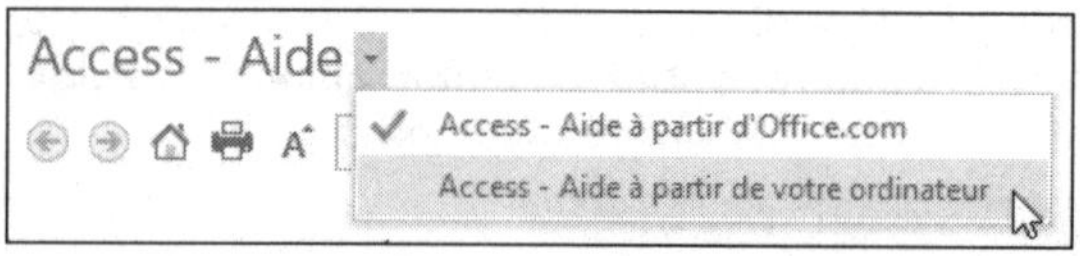

Figure 1.26 : Accéder à l'aide hors connexion

3. Pour trouver votre bonheur, tapez les mots clés dans la zone de recherche prévue à cet effet, puis cliquez sur le symbole de la loupe pour lancer la recherche.

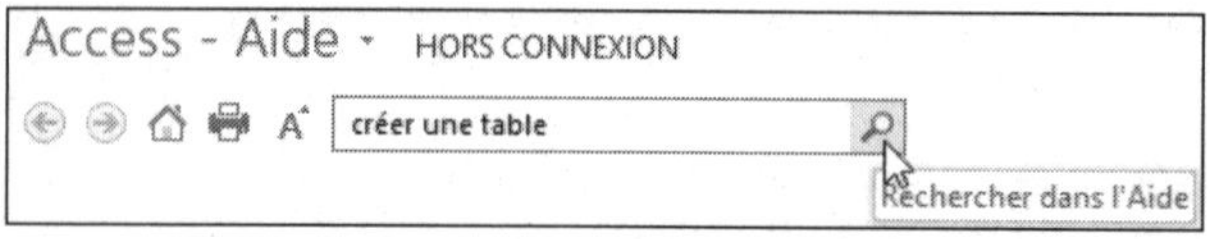

Figure 1.27 : Saisie des mots clés

Utiliser l'aide en ligne du site Microsoft

Si vous êtes connecté à Internet, vous pouvez obtenir de l'aide avec Microsoft Office Online. Cette aide vous permet d'avoir accès aux dernières mises à jour, et éventuellement de télécharger des images ou des modèles présents sur le site de Microsoft. Si vous êtes connecté en continu, c'est le mode de recherche utilisé par défaut.

Si vous voulez forcer la recherche sur Internet, procédez ainsi :

1. Dans la fenêtre d'aide, cliquez sur la liste déroulante située à droite du titre *Access - Aide*.
2. Sélectionnez l'option *Access - Aide à partir d'Office.com*.

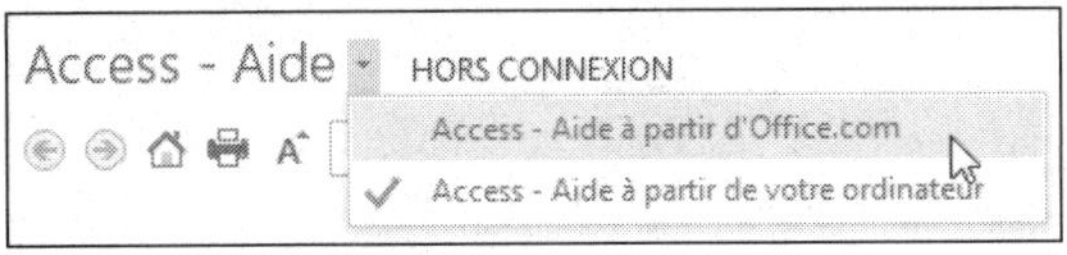

Figure 1.28 : Accéder à l'aide en ligne

3. Pour trouver votre bonheur :
   - Utilisez les liens hypertextes pour naviguer dans l'aide en ligne.
   - Si vous souhaitez effectuer une recherche spécifique, tapez les mots clés dans la zone de recherche prévue à cet effet.

Un conseil : n'hésitez pas à user et abuser de l'aide.

CRÉER ET GÉRER DES TABLES

Comme nous vous l'avons déjà indiqué, tout au long de cette initiation, vous mettrez en place la gestion d'une médiathèque personnelle. Votre médiathèque comprend différents supports tels que des livres, des CD audio, des DVD vidéo et un ou plusieurs lecteurs multimédias. Cette application constituera le support concret d'un grand nombre de fonctionnalités étudiées.

Afin que vous puissiez réaliser les exemples de cet apprentissage, les bases de données et autres fichiers nécessaires à l'exécution des cas pratiques de ce chapitre ont été enregistrés dans le dossier *Chapitre 2* du fichier compressé que vous pouvez télécharger sur notre site, à l'adresse www.ma-editions.com. Les résultats des manipulations effectuées dans ce chapitre se trouvent dans la base finale *TA-Médiathèque06.accdb*.

2.1. Étapes à mettre en œuvre

Avant de vous lancer dans la création des différentes tables, une réflexion préalable s'impose. En effet, mettez de côté votre clavier et votre souris. Munissez-vous d'un bon stylo et de quelques feuilles. Reprenez votre réflexion au point où vous l'aviez laissée au chapitre précédent.

Posez-vous certaines questions :

"Quels sont les objectifs à atteindre dans l'application à mettre en place ?"

"De quel sujet traitera la base de données ?"

Vous pouvez aussi réfléchir avec plusieurs autres utilisateurs. Définissez ensemble le mode d'utilisation de cette base et les personnes qui y auront accès.

"Quelles sont les informations à stocker ?" (Notez-les en vrac.)

Pour chaque média, vous avez besoin d'enregistrer le support, le titre, le numéro attribué, l'année de parution, le nom et prénom de l'auteur, la catégorie à laquelle il appartient (policier, aventure, roman, science-fiction, bande dessinée...), l'éditeur, le lieu de rangement, la date et le prix d'achat, un commentaire personnel. Bien sûr, cette liste d'informations n'est pas exhaustive.

Commencez à tracer les esquisses des formulaires de saisie et des rapports souhaités.

"Toutes les données sont-elles nécessaires ?"

Ne surchargez pas la base de données avec des informations inutiles. Une information devient inutile à partir du moment où elle n'est ni consultée ni exploitée dans la suite des traitements.

Par exemple, il serait superflu de stocker le nombre de pages d'un livre si vous n'utilisez pas cette information par la suite. De même, il n'est pas utile d'enregistrer la durée d'un film. La base de données que vous allez mettre en place sert à recenser tous les médias dont vous disposez et l'endroit où vous les avez rangés. Ce n'est pas un catalogue commercial à mettre à disposition de personnes afin qu'elles effectuent leur choix.

"Y a-t-il des données résultant d'un calcul ?"

En principe, dans une table, vous ne devez pas stocker de données calculées. Néanmoins, avec la version Access 2013, il est désormais possible de créer des champs calculés.

Par exemple, imaginons que vous stockiez le prix HT d'un livre et que vous souhaitiez connaître son prix TTC. Dans un premier temps, vous verrez comment créer un champ calculé dans une table afin de stocker une information calculée. Dans un deuxième temps, nous verrons comment, dans un formulaire, il est simple d'insérer un champ calculé permettant de visualiser le résultat d'un calcul, sans que celui-ci soit nécessairement stocké dans la table.

"Avez-vous toutes les informations nécessaires à la réalisation de rapports, statistiques ou divers traitements ?"

"Comment allez-vous structurer ces informations, quelles sont les tables à créer ?" Essayez de les regrouper par thèmes.

Bien sûr, vous pourriez céder à la facilité en ne créant qu'une seule table dans laquelle toutes les informations seraient stockées. C'est que vous n'auriez pas compris la philosophie d'Access. En effet, dans votre bibliothèque, vous avez très certainement plusieurs livres écrits par le même auteur ou appartenant au même genre. Ainsi, afin d'éviter la saisie répétée du même auteur, éditeur, genre ou support, vous créerez plusieurs tables.

Dans un premier temps, pour votre exercice pratique, votre base de données sera composée de six tables : *Auteurs*, *Éditeurs*, *Genres*, *Types de médias*, *Supports* et *Médias*. Vous ajouterez d'autres tables par la suite.

Déterminez à quelle table appartient chaque information. N'oubliez pas qu'une donnée ne peut appartenir qu'à une seule table, sauf lorsqu'il s'agit de la donnée de liaison.

Repérez le ou les champs contenant une valeur unique qui définira le champ de liaison entre deux tables.

Après cette première réflexion, nous vous suggérons de suivre ces étapes afin d'optimiser la mise en place de votre base de données :

1. Créer les tables.
2. Définir les relations.
3. Affiner la structure. Vérifiez que l'organisation de la base de données est cohérente et essayez de détecter les imperfections qui subsistent. Il est toujours très délicat de modifier la structure d'une base de données après la saisie des données.
4. Créer les formulaires.
5. Saisir les données.
6. Exploiter les données (créer des requêtes, des états, des macros pour automatiser certaines actions).
7. Créer une interface utilisateur : elle consiste essentiellement en la définition d'un formulaire d'accueil, de barres d'outils et d'onglets personnalisés dans le ruban).

La saisie des données intervient durant la cinquième étape. Cela signifie que le travail de préparation en amont n'est pas à négliger.

2.2. Créer la structure d'une table

Créer une table en mode Création

Vous allez réaliser votre première table, celle des auteurs. Le terme auteur regroupe les termes d'écrivain pour un livre, d'interprète pour un disque ou de réalisateur pour un film. Procédez ainsi :

1. Ouvrez la base de données *TA-Médiathèque01.accdb*.

2. Dans le ruban, sélectionnez l'onglet **Créer**.

3.  Dans le groupe **Tables**, cliquez sur le contrôle **Création de table**.

   Vous obtenez une nouvelle fenêtre présentant une grille.

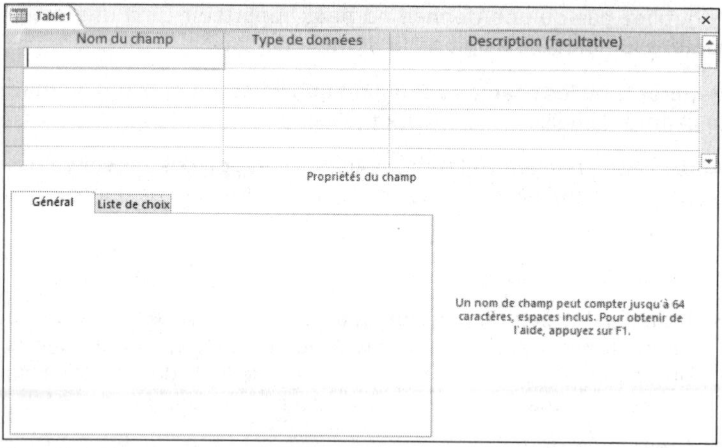

Figure 2.1 : Affichage d'une table vierge en mode Création

4. Vous allez maintenant créer votre première table, la table *Auteurs*, et insérer les champs souhaités (six champs ici). Pour chaque champ, vous devez définir :

   – Un nom. Il est saisi dans la première colonne *Nom du champ*. Quelques règles doivent être respectées :

- Vous ne pouvez pas attribuer le même nom à deux champs différents dans la même table.
- Un champ doit contenir au maximum 64 caractères (lettres, nombres, espaces, etc.).
- Le point, le point d'exclamation, les crochets ou l'espace avant le nom sont interdits.
- N'utilisez pas les noms réservés par Access. Voici une liste des principaux noms réservés : name, index, form, type, date, report, etat, com.

ASTUCE

Règles à respecter pour nommer les champs

De façon générale, évitez les signes de ponctuation, les espaces et les accents. Cela pose quelques problèmes lorsqu'on utilise les outils avancés d'Access.

Ici, nous adopterons la règle suivante : chaque mot composant le nom du champ commencera par une majuscule puis sera écrit en minuscules et sans espaces : nous écrirons `NomAuteur` plutôt que `nom auteur`. Ceci a pour but de nous faciliter la tâche par la suite. Notez toutefois que cette règle n'est nullement imposée par Access.

– Un type de données : dans la colonne juxtaposée à celle du nom, vous devez choisir dans la liste déroulante le type de données attendu lors de la saisie des informations.

– Une description : elle est facultative mais fortement recommandée. Il est parfois difficile de trouver un nom court et précis à la fois. La description permet de compléter le nom choisi. En effet, si vous êtes amené à modifier votre application dans quelques mois, vous serez content d'avoir saisi un commentaire dans cette colonne. Par ailleurs, cette description s'affichera dans la barre d'état lorsque vous saisirez des données dans ce champ. C'est une aide supplémentaire pour l'utilisateur.

– Des propriétés : chaque champ dispose de propriétés spécifiques. Ces dernières déterminent la façon dont les champs seront remplis par la suite. Les propriétés disponibles sont fonction du type de données sélectionné. Pour le moment, ne vous préoccupez pas de définir les propriétés.

En vous référant à l'image ci-après, saisissez les noms des champs, leurs types de données ainsi que les descriptions indiquées. Ne vous souciez pas des propriétés des champs pour le moment, vous y reviendrez un peu plus tard.

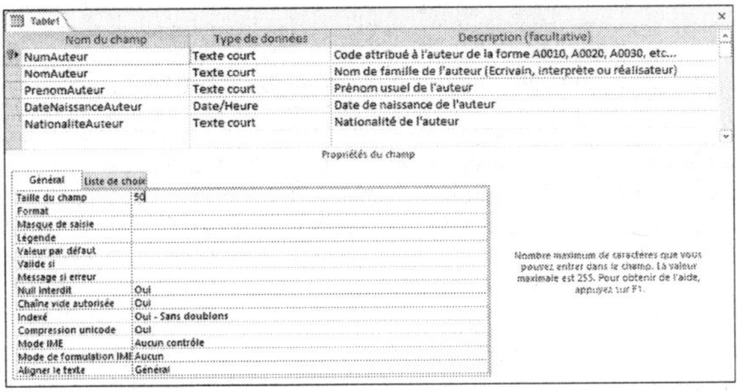

Figure 2.2 : Champs de la table Auteurs

Comprendre les différents types de données

Chaque champ d'une table doit être affecté d'un type de données précis. Le type de données détermine l'information qui devra être saisie par l'utilisateur puis stockée dans la table.

Tableau 2.1 : Les douze types de données proposés par Access

Type de données	Description
Texte court	Tout texte ou combinaison de caractères alphanumériques (textes et/ou chiffres) d'une longueur maximale de 255 caractères. Cependant, aucun calcul ne pourra être réalisé sur ce type de champ. C'est le paramètre appliqué par défaut. Dans les anciennes versions d'Access, ce type de données était nommé *Texte*.
Texte long	Tout texte d'une longueur maximale de 65 536 caractères. À utiliser principalement pour du texte de plus de 255 caractères ou du texte enrichi. Exemple d'application : notes, commentaires, résumé... Dans les anciennes versions d'Access, ce type de données était nommé *Mémo*.
Numérique	N'importe quel type de nombre. Dans la propriété *Format*, vous devrez spécifier le type de numérique.
Date/Heure	Date ou heure pour les années comprises entre 100 et 9 999. Access contrôle la validité de la valeur saisie.
Monétaire	Devise dont la précision est portée à 15 chiffres à gauche du séparateur décimal et à 4 chiffres à droite.
NuméroAuto	Nombre séquentiel unique (incrémenté de 1 en 1) ou nombre aléatoire déterminé par Access à chaque nouvel enregistrement ajouté à une table. Les champs affectés de ce type ne sont pas accessibles en saisie manuelle et ne peuvent pas être mis à jour. Ce type est souvent utilisé pour les clés primaires.
Oui/Non	Les seules valeurs possibles pour ce champ sont *Oui* ou *Non*, *Vrai* ou *Faux*. Il est aussi appelé "champ logique" ou "booléen".
Objet OLE	C'est un objet provenant d'une application externe à Access. Cela peut être une photographie, un son, un graphique, etc.
Lien Hypertexte	Textes ou combinaison de textes et de nombres utilisés comme hyperlien. Access permet de stocker des adresses web et d'y accéder grâce à un clic sur l'hyperlien.

Tableau 2.1 : Les douze types de données proposés par Access

Type de données	Description
Pièce jointe	Permet de stocker plusieurs fichiers de différents types. Cela peut être une photo, un CV, un rapport… Ce type de fichier offre deux avantages majeurs : ▪ Il stocke le fichier dans son format natif. Par conséquent, il ouvre le fichier joint dans son application parent, alors que l'objet OLE ouvre une représentation (image) de l'objet. ▪ La place occupée dans la base de données est beaucoup plus faible qu'un objet OLE.
Calculé	Stocke le résultat d'un calcul. Le calcul peut combiner des champs de la même table, des constantes et des fonctions proposées par Access. La création de la formule est facilitée par le générateur d'expressions.
Assistant Liste de choix	Ce n'est pas à proprement parler un type de données. C'est un guide permettant la création d'une liste composée de valeurs à sélectionner par l'utilisateur. Cet outil est très pratique pour la saisie d'informations récurrentes telles que les genres des médias (comédie, roman, policier, etc.), et utile dans la conception des formulaires.

Définition d'une clé primaire

Une clé primaire est un champ particulier qui permet d'assurer l'unicité d'un enregistrement, de trier la table sur ce champ par défaut et de réaliser les relations sans ambiguïté entre les tables.

ATTENTION

Importance de la clé primaire

Il est quasiment impératif de définir une clé simple (lorsque la clé est affectée à un seul champ) ou multiple (lorsque plusieurs champs peuvent être désignés comme clé primaire) à chaque table. La clé multiple est souvent utilisée quand une table est reliée à deux autres tables par une relation un-à-plusieurs (voir plus loin). Il arrive toutefois, dans certains cas (très rares), qu'aucune clé ne soit utile au système.

Quand une clé primaire a été choisie dans une table, Access empêche que des doublons et des valeurs *Null* (aucune saisie effectuée) soient saisis dans le champ *Clé primaire*.

Prenons un exemple. Dans une table, on attribue généralement la clé primaire au champ contenant un code. On ne doit jamais attribuer la clé à un champ *Nom* car le fichier peut contenir plusieurs noms (d'auteurs ou de clients par exemple) identiques. Un très bon exemple de clé primaire, dans une table gérant des salariés d'une entreprise, est le numéro de Sécurité sociale. Ce dernier garantit l'unicité pour chaque salarié. Dans la table *Auteurs*, la clé sera portée par le champ *NumAuteur*.

Affecter une clé primaire à un champ

La clé primaire joue un rôle très important dans une table. Elle évite la saisie des doublons et permet de relier la table en cours avec une ou plusieurs autres tables. C'est pourquoi il convient de bien choisir le ou les champs auxquels il est judicieux d'affecter la clé primaire.

Affecter une clé primaire à un seul champ

Vous allez affecter la clé primaire au champ *NumAuteur* de la table *Auteurs*. Procédez ainsi :

1. Positionnez-vous dans le champ auquel vous souhaitez attribuer la clé primaire, c'est-à-dire le champ *NumAuteur*.
2. Sélectionnez l'onglet contextuel **Création** situé sous l'onglet **Outils de table** (en principe, si vous êtes en mode Création de table, cet onglet est déjà sélectionné).
3.  Dans le groupe **Outils**, cliquez sur le contrôle **Clé primaire**.

   La clé apparaît immédiatement dans le sélecteur de champ.

Une variante consiste à cliquer du bouton droit dans la ligne contenant le champ *Clé primaire* puis à cliquer sur la commande **Clé primaire**.

Affecter une clé primaire à plusieurs champs

Il arrive que l'attribution d'une clé primaire à un seul champ ne garantisse pas l'unicité de l'enregistrement. Par conséquent, c'est la combinaison de plusieurs champs qui définira la clé primaire. On parle de "clé primaire multichamp".

Lorsque la structure de la base de données *Médiathèque*, correspondant aux objectifs imposés au départ, sera finalisée, vous ajouterez un nouveau module qui consistera à gérer le suivi des emprunts de vos différents médias par vos amis. Vous vous trouverez alors en présence du cas de clé primaire multichamp. En effet, les informations relatives à un emprunt sont le code du média emprunté, le code de l'ami ayant effectué l'emprunt, la date d'emprunt et la date de retour du média. Dans les champs cités, aucun ne garantit le caractère unique de l'information car un code média pourra être emprunté plusieurs fois et un code ami pourra emprunter plusieurs médias, à différentes dates. En revanche, l'association code média et code ami définit un couple unique, en admettant que l'ami ne vous emprunte qu'une seule fois le même média. Si vous souhaitez tenir compte de cette dernière réflexion, il faudra affecter la clé primaire à la combinaison de champs *CodeMedia*, *CodeAmi* et *DateEmprunt*.

Pour créer une clé multichamp :

1. Sélectionnez les lignes correspondant aux champs. Utilisez la touche [Ctrl] du clavier si les lignes ne sont pas contiguës.
2. Cliquez sur le contrôle **Clé primaire**.

Pour le moment, gardez cette procédure dans un coin de votre mémoire, vous l'appliquerez en temps utile.

Supprimer une clé primaire

Si vous vous apercevez que la clé n'est pas affectée au bon champ, il est possible de la supprimer et de l'affecter à un ou plusieurs autres champs. Pour ce faire :

1. Positionnez-vous dans le champ contenant la clé primaire (faites un essai sur le champ *NumAuteur*).
2. Cliquez sur le contrôle **Clé primaire** du groupe **Outils**. La clé, présente dans le sélecteur à gauche du nom du champ, disparaît.

ATTENTION

Suppression impossible

Si une relation existe entre la clé primaire de cette table et le champ d'une autre table, vous ne pourrez pas supprimer la clé primaire attribuée au champ de cette table.

3. Affectez de nouveau la clé primaire au champ *NumAuteur*.

Sauvegarder une table

Une fois la structure établie ou dès que vous modifiez la structure d'une table, il convient d'enregistrer cette table. Pour cela :

1. Dans la barre d'outils *Accès rapide*, cliquez sur l'outil **Enregistrer**.

   Si la table a déjà été enregistrée une première fois (elle est donc déjà nommée), les modifications sont automatiquement prises en compte, sans autre demande particulière. Mais si vous enregistrez la table pour la première fois, la boîte de dialogue **Enregistrer sous** apparaît.

2. Saisissez le nom de la table, par exemple `T_Auteurs`, et validez par OK.

Si vous n'avez pas affecté de clé primaire à un des champs de la table, un message apparaît, vous indiquant cet oubli.

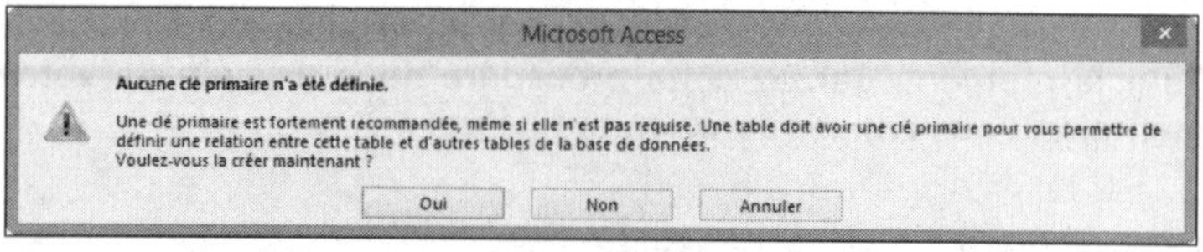

Figure 2.3 : Message indiquant la non-attribution d'une clé primaire à un champ

- Si vous ne souhaitez pas qu'Access définisse la clé primaire à votre place, cliquez sur le bouton **Non**, et poursuivez la procédure. Vous reviendrez appliquer la clé ultérieurement.
- Si vous souhaitez malgré tout appliquer immédiatement la clé, sachez qu'en cliquant sur le bouton **Oui**, Access crée un nouveau champ *N°* dont le type de données est *NuméroAuto*.

C'est pourquoi, avant la sauvegarde, prévoyez autant que possible le champ qui doit jouer le rôle de clé primaire. Cela évitera ce message et vous permettra d'exercer un contrôle total sur la création de vos tables.

REMARQUE

Nommer efficacement une table

Access vous autorise à attribuer n'importe quel nom à votre table. Cependant, nous vous conseillons, comme dans le cas des champs, d'adopter deux règles (non imposées par Access).

REMARQUE

- Toutes les tables commenceront par les caractères *T_* suivis du nom explicite de la table.
- Dans la mesure du possible, nous les orthographierons au pluriel (*T_Auteurs*, *T_Editeurs*, etc.) car elles contiennent plusieurs enregistrements.

Nous appliquerons les mêmes règles aux requêtes, formulaires, états et macros.

Fermer une table

1. Positionnez-vous n'importe où dans la table à fermer, par exemple la table *T_Auteurs*.
2. Cliquez sur la case *fermer* de la fenêtre ou cliquez droit sur l'onglet de document correspondant à la table à fermer, puis activez la commande **Fermer**.

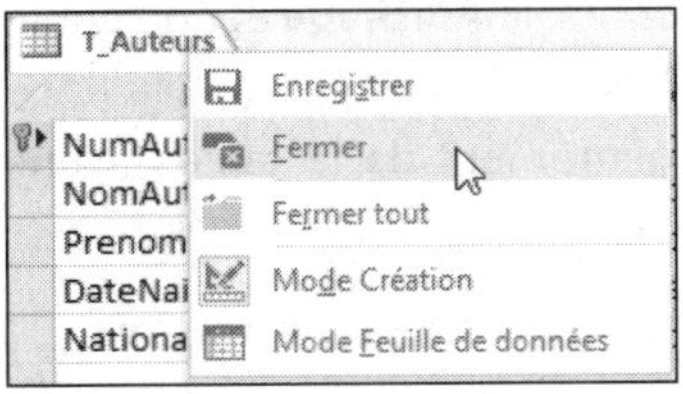

Figure 2.4 : Fermer la table souhaitée par le menu contextuel

Si aucune modification de structure n'a été apportée à la table, celle-ci se ferme. Si des modifications ont été effectuées, un message vous demandant de confirmer ces changements apparaît. À vous de choisir si vous acceptez ou non ces transformations. Pour la table *T_Auteurs*, cliquez sur le bouton **Oui** si nécessaire.

Ouvrir une table existante en mode Création

Au début d'un projet, il est souvent nécessaire d'affiner la structure des tables et d'apporter des améliorations afin d'optimiser le bon fonctionnement de votre base de données. Pour cela :

1. Dans le volet de navigation, déroulez le groupe **Tables**.
2. Effectuez un clic droit sur la table à ouvrir et activez la commande **Mode création** du menu contextuel.

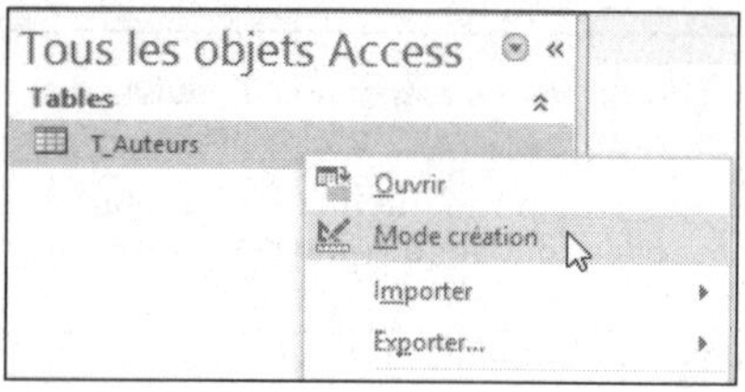

Figure 2.5 : Ouverture d'une table en mode Création

Passer du mode Création au mode Feuille de données

À tout moment, vous pouvez visualiser en mode de saisie ce qu'entraînent les modifications effectuées au niveau de la structure de la table. Il s'agit alors de basculer en mode Feuille de données, pour effectuer des tests par exemple. Procédez ainsi :

1. Ouvrez une table en mode Création.
2.  Cliquez directement sur le contrôle **Affichage** et non sur le bouton fléché de ce contrôle.
3. Acceptez éventuellement l'enregistrement de la table, si une boîte de dialogue vous le demande.

Se repérer dans la fenêtre en mode Feuille de données

Afin de maîtriser le mode Feuille de données, observez les différents éléments qui composent cette fenêtre.

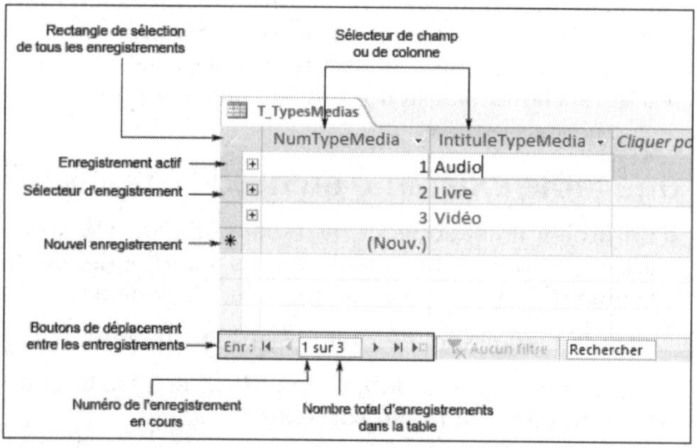

Figure 2.6 : Les différents éléments d'une table en mode Feuille de données

Ouvrir une table existante en mode Feuille de données

Si vous souhaitez saisir des données dans les tables, bien qu'il ne s'agisse pas du mode de saisie idéal :

1. Dans le volet de navigation, positionnez-vous dans l'objet tables.
2. Double-cliquez sur la table à ouvrir, par exemple la table *T_Auteurs*. Fermez cette table après le test.

Passer du mode Feuille de données au mode Création

Vous pouvez également appeler le mode Création depuis le mode Feuille de données, si vous souhaitez apporter une modification à la structure de la table ou simplement visualiser certaines propriétés. Pour cela :

1. Ouvrez par exemple la table *T_Auteurs* en mode Feuille de données.
2.  Cliquez directement sur le contrôle **Affichage** et non sur le bouton fléché de ce contrôle.

Se repérer dans la fenêtre en mode Création

Maintenant que tous les champs et clé primaire de la table *T_Auteurs* sont déterminés, apprenez à vous repérer dans une table en mode Création.

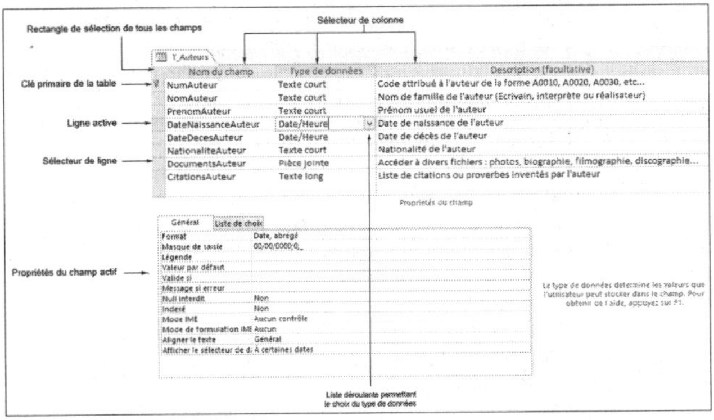

Figure 2.7 : Les différents éléments d'une table en mode Création

Comprendre les propriétés de champs

Arrêtons-nous un moment et observons les nombreuses propriétés offertes par Access. Comme nous l'avons déjà indiqué, ces propriétés varient en fonction du type de données sélectionné. Cette initiation n'a pas pour but de vous fournir une liste exhaustive des propriétés disponibles. Nous indiquerons uniquement ici les propriétés les plus utilisées, avec une brève explication. Pour plus de détails, n'hésitez pas à consulter l'aide fournie par Access.

Tableau 2.2 : Description de quelques propriétés utiles

Nom de la propriété	**Description**
Taille du champ (pour un champ de type *Texte court*)	C'est le nombre maximum de caractères pouvant être saisis par l'utilisateur.
Taille du champ (pour un champ de type *Numérique*)	Permet de spécifier le type de nombre attendu. Les choix disponibles sont : Octet : stocke un nombre entier entre 0 et 255. Entier : stocke un nombre entier entre -32 768 et 32 767. Entier long : stocke un nombre entier entre -2 147 483 648 et 2 147 483 647. Réel simple : stocke un nombre réel entre -3,402 823E38 et 3,402 823E38 dont la précision atteint 6 chiffres.
Format	Définit la façon dont les données saisies doivent être affichées. Par exemple, pour un champ de type *Texte court*, si vous souhaitez qu'un nom de ville soit affiché en majuscules (même si celui-ci a été saisi en minuscules), vous saisirez le symbole > dans la propriété *Format*. De même, le symbole < affiche tous les caractères en minuscules. Plusieurs choix sont disponibles pour afficher le contenu d'un champ de type *Date/Heure*. Par exemple, vous avez saisi 28/10/2013. Après validation, vous pouvez le visualiser sous les formes lundi 28 octobre 2013 (Date complet) ou 28-oct-13 (Date réduit).
Légende	En mode Feuille de données, si vous ne souhaitez pas visualiser en en-tête de colonne le nom du champ tel qu'il a été saisi en mode Création, saisissez un autre nom dans cette propriété. Le nom attribué au champ sera remplacé en mode Feuille de données par le nom saisi en légende. Exemple : vous avez nommé un champ *NomAuteur*. Saisissez `Nom Auteur` dans la propriété *Légende* afin que l'utilisateur se familiarise avec cette dénomination. Cette propriété ne présente pas réellement d'intérêt, mais sachez qu'elle existe.

Tableau 2.2 : Description de quelques propriétés utiles

Nom de la propriété	Description
Valeur par défaut	Spécifie une valeur qui sera automatiquement insérée dans le champ dès la création d'un nouvel enregistrement. L'utilisateur pourra accepter cette valeur ou en saisir une autre. C'est un gain de temps quand un champ contient souvent la même valeur. Exemple : vous avez créé un champ *Civilite* dont les valeurs les plus courantes sont Monsieur, Madame, Mademoiselle. Dans votre fichier, vous savez déjà qu'il y aura plus d'hommes que de femmes. Dans *Valeur par défaut*, saisissez `Monsieur`. Vous aurez à modifier le contenu du champ uniquement lors de la saisie des civilités de femmes.
Valide si	Permet de contrôler la saisie effectuée dans le champ et d'imposer certaines contraintes. Exemple : si vous souhaitez que dans un champ *MontantHT* la valeur soit strictement positive, indiquez alors >0 dans la propriété du champ.
Message si erreur	Si la règle entrée dans la propriété *Valide si* n'a pas été respectée, vous pouvez indiquer ici un message à afficher. Exemple : dans le cas précédent, vous pourriez faire apparaître le message suivant : "Le montant HT doit être strictement positif" (sans les guillemets). 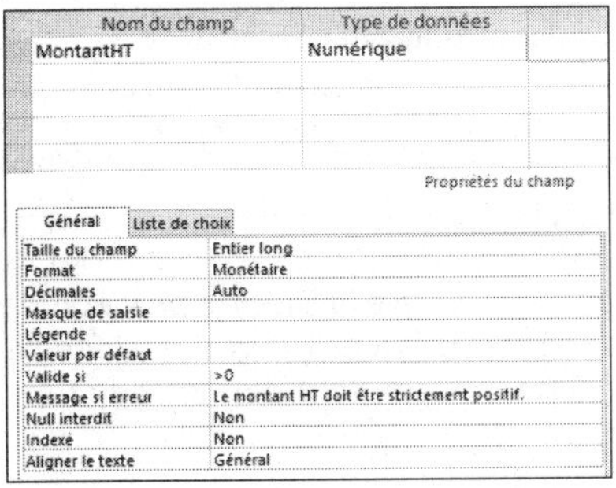 Si une erreur est commise lors de la saisie, le message se présentera de la façon suivante : 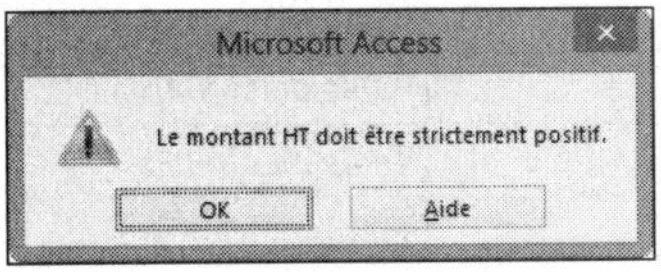

Tableau 2.2 : Description de quelques propriétés utiles

Nom de la propriété	Description
Null interdit	Indique si une valeur est requise dans ce champ pour chaque enregistrement. Si vous choisissez *Oui*, vous devrez obligatoirement entrer une valeur et il vous sera impossible par la suite de la supprimer. Si tel est le cas, Access enverra un message vous informant qu'il est nécessaire de saisir une valeur.
Indexé	Le rôle d'un index est d'accélérer les recherches et les tris dans les tables. Il indique également si la même valeur peut être saisie dans plusieurs enregistrements d'un même champ. Trois choix sont possibles : *Non*, *Oui - avec doublons* et *Oui - sans doublons*. Cependant, il ne faut pas abuser de cette propriété car elle ralentit les différents traitements et peut alourdir inutilement la taille de la base de données. Quand une clé primaire est appliquée à un champ, cette propriété prend pour valeur *Oui - sans doublons*. L'index est donc incontournable dans le cas de la clé primaire. Vous pouvez appliquer un index sur un ou plusieurs champs.

REMARQUE

Modifier les propriétés d'un champ

Pour modifier les propriétés d'un champ, il faut au préalable vous positionner en mode Création de table et sélectionner le champ concerné. Vous pouvez ensuite opérer les modifications souhaitées.

Afin de mettre en œuvre la théorie précédente, appliquez à la table *T_Auteurs* les propriétés indiquées dans le tableau ci-après. À l'issue de vos manipulations, enregistrez et fermez la table *T_Auteurs*.

Tableau 2.3 : Liste des propriétés affectées aux champs de la table T_Auteurs

Champ	Propriété	Contenu
NumAuteur	*Taille du champ*	*4*
NomAuteur	*Taille du champ*	*25*
	Format	>
	Null interdit	*Oui*

Tableau 2.3 : Liste des propriétés affectées aux champs de la table T_Auteurs

Champ	Propriété	Contenu
PrenomAuteur	*Taille du champ*	*20*
DateNaissanceAuteur	*Format*	*Date, abrégé*
NationaliteAuteur	*Taille du champ*	*20*

Ne vous inquiétez pas si le bouton **Options de mise à jour des propriétés** s'affiche lorsque vous passez à la ligne suivante. Continuez à modifier les propriétés de champs, ce bouton disparaîtra comme il est apparu.

Pour désactiver l'affichage du bouton **Options de mise à jour des propriétés** :

1. Cliquez sur l'onglet **Fichier**.
2. Cliquez sur le bouton de commande **Options** en bas du mode Backstage.
3. Dans le volet situé à gauche de la fenêtre, sélectionnez la catégorie *Concepteurs d'objets*.
4. Dans la rubrique *Mode Création de table*, décochez la case *Afficher les boutons d'options de mise à jour des propriétés*. Puis cliquez sur le bouton OK pour valider la modification.

ATTENTION

Bien définir le type de données et la taille du champ

Il est conseillé de bien choisir son type de données et la dimension du champ. Il s'agit de ne pas être trop avare (ne pas limiter le contenu à saisir) ni trop généreux (éviter l'encombrement inutile de votre disque).

Étudier la propriété Masque de saisie

C'est une aide à la saisie. Cette propriété permet d'harmoniser les contenus d'un champ. Elle est utile pour des valeurs qui nécessitent d'être toutes structurées de la même façon. Elle permet ainsi de contrôler la saisie des données. Le masque de saisie force l'utilisateur à saisir les données selon un format déterminé.

Dans un champ *NumTelephone*, vous voulez imposer à l'utilisateur de saisir le numéro de la façon suivante : 02.40.50.60.70 (avec des points séparateurs) ou 02 40 50 60 70 (avec des espaces séparateurs). L'utilisateur doit impérativement entrer des chiffres (surtout pas de lettres) ainsi que des points ou des espaces entre chaque série de deux chiffres. Pour cela, vous lui faciliterez la tâche en paramétrant un masque de saisie.

Ce paramétrage comprend trois parties :

- La première définit le masque de saisie lui-même. Cette section est obligatoire.
- La deuxième indique si les caractères du masque (pour notre exemple les "." ou les espaces) doivent être stockés dans la table. Choisissez *0* pour que les caractères du masque soient enregistrés et *1* ou aucune valeur pour que seuls les caractères saisis (dans notre exemple les chiffres) soient stockés.
- La troisième détermine le symbole à afficher, à la place des espaces, au cours de la saisie.

Utiliser l'assistant pour créer un masque de saisie sur un champ de type Date/Heure

Le plus simple est de se laisser guider dans la création d'un masque. Quand vous aurez compris l'utilité du masque et son fonctionnement, vous pourrez vous lancer seul dans sa conception.

Dans la table *T_Auteurs*, vous allez créer un masque de saisie sur le champ *DateNaissanceAuteur*. Pour cela :

1. Ouvrez la table *T_Auteurs* en mode Création.
2. Sélectionnez le champ sur lequel vous souhaitez appliquer le masque : *DateNaissanceAuteur*.
3. Cliquez dans la propriété *Masque de saisie* puis sur le bouton représenté par trois points à droite de la ligne.

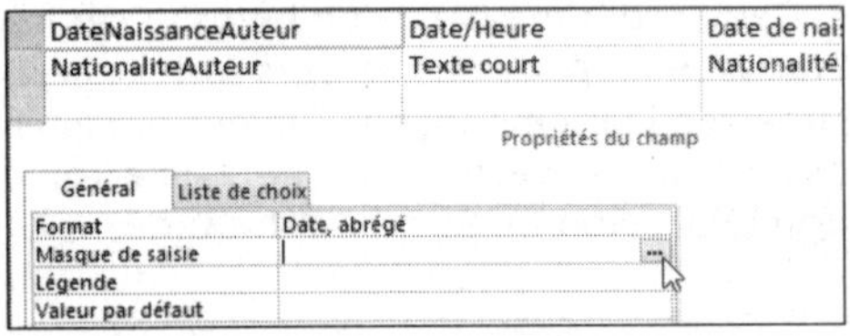

Figure 2.8 : Exécution de l'Assistant Masque de saisie

L'assistant se déclenche.

4. Si vous avez déjà apporté des modifications à la structure de la table, un message vous informe qu'il est nécessaire de les enregistrer. Cliquez sur le bouton **Oui**. Sinon, passez à l'étape suivante.

   Une nouvelle boîte de dialogue apparaît. Les masques qu'elle présente dépendent du type de données affecté au champ. Laissez-vous ensuite guider par l'assistant.

5. Cliquez sur l'option *Date, abrégé* puis sur le bouton **Suivant**.

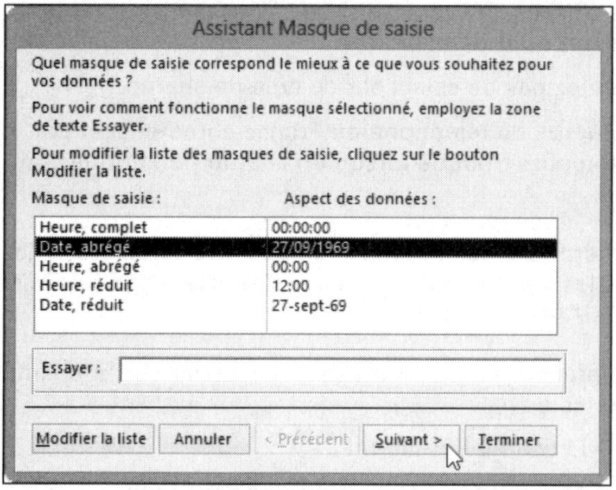

Figure 2.9 : Liste des masques de saisie correspondant au type de champ Date/Heure

6. En règle générale, il est inutile de modifier les options proposées dans cette étape. Éventuellement, effectuez le test de saisie, puis cliquez sur le bouton **Suivant**.

7. À la dernière étape, cliquez sur le bouton **Terminer**.

Le code suivant `00/00/0000;0;_` s'inscrit dans la propriété du masque.

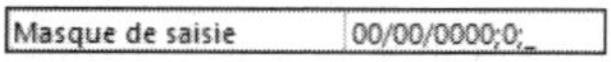

Figure 2.10 : Codage du masque de saisie dans la table

Utiliser l'assistant pour créer un masque de saisie sur un champ de type Texte

Dans la table *T_Auteurs,* créez pour vous entraîner un nouveau champ contenant le numéro de téléphone de l'auteur. Nommez ce champ *TelAuteur.* Attribuez-lui le type de données *Texte court.*

Avant de démarrer l'assistant, sachez que les champs *Numéro de téléphone, Numéro de fax* ou *Code postal* sont toujours affectés à des données de type *Texte court.* Cela peut vous paraître étrange car ce sont des chiffres que vous saisissez. Vous choisirez toujours le type *Texte court* pour deux raisons :

- Vous n'effectuez pas de calcul sur ce type de champ.
- Tous les numéros de téléphone en France commencent par 0. Or le 0 est toujours tronqué lorsqu'un champ numérique commence par 0.

Pour un numéro de téléphone, comptez 14 caractères (les 10 chiffres plus les 4 espaces séparateurs). Dans la propriété *Taille* de ce champ *TelAuteur,* saisissez `14`.

Vous allez maintenant créer un masque de saisie sur le champ *TelAuteur.* Pour cela :

1. Sélectionnez le champ *TelAuteur.*
2. Cliquez dans la propriété *Masque de saisie* puis sur le bouton représenté par trois points à droite de la ligne.

   Si vous avez déjà apporté des modifications à la structure de la table, un message vous informe qu'il est nécessaire de les enregistrer. Cliquez sur le bouton **Oui**. Sinon, passez à l'étape suivante.

   L'assistant se déclenche et une nouvelle boîte de dialogue s'affiche. Les masques qu'elle présente dépendent du type de données *Texte court* affecté au champ *TelAuteur.* Laissez-vous ensuite guider par l'assistant.
3. Sélectionnez l'option *Numéro de téléphone,* puis cliquez sur le bouton **Suivant** (voir fig. 2.11).
4. Comme dans la procédure précédente, acceptez les informations saisies, effectuez éventuellement le test, puis cliquez sur le bouton **Suivant**.

Figure 2.11 : Liste des masques de saisie correspondant au type de champ Texte

Test du masque de saisie

ATTENTION

Lors du test, remplissez bien tous les traits de soulignement, sinon un message d'erreur s'affichera. Quand vous serez habitué à cette manipulation, vous n'aurez plus besoin de tester le masque.

5. Dans cette nouvelle étape, préférez l'option *Avec les symboles dans le masque*. Comme nous l'expliquions plus haut, cela indique à Access de stocker les chiffres et les espaces séparateurs. Cliquez sur le bouton **Suivant**.

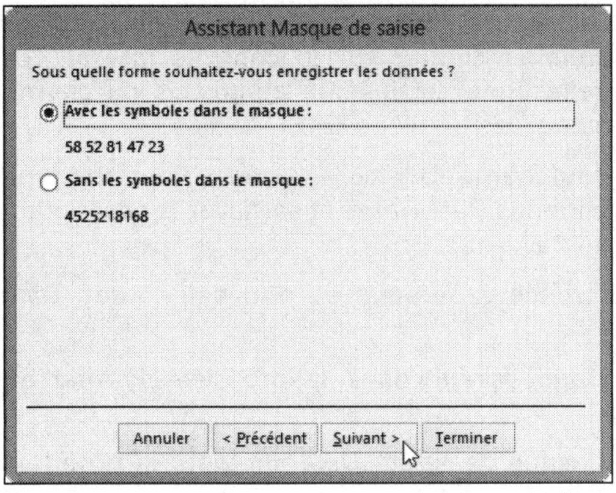

Figure 2.12 : Choix de l'option d'enregistrement avec ou sans les symboles

6. Cliquez sur le bouton **Terminer**.

Le nouveau code obtenu s'inscrit ainsi : `00\ 00\ 00\ 00\ 00;0;_` dans la propriété du masque, après validation.

ASTUCE

Quand doit-on définir un masque de saisie ?

Appliquez un masque à des champs tels qu'un numéro de téléphone, de fax, un code postal, une date, un numéro de Sécurité sociale, un numéro de SIRET, etc.

Ajouter un champ

Dans la table *T_Auteurs*, vous allez ajouter le nouveau champ *Date de décès de l'auteur*.

Vous avez le choix de créer le nouveau champ :

- Dans la première ligne vierge en fin de table.
- En insérant une ligne à l'endroit souhaité, en cliquant sur le contrôle **Insérer des lignes** du groupe **Outils**.
- En insérant une ligne à l'endroit souhaité à l'aide du menu contextuel : faites un clic droit sur le champ positionné sous le futur champ et activez la commande **Insérer des lignes** du menu contextuel. La ligne vide apparaît alors au-dessus du champ cliqué.

1. Ouvrez la table *T_Auteurs* en mode Création.
2. Pour l'exemple en cours, positionnez-vous dans la ligne *DateNaissanceAuteur* et cliquez sur le contrôle **Insérer des lignes**. Une nouvelle ligne est insérée au-dessus du champ *DateNaissanceAuteur*.
3. Saisissez le nom du champ `Date Décès Auteur`. Pour son type de données, sélectionnez *Date/Heure* et saisissez la description `Date de décès de l'auteur`.
4. Attribuez les propriétés ci-dessous au nouveau champ *Date Décès Auteur*.

   – Sélectionnez *Date, abrégé* dans la propriété *Format* du champ.

   – Appliquez le masque de saisie *Date abrégé* à la propriété *Masque de saisie* du champ.

5. Enregistrez la nouvelle structure de la table en cliquant sur l'outil **Enregistrer** de la barre d'outils *Accès rapide*.

Changer le nom d'un champ

Vous allez renommer le champ *Date Décès Auteur* en *DateDecesAuteur*, afin de respecter les conventions établies plus haut à la page 48. Procédez ainsi :

1. Sélectionnez le libellé *Date Décès Auteur* du champ à renommer. Le libellé doit apparaître en surbrillance.
2. Saisissez directement le nouveau nom du champ : `DateDecesAuteur`. Enregistrez la nouvelle structure de la table.

ATTENTION

Modifications des propriétés d'un champ

Il vous est possible de modifier les propriétés des champs. Évitez toutefois de changer le type de données d'un champ après l'enregistrement de la table. Toutes les modifications ne sont pas acceptées par Access. Par exemple, il est impossible de transformer un champ de type *Texte court* en type *NuméroAuto*. Certaines transformations sont acceptées mais peuvent engendrer des suppressions de données.

Déplacer un champ dans une table

Vous allez déplacer le champ *DateDecesAuteur* sous le champ *DateNaissanceAuteur*. Pour cela :

1. Cliquez sur le sélecteur (à gauche) du champ *DateDecesAuteur* afin de sélectionner la totalité de la ligne. Le pointeur a la forme d'une flèche horizontale noire.
2. Après le clic, le pointeur se transforme en une flèche blanche. Vous allez effectuer un cliquer-glisser de la ligne vers sa nouvelle position. Cliquez sur le champ *DateDecesAuteur* et faites-le glisser sous le champ *DateNaissanceAuteur*.

Supprimer un champ

Dans la table *T_Auteurs*, vous allez supprimer le champ *TelAuteur* créé précédemment.

Pour supprimer un champ, appliquez l'une des deux méthodes suivantes :

1. Cliquez du bouton droit n'importe où dans la ligne contenant le champ à supprimer.
2. Dans le menu contextuel, cliquez sur la commande **Supprimer les lignes**.

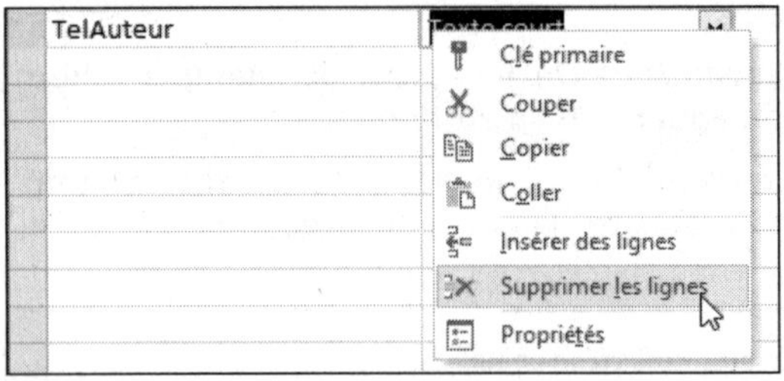

Figure 2.13 : Supprimer des lignes de champ par le menu contextuel

ou

1. Positionnez-vous n'importe où dans la ligne contenant le champ à supprimer.
2. Cliquez sur le contrôle **Supprimer les lignes** du ruban.

Plusieurs cas sont à considérer :

- Si la table ne contient aucun enregistrement et si le champ n'est pas une clé primaire, il est supprimé sans message de confirmation. C'est le cas du champ *NumTel*.
- Si la table ne contient aucun enregistrement et si le champ est une clé primaire, le message suivant apparaît :

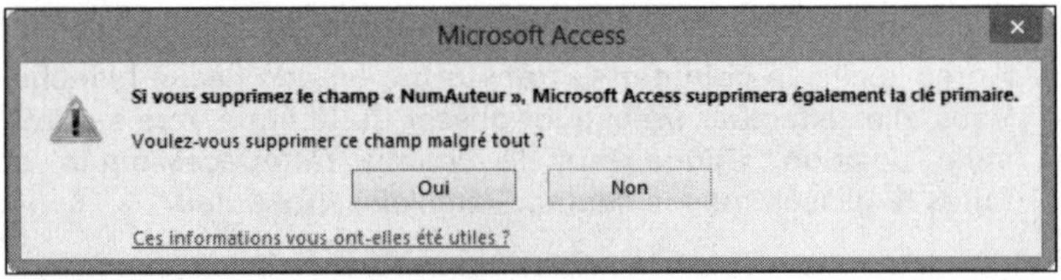

Figure 2.14 : Suppression d'un champ affecté d'une clé primaire

  Acceptez la suppression en cliquant sur le bouton **Oui**.

- Si des données ont déjà été saisies et si le champ n'est pas une clé primaire, le message suivant apparaît :

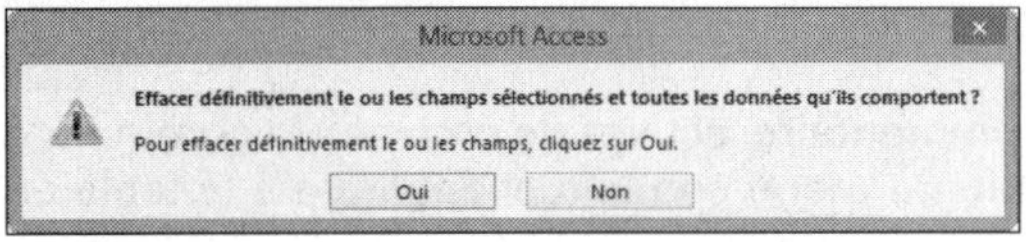

Figure 2.15 : Confirmation de la suppression d'un ou de plusieurs champs

Validez en cliquant sur le bouton **Oui**.

- Si des données ont déjà été saisies et si vous supprimez un champ de type *Clé primaire*, le même message que précédemment apparaît. Validez en cliquant sur le bouton **Oui**.

  Un second message apparaît, concernant la suppression d'un champ affecté d'une clé primaire. Acceptez la suppression en cliquant sur **Oui**.

Ajouter une description à une table

Le nom attribué à la table doit toujours être le plus concis possible, à la fois court et significatif. Il est parfois difficile de concilier les deux. Aussi, vous pouvez décider d'ajouter un commentaire plus explicite. Procédez ainsi :

1. Assurez-vous que la table *T_Auteurs* est fermée, et fermez-la si nécessaire.
2. Dans le volet de navigation, affichez la liste des tables.
3. Cliquez du bouton droit sur la table *T_Auteurs* pour laquelle un commentaire doit être ajouté.
4. Dans le menu contextuel, sélectionnez la commande **Propriétés de la table**.
5. Saisissez le commentaire `Liste des coordonnées des auteurs` dans la rubrique *Description*.

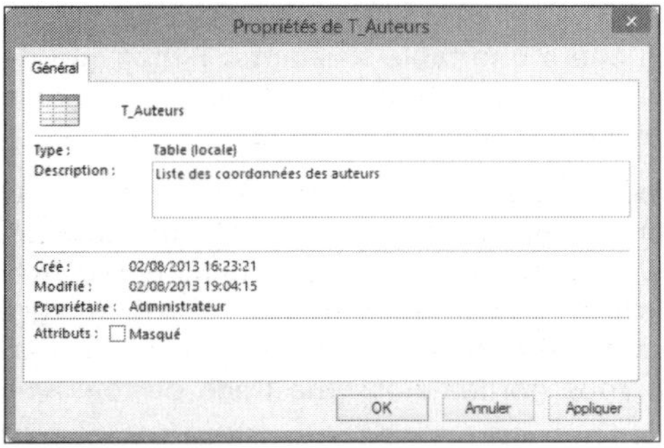

Figure 2.16 : Description attribuée à la table T_Auteurs

6. Cliquez sur le bouton OK.

Pour visualiser ce commentaire, activez de nouveau la commande **Propriétés de la table** du menu contextuel appliqué à la table en question.

Renommer une table

Vous allez renommer la table *T_Auteurs* en *T_Ecrivains*. Procédez ainsi :

1. Assurez-vous que la table à renommer est bien fermée.
2. Dans le volet de navigation, affichez la liste des tables.
3. Cliquez du bouton droit sur la table *T_Auteurs*.
4. Dans le menu contextuel, sélectionnez la commande **Renommer**.

   Le nom de la table apparaît en surbrillance.

Figure 2.17 : Table T_Auteurs en surbrillance

5. Saisissez directement au clavier le nouveau nom, soit `T_Ecrivains`.
6. Validez en appuyant sur la touche [↵] de votre clavier.
7. Attribuez de nouveau le nom de *T_Auteurs* à la table *T_Ecrivains*.

Copier une table

Vous pouvez vouloir copier une table pour différentes raisons :

- Vous souhaitez par exemple créer une nouvelle table dont la structure est très proche d'une table existante. Plutôt que de recommencer la création, vous prenez pour base la table déjà créée et apportez des modifications à la copie.
- Ou encore, vous décidez de supprimer des enregistrements dans une table. Par exemple, vous vous êtes constitué un fichier client qui devient très important et certains enregistrements vous paraissent désormais inutiles. Étant malgré tout prévoyant, vous pensez copier la table actuelle afin d'archiver les données. Vous gardez ainsi une trace de tous vos

clients. Puis dans la table d'origine, vous ferez, dans la mesure du possible, un peu de ménage.

Vous allez réaliser une copie de la table *T_Auteurs*. Pour cela :

1. Cliquez sur la table à copier *T_Auteurs*.
2.  Dans l'onglet **Accueil**, cliquez sur le contrôle **Copier** ou activez la commande **Copier** du menu contextuel (clic droit sur la table à copier).
3.  Dans l'onglet **Accueil**, cliquez sur le contrôle **Coller** ou activez la commande **Coller** du menu contextuel (clic droit n'importe où dans le groupe **Tables** du volet de navigation).
4. Saisissez le nom à attribuer à la copie dans la boîte de dialogue **Coller la table sous**. Nommez cette copie `T_CopieAuteurs`.
   - Si vous êtes dans le 1er cas énoncé plus haut (récupération uniquement de la structure de la table), cochez l'option *Structure seulement*.
   - Si vous êtes dans le 2e cas (archivage de données), laissez l'option *Structure et données* cochée.
   - La 3e option permet d'ajouter les données d'une table à une table existante. Cela implique que les deux tables aient la même structure.
   - Si aucune donnée n'a été saisie, l'option choisie n'a aucune importance.

   Pour votre exemple, conservez l'option *Structure et données* cochée.
5. Cliquez sur le bouton OK.

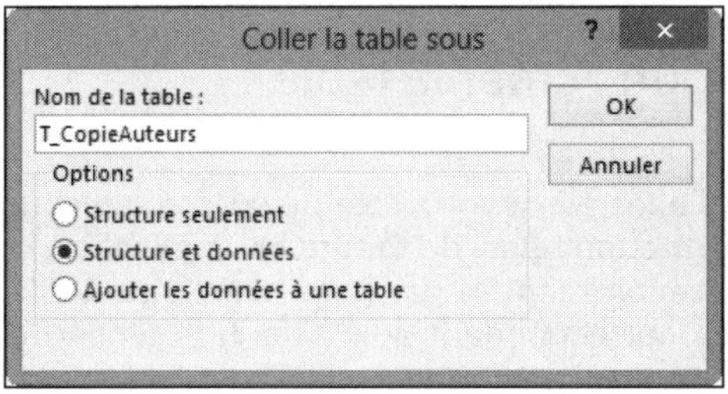

Figure 2.18 : Copie et collage d'une table

Supprimer une table

Vous allez supprimer la table *T_CopieAuteurs*. Procédez ainsi :

1. Assurez-vous que la table à supprimer est bien fermée.
2. Dans le volet de navigation, affichez la liste des tables.
3. Cliquez sur la table à supprimer, *T_CopieAuteurs*, afin de la sélectionner.
4. Appuyez sur la touche Suppr de votre clavier ou activez la commande **Supprimer** du menu contextuel (clic droit sur la table à supprimer).
5. Dans la boîte de dialogue affichée, cliquez sur le bouton **Oui** si vous souhaitez réellement supprimer la table ou sur le bouton **Non** si vous décidez d'annuler votre action. Dans le cas présent, cliquez sur **Oui**.

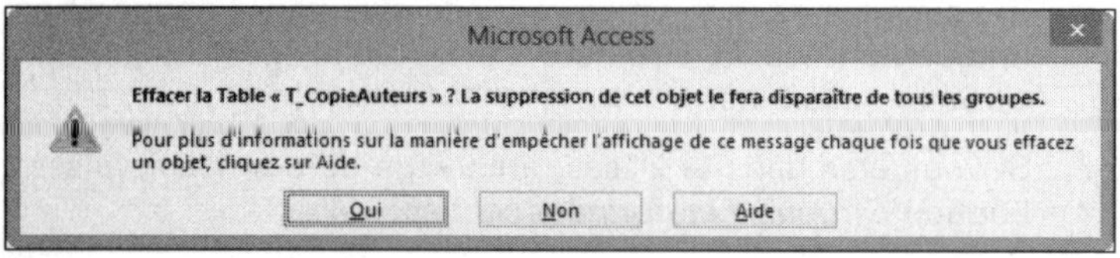

Figure 2.19 : Supprimer la table sélectionnée

ASTUCE

Suppression d'une table par erreur

Cliquez immédiatement sur l'outil **Annuler** de la barre d'outils *Accès rapide* ou utilisez la combinaison de touches Ctrl+Z.

Vous pouvez annuler les 20 dernières actions effectuées.

Application pratique : créer la table T_TypesMedias

Dans cette section, vous allez concevoir votre deuxième table en mode Création, vous permettant ainsi de mettre en application la procédure étudiée précédemment à la page 47. Cette table contiendra des données correspondant aux différents types de médias stockés dans votre médiathèque (Audio, Livre et Vidéo). Elle contiendra donc deux champs *NumTypeMedia* et *IntituleTypeMedia*.

1. Créez une nouvelle table (en mode Création) en appliquant les consignes énoncées dans le tableau ci-dessous.

Tableau 2.4 : Liste des champs de la table T_TypesMedias

Nom du champ	Type de données	Description	Taille du champ	Clé primaire
NumTypeMedia	*NuméroAuto*	Numéro automatiquement affecté au type de média		oui
IntituleTypeMedia	*Texte court*	Intitulé complet du type de média	10	non

2. Enregistrez cette table sous le nom *T_TypesMedias*.

Vous trouverez la base de données, telle qu'elle doit se présenter à ce stade de notre étude, sous le nom de *TA-Médiathèque02.accdb*.

Saisir des données dans une table

Une fois n'est pas coutume, vous allez saisir vos premières données dans la table *T_TypesMedias*. Rappelons deux raisons qui doivent vous inciter à ne pas entrer les données trop rapidement et à éviter d'utiliser les tables comme moyen de saisie :

- Il n'est pas recommandé de saisir des informations dans une table tant que toutes les tables ne sont pas définitivement créées, et surtout tant que les relations entre tables n'ont pas été définies.
- La table n'est pas un objet qui facilite la saisie des données pour un utilisateur néophyte. L'objet formulaire représente l'outil idéal de saisie des informations pour n'importe quel utilisateur, en proposant une interface beaucoup plus intuitive qu'une table.

Néanmoins, il peut être intéressant d'utiliser parfois cette possibilité. Procédez ainsi :

1. Ouvrez une table en mode Feuille de données, par exemple la table *T_TypesMedias*.

2. Placez le curseur dans la première ligne vide et dans le premier champ de saisie. Dans la table *T_TypesMedias*, le premier champ *NumTypeMedia* se remplit automatiquement.

3. Cliquez dans le champ *IntituleTypeMedia* et saisissez la donnée souhaitée : `Audio`.

4. Passez au champ suivant ou à l'enregistrement suivant en appuyant sur la touche [↹], sur la touche [↵] ou en cliquant dans le champ (dernière solution moins performante).

5. Saisissez les données de l'écran ci-après :

T_TypesMedias

	NumTypeMedia	IntituleTypeMedia
	1	Audio
	2	Livre
	3	Vidéo
*	(Nouv.)	

Figure 2.20 : Données de la table T_TypesMedias

Créer une table en entrant des données

La procédure énoncée ci-après vous permettra de réaliser la table *Supports*. Par exemple, un film peut être stocké sur un DVD-Rom, sur un Blu-Ray ou encore sur un disque dur multimédia (DD Multimédia). Cela signifie que pour un type de média vidéo, vous avez au moins trois supports possibles. De même, un album de musique peut être enregistré sur un CD-Rom ou sur un lecteur MP3 (MP3). Quant au type de média livre, il aura comme support le livre ou le CD-Rom. Cette table contient donc trois champs : le numéro du support, le code du type de média auquel il appartient, et son libellé. Par conséquent, les différents types de supports stockés dans votre médiathèque peuvent être : des CD-Rom, des DVD-Rom, des Blu-Ray, des DD Multimédia, des clés USB ou des livres. Le code du type de média est nécessaire pour établir une relation entre la table *T_TypesMedias* et *T_Supports*. Pour le moment, nous ne nous intéresserons qu'aux champs *NumSupport* et *IntituleSupport*. Nous verrons une méthode pour insérer un champ multivaleurs à la page 86.

1. Sélectionnez l'onglet **Créer**.

2. Dans le groupe **Tables**, cliquez sur le contrôle **Table**.

Une nouvelle table *Table1* vide contenant deux colonnes est créée et s'affiche immédiatement à l'écran en mode Feuille de données.

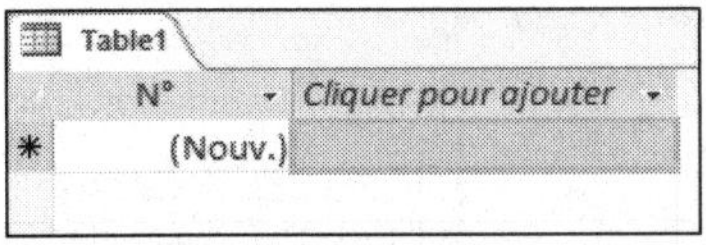

Figure 2.21 : Nouvelle table vide

3. Pour nommer le premier champ, double-cliquez sur l'en-tête du champ à définir (champ actuellement nommé *N°*). Celui-ci se met en surbrillance. Vous n'avez plus qu'à saisir son véritable nom (n'oubliez pas les règles établies précédemment : pas d'espaces, pas de signes de ponctuation, pas d'accents, etc.). Nommez ce champ *NumSupport*. Ce champ est automatiquement affecté du type de données *NuméroAuto*. Vous n'aurez donc pas à saisir d'informations dans ce champ.

4. Pour ajouter un nouveau type de données, cliquez sur le champ suivant (champ actuellement nommé *Cliquer pour ajouter*). Une liste des types de données disponibles se déroule. Sélectionnez le type souhaité (dans notre cas, choisissez *Texte court*).

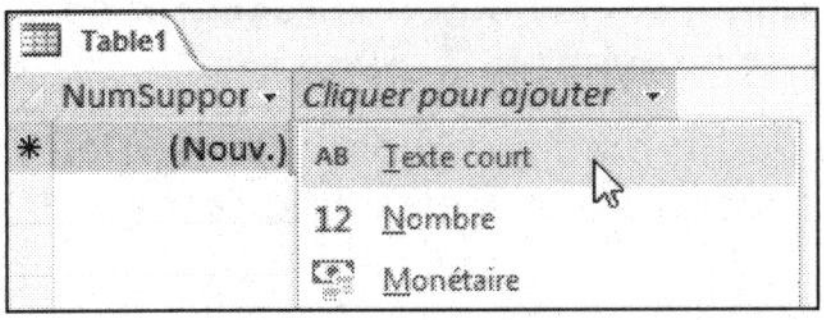

Figure 2.22 : Sélection du type de données à attribuer au nouveau champ

Après validation du type de données de ce deuxième champ, Access crée automatiquement un nouveau champ.

5. Le nom du champ (actuellement *Champ1*) apparaît en surbrillance. Saisissez directement le nom que vous souhaitez lui attribuer (pour l'exemple, saisissez `IntituleSupport`).

Répétez les étapes 4 et 5 pour chaque champ à intégrer dans votre table.

6. Positionnez-vous dans la première cellule vide du deuxième champ et saisissez la donnée `CD-ROM`. Validez la valeur en appuyant sur la touche [↵] du clavier. Puis poursuivez la saisie des autres enregistrements avec les valeurs suivantes : `DVD`, `Blu-Ray`, `DD Multimédia`, `Clé USB` et `Livre`.

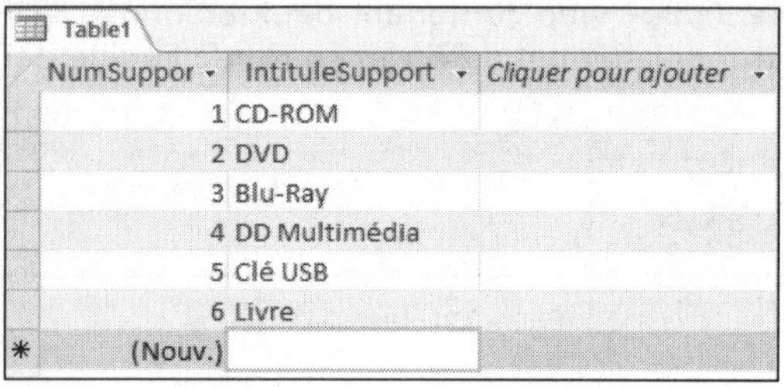

Figure 2.23 : Remplissage de la table T_Supports en mode Feuille de données

REMARQUE

Règle d'attribution d'un type de données au champ

Si vous omettez d'attribuer un type de données à un champ, Access attribue automatiquement un type de données en fonction de la première saisie effectuée dans chacun des champs. Seule exception à cette règle, le premier champ de la table *N°* (renommé en *NumSupport*) est pourvu du type *NuméroAuto*.

Par exemple, si vous saisissez l'adresse web `http://www.ma-editions.com`, Access attribue le type de données *Lien hypertexte*. Si vous saisissez une date sous la forme `31/01/2013`, Access affecte le type de données *Date/Heure* à ce champ.

7. Sauvegardez la table en cliquant sur le bouton **Enregistrer** de la barre d'outils *Accès rapide* et nommez-la *T_Supports*.
8. Basculez en mode Création pour modifier quelques propriétés du champ *IntituleSupport*, comme cela est indiqué dans le tableau ci-dessous.

Tableau 2.5 : Liste des propriétés affectées au champ IntituleSupport de la table T_Supports

Propriété	Contenu
Taille du champ	15
Format	>

Vous constaterez qu'Access a automatiquement attribué la propriété *Clé primaire* au champ *NumSupport*.

9. Enregistrez et fermez la table *T_Supports*.

Cette méthode de création de table n'est pas la plus rigoureuse à mettre en œuvre.

Modifier un type de données d'un champ en mode Feuille de données

Il peut arriver qu'Access ne définisse pas correctement le type de données à attribuer à un champ. Par exemple, si vous saisissez cinq chiffres correspondant à un code postal français, Access attribue le type de données *Numérique* alors qu'en fait c'est un type de données *Texte court*.

Pour y remédier, en mode Feuille de données, procédez comme suit :

1. Sélectionnez le champ à modifier.
2. Sélectionnez l'onglet contextuel **Champs** sous l'onglet **Outils de table**.
3. Dans le groupe **Mise en forme**, sélectionnez l'option appropriée dans la liste *Type de données*.

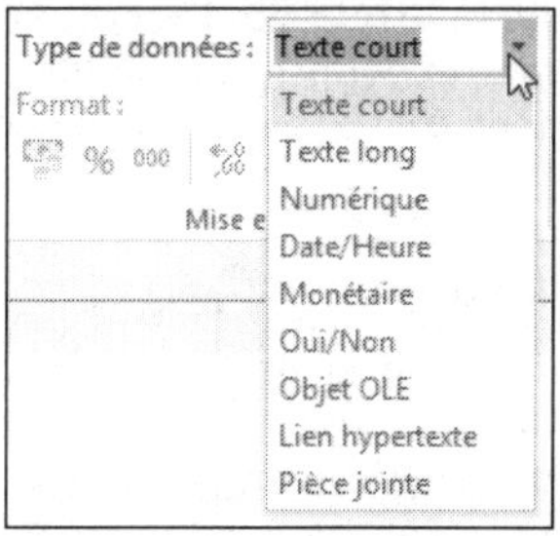

Figure 2.24 : Sélection du type de données souhaité

Supprimer la colonne Cliquer pour ajouter en mode Feuille de données

Si la visualisation permanente de la colonne *Cliquer pour ajouter* vous gêne, vous pouvez y remédier.

Pour désactiver la possibilité de créer un nouveau champ en mode Feuille de données :

1. Cliquez sur l'onglet **Fichier**.
2. Cliquez sur le bouton de commande **Options** en bas du mode Backstage.
3. Dans le volet situé à gauche de la fenêtre, sélectionnez la catégorie *Base de données active*.

4. Dans la rubrique *Options de l'application*, décochez la case *Autoriser les modifications de structure des tables en mode Feuille de données*. Puis cliquez sur le bouton OK pour valider la modification.

REMARQUE

Conseils à prendre en compte

Pour que cette modification prenne effet, vous devez fermer et ouvrir de nouveau votre base de données. Cette modification est propre à chaque base de données.

Bien entendu, vous n'aurez plus la possibilité d'effectuer des modifications concernant la structure de la table en mode Feuille de données.

Importer une table

Il est possible d'intégrer dans votre base de données en cours des données provenant d'une autre application telle que Dbase, Lotus, Paradox ou même Excel. Vous vous limiterez ici à la procédure permettant d'importer une table provenant d'une autre base de données Access.

Importer les tables T_Editeurs et T_Genres

Vous importerez les tables *T_Editeurs* et *T_Genres* de la base de données *Médiathèque01.mdb* (version Access 2003), que vous pouvez télécharger sur le site de MA Éditions, à l'adresse www.ma-editions.com. Si vous n'avez pas suivi le début de cette initiation, vous pouvez également démarrer avec la base de données *TA-Médiathèque03.accdb*. Cette base comprend les trois tables créées dans les sections précédentes.

Pour importer la table *T_Editeurs*, procédez ainsi :

1. Ouvrez la base de données *TA-Médiathèque03.accdb* ou conservez la base en cours.
2. Sélectionnez l'onglet **Données externes**.
3. Dans le groupe **Importer et Lier**, cliquez sur le contrôle **Access**.
4. Dans la boîte de dialogue affichée :
   - Cliquez sur le bouton de commande **Parcourir** pour rechercher le dossier dans lequel se trouve la base de données

Access à importer. Sélectionnez la base de données *Médiathèque01.mdb*.

– Conservez la première option *Importer des tables, des requêtes, des formulaires, des états, des macros et des modules dans la base de données active.*

– Cliquez sur le bouton OK.

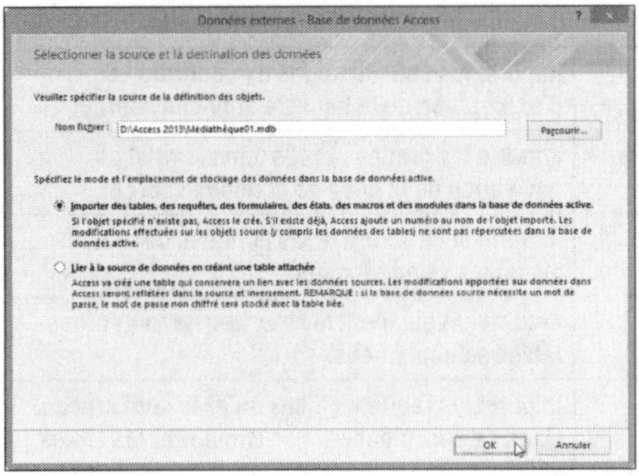

Figure 2.25 : Sélectionner le dossier de stockage, la base de données et l'option d'importation

5. Sélectionnez successivement une ou plusieurs tables à importer, ici *T_Editeurs* et *T_Genres*. Pour désélectionner un objet, cliquez de nouveau sur cet objet.

6. Cliquez si nécessaire sur le bouton de commande **Options** afin de préciser d'autres paramètres à prendre en compte lors de l'importation. Puis cliquez sur le bouton OK.

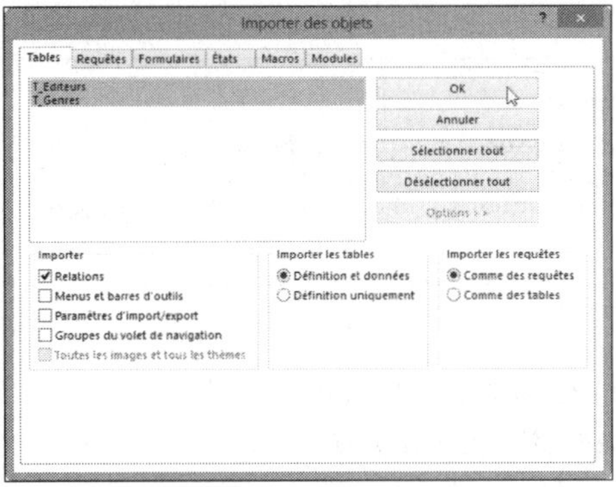

Figure 2.26 : Importation des tables T_Editeurs et T_Genres

7. Dans la dernière étape de l'assistant, cliquez sur le bouton de commande **Fermer**.

Tableau 2.6 : Description des options d'importation proposées dans la boîte de dialogue Importer des objets

Option	Description
Relations	Importe également les relations existantes entre les tables sélectionnées.
Menus et barres d'outils	Importe les menus et barres d'outils de la base de données source. Ces éléments sont affichés dans un onglet nommé **Compléments**.
Paramètres d'import/export	Importe les spécifications d'importation ou d'exportation de la base de données source.
Groupes du volet de navigation	Importe les groupes créés dans le volet de navigation de la base de données source.
Définition et données	Importe la structure et les données de toutes les tables sélectionnées.
Définition uniquement	Importe uniquement la structure de toutes les tables sélectionnées.
Comme des requêtes	Importe les requêtes telles qu'elles sont créées. Dans ce cas, n'oubliez pas d'importer les tables utilisées avec la même structure que celles en place.
Comme des tables	Importe les requêtes en tant que tables. Dans ce cas, il n'est pas nécessaire d'importer les tables utilisées avec la même structure.

Les tables apparaissent immédiatement dans la liste des tables déjà créées.

REMARQUE

Importation d'objets Access

La procédure est identique pour l'importation des six autres objets d'Access. Vous pouvez également importer différents objets en une seule manipulation. Il suffit de cliquer sur chacun des onglets contenant les éléments à importer.

Ajouter un champ proposant une liste de choix en utilisant l'assistant

L'Assistant Liste de choix compte parmi les types de données proposés par Access. Une liste de choix permet de sélectionner des valeurs déjà saisies dans une liste. Ces valeurs peuvent provenir d'une autre table, d'une requête ou être saisies par l'utilisateur au moment de la création de la liste. Ce n'est donc pas à proprement parler un type de données mais une aide à la création de la liste. D'ailleurs, à l'issue de la création de la liste de choix, Access affectera un type de données déterminé, en fonction des choix réalisés au cours des étapes de conception de la liste.

L'objectif est de créer un nouveau champ *CodeTypeMedia* dans la table *T_Genres* importée précédemment, proposant une liste de choix issue de la table *T_TypesMedias*. En effet, le code du type de média étant un numéro correspondant au numéro du champ *NumTypeMedia* de la table *T_TypesMedias*, il est difficile de se souvenir du numéro auquel correspond le type livre, audio ou encore vidéo. Par conséquent, vous faciliterez la saisie de l'utilisateur en lui proposant une liste contenant non pas les numéros mais les intitulés du type de média. Il suffira de sélectionner l'intitulé pour que son numéro soit immédiatement stocké dans le champ *CodeTypeMedia* de la table *T_Genres*. Procédez ainsi :

1. Ouvrez la table concernée en mode Création, par exemple la table *T_Genres*.
2. Ajoutez un nouveau champ au-dessus du champ *LibelleGenre* et nommez-le *CodeTypeMedia*.
3. Dans la liste des types de données du champ concerné (ici *CodeTypeMedia*), sélectionnez *Assistant Liste de choix*.

   Une boîte de dialogue s'affiche à l'écran.

   Deux possibilités vous sont offertes :

   - Les valeurs contenues dans la future liste proviennent d'une autre liste ou d'une requête.
   - Les valeurs de la future liste seront saisies par vos soins dans une des étapes suivantes.
4. Conservez la première option *Je veux que le champ Liste de choix extraie les valeurs d'une autre table ou requête*, puis cliquez sur le bouton **Suivant** (voir fig. 2.27).
5. Access affiche la liste des tables présentes dans votre base de données. Sélectionnez la table *T_TypesMedias*, puis cliquez sur le bouton **Suivant** (voir fig. 2.28).

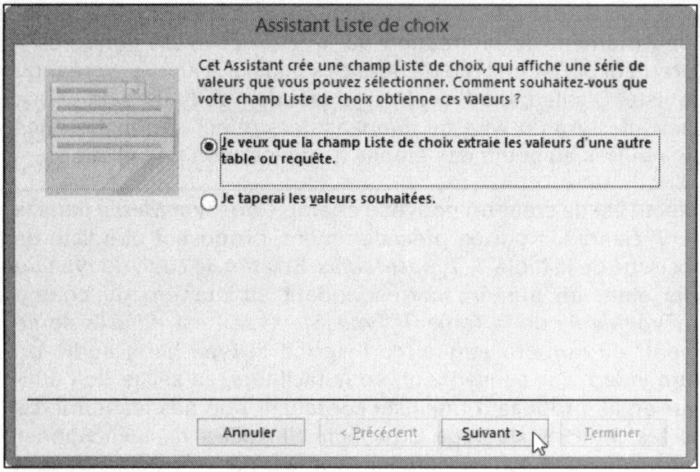

Figure 2.27 : Première étape de l'Assistant Liste de choix

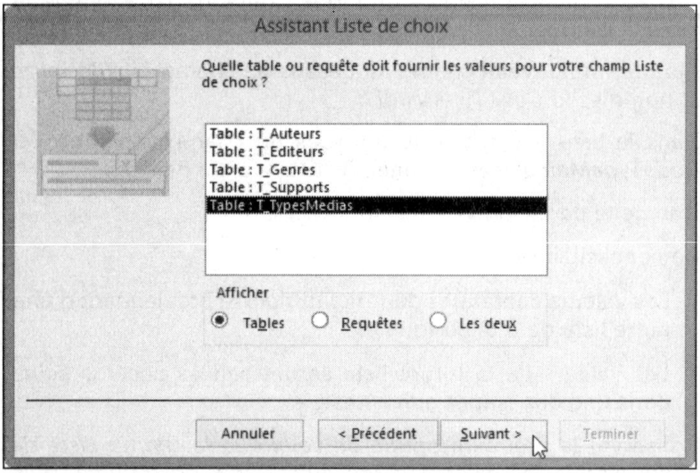

Figure 2.28 : Choix de la table contenant les données de la liste

6. Il s'agit maintenant de sélectionner les champs utiles à la mise en place de la liste. Sélectionnez les deux champs en cliquant sur le bouton >> : le champ *NumTypeMedia* est nécessaire pour stocker le numéro du type de média dans le champ *CodeTypeMedia* ; le champ *IntituleMedia* est utile pour constituer les valeurs de la liste. Cliquez sur le bouton **Suivant**.

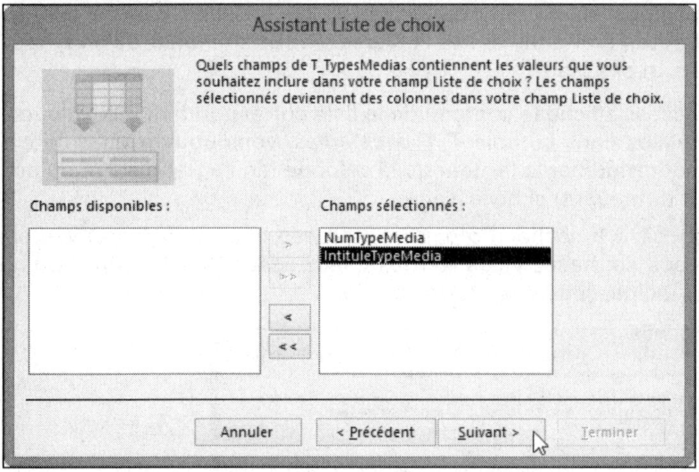

Figure 2.29 : Sélection des champs à intégrer dans la liste

7. Access vous propose de définir un ordre de tri sur un des champs choisis pour la construction de la liste. Sélectionnez le champ *IntituleTypeMedia* afin que les valeurs de liste apparaissent par ordre alphabétique. Cliquez sur le bouton **Suivant**.

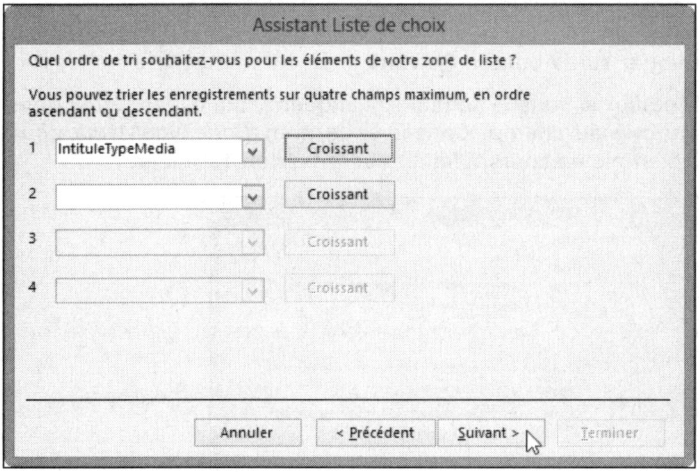

Figure 2.30 : Définir un ordre de tri

Si vous souhaitez affecter un tri décroissant, cliquez sur le bouton croissant ; faites l'inverse si vous souhaitez de nouveau un tri croissant.

8. Access affiche le contenu de la liste correspondant aux valeurs saisies dans la table *T_TypesMedias*. Vous pouvez en profiter pour modifier la largeur de la colonne (en l'agrandissant ou en la diminuant) si nécessaire.

   La case à cocher *Colonne clé cachée* peut être désactivée si vous souhaitez visualiser les codes associés aux intitulés. En principe, cette case reste cochée.

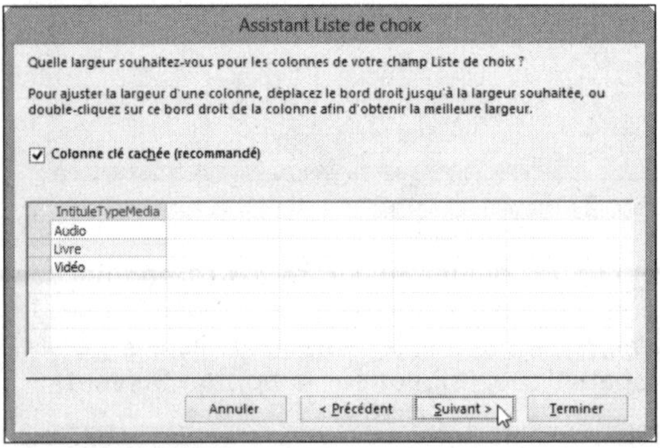

Figure 2.31 : Contenu de la liste de choix

9. Cliquez sur le bouton **Suivant**.

10. Modifiez si vous le souhaitez l'étiquette, qui est en fait le nom attribué au champ. Conservez le nom *CodeTypeMedia* pour l'exemple en cours. Cliquez sur le bouton **Terminer**.

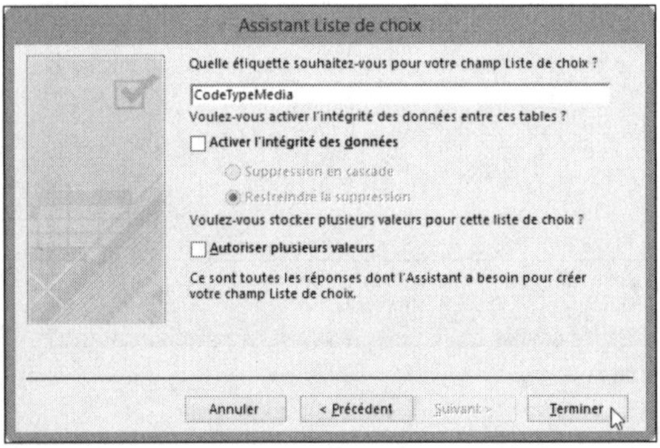

Figure 2.32 : Dernière étape de l'Assistant Liste de choix

Un dernier message d'Access vous demande de confirmer l'enregistrement de la table. Si vous acceptez, Access crée déjà la relation entre les tables *T_TypesMedias* et *T_Genres*. Vous verrez plus tard que la relation créée par Access n'est pas satisfaisante.

11. Malgré tout, cliquez sur le bouton **Oui** pour accepter l'enregistrement. Si vous cliquez sur le bouton **Non**, la relation ne sera pas créée et vous devrez penser à enregistrer la table.

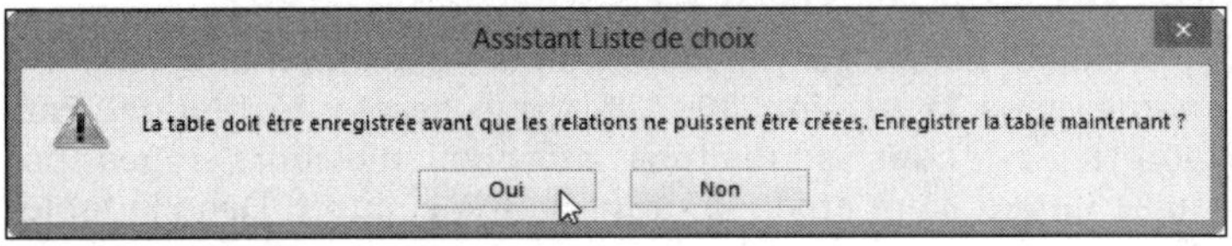

Figure 2.33 : Confirmer l'enregistrement de la table

12. Basculez en mode Feuille de données et saisissez les données du champ *CodeTypeMedia* indiquées dans le tableau suivant.

Tableau 2.7 : Données de la table T_Genres

NumGenre	CodeTypeMedia	LibelleGenre
1	Livre	Roman
2	Livre	Policier
3	Audio	Variétés
4	Audio	Rock
5	Vidéo	Policier
6	Vidéo	Comédie
7	Livre	Biographie
8	Livre	Science-fiction
9	Audio	Classique
10	Audio	Jazz
11	Livre	Bande dessinée
12	Vidéo	Dessin animé
13	Vidéo	Drame
14	Vidéo	Western
15	Audio	Danses de salon
16	Vidéo	Comédie dramatique

Tableau 2.7 : Données de la table T_Genres

NumGenre	CodeTypeMedia	LibelleGenre
17	Livre	Poésie
18	Vidéo	Fantastique

Ajouter un champ à valeurs multiples

La possibilité de stocker plusieurs valeurs dans un même champ, apparue dans la version 2007, fut une sacrée révolution. Par exemple, ici, nous souhaitons attribuer plusieurs types de médias (audio, livre et vidéo) à un même support. Dans la table *T_Supports*, vous allez créer un nouveau champ destiné à contenir plusieurs types de médias. En saisie dans ce nouveau champ, une liste déroulante vous proposera de choisir un ou plusieurs types de médias par le biais de cases à cocher en regard de chacun des éléments de la liste.

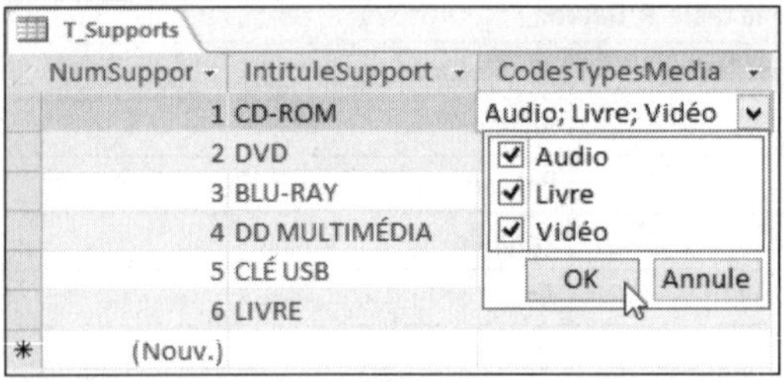

Figure 2.34 : Cocher plusieurs types de médias à associer à un support

Deux méthodes vous sont proposées pour créer un tel champ. À vous d'utiliser celle qui vous paraît la plus simple. Toutefois, la logique et la rigueur engagent plus volontiers à créer un champ multivaleurs en mode Création de table.

Créer un champ à plusieurs valeurs en mode Création de table

1. Ouvrez la table *T_Supports* en mode Création.
2. Ajoutez un nouveau champ sous le champ *IntituleSupport*, nommé *CodesTypesMedia*. Notez que le champ est volontairement orthographié au pluriel. Cela permettra, dans le futur, de repérer plus aisément que ce champ peut contenir plusieurs valeurs.

3. Dans la liste des types de données du champ concerné (ici *CodesTypesMedia*), sélectionnez *Assistant Liste de choix*.
4. Suivez les étapes 4 à 8 de la conception d'une liste de choix à l'aide de l'assistant (à la page 81).
5. À la dernière étape de la création, cochez la case *Autoriser plusieurs valeurs*. Cliquez sur le bouton **Terminer**.

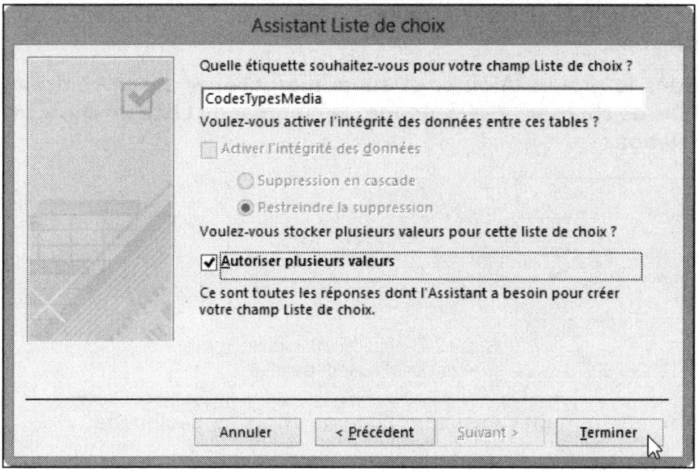

Figure 2.35 : Autoriser le stockage de plusieurs valeurs dans le champ CodesTypesMedia

6. Acceptez l'enregistrement de la table et basculez en mode Feuille de données.

   Si vous souhaitez réaliser la procédure par la deuxième méthode, refusez d'enregistrer les modifications apportées à cette table. Fermez simplement la table sans accepter l'enregistrement et n'effectuez pas l'étape 7.

7. Saisissez les valeurs à attribuer à ce nouveau champ, comme cela est indiqué dans l'écran ci-dessous.

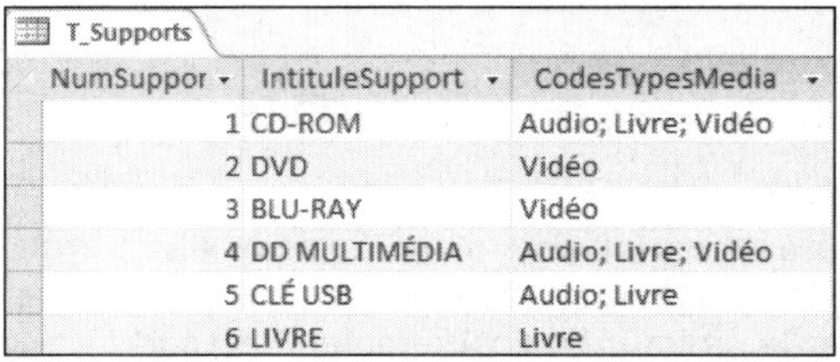

T_Supports

NumSuppor	IntituleSupport	CodesTypesMedia
1	CD-ROM	Audio; Livre; Vidéo
2	DVD	Vidéo
3	BLU-RAY	Vidéo
4	DD MULTIMÉDIA	Audio; Livre; Vidéo
5	CLÉ USB	Audio; Livre
6	LIVRE	Livre

Figure 2.36 : Contenu de la table T_Supports

Créer un champ à plusieurs valeurs en mode Feuille de données

1. Ouvrez la table *T_Supports* en mode Feuille de données.
2. Cliquez dans une cellule vide de la colonne *Cliquer pour ajouter* (à condition de ne pas avoir désactivé cette option précédemment).
3. Sous l'onglet **Outils de table**, sélectionnez l'onglet contextuel **Champs**.
4. Dans le groupe **Ajouter et supprimer**, cliquez sur le contrôle **Plus de champs** et sélectionnez la commande **Liste de choix et relation**.

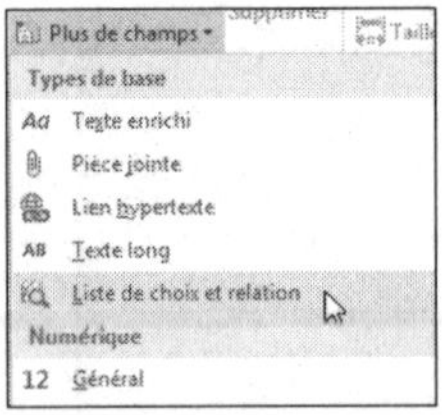

Figure 2.37 : Accéder à l'Assistant Liste de choix en mode Feuille de données

Immédiatement l'Assistant Liste de choix se déclenche.

5. Suivez les étapes 4 à 8 de la conception d'une liste de choix à l'aide de l'assistant (à la page 81).
6. À la dernière étape de la création :
   - Attribuez le nom *CodesTypesMedia* à l'étiquette de la liste de choix (en fait, au nom du champ créé).
   - Cochez la case *Autoriser plusieurs valeurs.*
   - Cliquez sur le bouton **Terminer**.
7. Acceptez l'enregistrement de la table et saisissez les valeurs à attribuer à ce nouveau champ, comme cela est indiqué à l'étape 7 de la première méthode.

Mettre en pratique ses connaissances théoriques

Avant d'aborder la mise en œuvre des relations, vous allez terminer la création de la dernière table nécessaire à la gestion de votre médiathèque et affiner la structure de cette table. Pour cela :

1. Créez une nouvelle table en appliquant les consignes énoncées dans le tableau ci-après.

Tableau 2.8 : Liste des champs de la table T_Medias

Nom du champ	Type de données	Taille du champ	Format	Masque de saisie
NumMedia	*Texte court*	5	>	
TitreMedia	*Texte court*	25		
DateAchat	*Date/Heure*		*Date, abrégé*	*Date, abrégé*
PrixAchat	*Monétaire*			
AnneeParution	*Numérique*	Entier		
Cadeau	*Oui/Non*			
Rangement	*Texte court*	20		
Commentaire	*Texte long*			

Pour le champ *NumMedia*, les valeurs attendues pourraient être de la forme A0001 pour un média audio, L0001 pour un média livre et V0001 pour un média vidéo.

2. Affectez la clé primaire au champ *NumMedia* et ajoutez quelques propriétés supplémentaires sur les champs suivants :

Tableau 2.9 : Propriétés attribuées aux champs PrixAchat et Cadeau

Nom du champ	Propriété	Contenu
PrixAchat	*Valide si*	>=0
	Message si erreur	Veuillez saisir un prix supérieur ou égal à 0
Cadeau	*Valeur par défaut*	Non

3. Ajoutez, sous le champ *TitreMedia*, quatre nouveaux champs qui permettront de réaliser les relations avec les autres tables de la base. Vous leur attribuerez le type de données *Assistant Liste de choix*. Au dernier message de l'Assistant Liste de choix d'Access vous demandant d'enregistrer la table, cliquez sur le bouton **Non**. Vous effectuerez vous-même l'enregistrement et les relations.

   – Créez le champ *CodeSupport*. Sa liste de choix est basée sur la table *T_Supports*. Sélectionnez les champs *NumSupport* et *IntituleSupport*. Attribuez un tri croissant sur le champ *IntituleSupport*.

- Créez le champ *CodeGenre*. Sa liste de choix est basée sur la table *T_Genres*. Sélectionnez les champs *NumGenre* et *LibelleGenre*. Attribuez un tri croissant sur le champ *LibelleGenre*.
- Créez le champ *CodeAuteur*. Sa liste de choix est basée sur la table *T_Auteurs*. Sélectionnez les champs *NumAuteur*, *NomAuteur* et *PrenomAuteur*. Attribuez un tri croissant sur le champ *NomAuteur* et sur le champ *PrenomAuteur*.
- Créez le champ *CodeEditeur*. Sa liste de choix est basée sur la table *T_Editeurs*. Sélectionnez les champs *NumEditeur* et *NomEditeur*. Attribuez un tri croissant sur le champ *NomEditeur*.

Pour vérifier si les listes de choix sont correctement créées, cliquez sur l'onglet **Liste de choix** d'un champ correspondant dans la partie inférieure de la fenêtre et parcourez les différentes propriétés.

4. Affectez la valeur *Oui* à la propriété *Null interdit* des champs *TitreMedia*, *CodeSupport*, *CodeGenre*, *CodeAuteur* et *CodeEditeur*, car ces champs devront obligatoirement contenir une valeur.
5. Saisissez une description pour chaque champ créé, comme cela est indiqué dans le tableau ci-dessous.

Tableau 2.10 : Descriptions des champs de la table T_Medias

Nom du champ	Description
NumMedia	Numéro attribué au média, de la forme A0001 (pour un média audio), L0001 (pour un média livre), V0001 (pour un média vidéo).
TitreMedia	Titre complet de l'album, du livre ou du film.
CodeSupport	Choix, dans une liste, du support de sauvegarde (CD-Rom, DVD, Blu-ray, Livre...).
CodeGenre	Choix, dans une liste, de la catégorie d'appartenance du média (Policier, Roman, Comédie...).
CodeAuteur	Choix, dans une liste, de l'auteur, de l'interprète ou du réalisateur.
CodeEditeur	Choix, dans une liste, de l'éditeur du média.

Tableau 2.10 : Descriptions des champs de la table T_Medias

Nom du champ	Description
DateAchat	Date d'achat du média.
PrixAchat	Prix d'achat TTC du média.
AnneeParution	Année de sortie du média.
Cadeau	Ce média m'a-t-il été offert ?
Rangement	Précisez le numéro du meuble et celui de l'étagère.
Commentaire	Commentaires divers sur le média (sujet abordé, noms des acteurs principaux...).

6. Sauvegardez la table sous le nom *T_Medias* et fermez-la.

Ajouter un champ calculé

Depuis la version 2010, Access intègre un nouveau type de champ : le champ calculé. Il est désormais possible de stocker dans une table un calcul généré par la combinaison de champs de cette même table, d'opérateurs mathématiques et de fonctions disponibles dans Access. Comme nous l'avons déjà indiqué, il n'est pas habituel de stocker des éléments calculés. Toutefois, cette nouvelle fonctionnalité peut occasionnellement faciliter la tâche de l'utilisateur.

Pour illustrer la mise en œuvre de ce nouveau type de données, prenons un cas concret. Imaginons que vous avez pour habitude d'acheter tous vos médias dans un endroit où vous avez systématiquement 5 % de remise. Vous décidez donc de calculer le prix d'achat de chaque média au vrai prix éditeur, afin de connaître le prix que vous auriez dû payer sans cette remise. Procédez ainsi :

1. Ouvrez la table *T_Medias* en mode Création.
2. Ajoutez un nouveau champ sous le champ *PrixAchat*, nommé *PrixEditeur*.
3. Attribuez-lui le type de données *Calculé*.

   Immédiatement la fenêtre **Générateur d'expression** apparaît à l'écran. Il s'agit maintenant de saisir la formule réalisant le calcul souhaité. La formule adaptée est le prix d'achat divisé par 0,95.

4. Dans la zone *Catégories d'expressions*, double-cliquez sur le champ *PrixAchat*.
5. Tapez au clavier le symbole de division `/`.
6. Enfin, saisissez `0,95` au clavier. Puis cliquez sur le bouton OK.

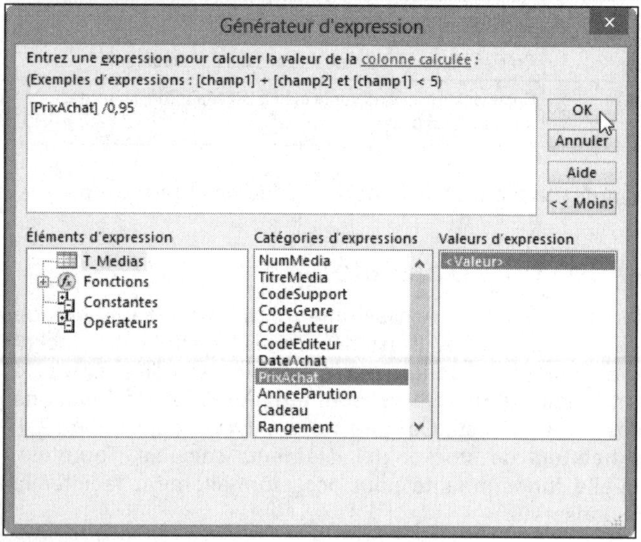

Figure 2.38 : Saisie de la formule d'un champ calculé

Vous constatez que la propriété *Expression* contient la règle de calcul à appliquer. Ne vous souciez pas de la propriété *Type de résultat*. Access l'adapte automatiquement en fonction des champs et des fonctions utilisés. Néanmoins, si vous le souhaitez, vous pouvez tout à fait définir cette propriété comme il vous convient.

7. Terminez la création de ce champ en lui attribuant le format *Standard*.

En conclusion, cette nouvelle fonctionnalité évite de créer des requêtes pour des calculs simples. Ils sont immédiatement intégrés dans la table. De plus, leur mise à jour s'effectue instantanément après validation des données modifiées.

Ajouter un champ de type Pièce jointe

Le type de données *Pièce jointe* vous autorise à stocker un ou plusieurs fichiers de différents formats (photos, documents créés avec un traitement de texte, tableaux créés avec un tableur...) dans un seul champ.

Créer un champ Pièce jointe dans une table en mode Création

Pour illustrer ce nouveau type de données, vous ajouterez un nouveau champ, nommé *DocumentsAuteur*, de type *Pièce jointe* dans la table *T_Auteurs*. Ce champ pourra contenir des fichiers photo de l'auteur ou encore des documents textes (*.doc*, *.txt*...) relatifs à sa biographie, filmographie ou discographie.

1. Ouvrez la table *T_Auteurs* en mode Création.
2. Dans la colonne *Nom du champ*, positionnez-vous dans la première ligne vide.
3. Saisissez le nom du nouveau champ : `DocumentsAuteur`.
4. Dans la colonne *Type de données*, sélectionnez *Pièce jointe*.
5. Dans la colonne *Description*, saisissez `Accéder à divers fichiers : photos, biographie, filmographie, discographie...`
6. Enregistrez la nouvelle structure de la table en cliquant sur l'outil **Enregistrer** de la barre d'outils *Accès rapide*.

ATTENTION

Modification du type de données impossible

Désormais, vous ne pourrez plus associer un autre type de données à ce champ. Néanmoins, si vous avez commis une erreur lors de la conception, vous pouvez toujours supprimer le champ, puis le créer de nouveau.

Saisir des données dans un champ Pièce jointe

Une fois le champ créé, vous pouvez basculer en mode Feuille de données pour y insérer les fichiers souhaités.

1. Ouvrez la table *T_Auteurs* en mode Feuille de données, ou basculez dans ce mode si vous êtes actuellement en mode Création.

Le nom du champ *DocumentsAuteur* n'apparaît pas ; ce champ est représenté par un trombone.

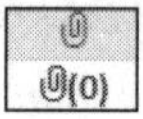

Figure 2.39 : Un trombone en en-tête identifie un champ de type Pièce jointe

Actuellement aucune donnée n'a été saisie dans la table *T_Auteurs*. Pour les besoins de l'exercice, saisissez le premier enregistrement, comme cela est indiqué dans le tableau ci-dessous.

Tableau 2.11 : Premier enregistrement de la table T_Auteurs

Num Auteur	Nom Auteur	Prenom Auteur	DateNaissance Auteur	DateDeces Auteur	Nationalite Auteur
A0010	PAGNOL	Marcel	28/02/1895	18/04/1974	Française

2. Double-cliquez dans le champ *DocumentsAuteur* du premier enregistrement. La boîte de dialogue **Pièces jointes** apparaît.
3. Cliquez sur le bouton **Ajouter** pour insérer des fichiers. La boîte de dialogue **Sélectionnez un fichier** apparaît. Sélectionnez un ou plusieurs fichiers, par exemple *Marcel Pagnol.jpg, Biographie - Marcel Pagnol.docx* et *Œuvres - Marcel Pagnol.docx.* Cliquez sur le bouton **Ouvrir**.

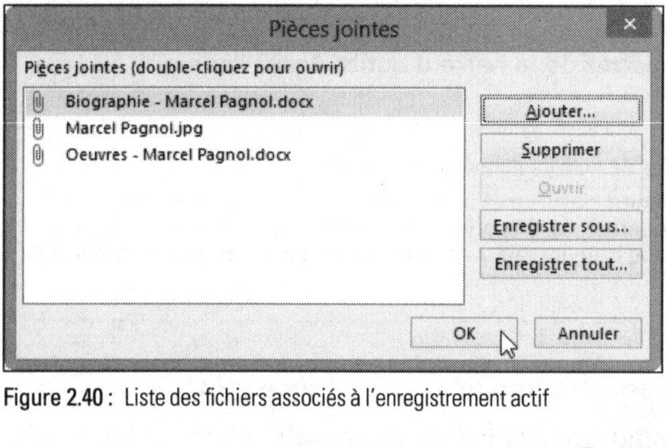

Figure 2.40 : Liste des fichiers associés à l'enregistrement actif

4. Dans la boîte de dialogue **Pièces jointes**, cliquez sur le bouton OK pour valider l'ajout des fichiers dans la table. Un trombone suivi du nombre de fichiers joints entre parenthèses apparaît dans le champ de l'enregistrement en cours.

Figure 2.41 : Trois fichiers sont associés à l'enregistrement actif

Ouvrir un fichier d'un champ Pièce jointe

Pour ouvrir un fichier contenu dans un enregistrement, procédez ainsi :

1. Double-cliquez dans la cellule du champ contenant la pièce jointe à ouvrir. Pour l'exemple, double-cliquez dans le champ *DocumentsAuteur* du premier enregistrement. La boîte de dialogue **Pièces jointes** apparaît.
2. Dans la boîte de dialogue **Pièces jointes**, double-cliquez sur le fichier à ouvrir.

Le programme associé au fichier se lance (s'il est installé sur votre ordinateur) et le fichier sélectionné s'ouvre.

Si vous le souhaitez, vous avez la possibilité de modifier le document. Dans ce cas, à la fermeture du fichier, l'application vous propose d'enregistrer les modifications effectuées.

Supprimer des fichiers joints

Pour supprimer un ou plusieurs fichiers associés à un enregistrement, procédez ainsi :

1. Double-cliquez dans la cellule du champ contenant la pièce jointe à supprimer. Pour l'exemple, double-cliquez dans le champ *DocumentsAuteur* du premier enregistrement. La boîte de dialogue **Pièces jointes** apparaît.
2. Dans la boîte de dialogue **Pièces jointes**, sélectionnez le fichier à supprimer.
3. Cliquez sur le bouton **Supprimer**. Le fichier choisi disparaît immédiatement, sans message de confirmation.
4. Répétez les étapes 2 et 3 pour chaque fichier à supprimer.

Ajouter un champ Texte enrichi

Le *Texte enrichi* est une propriété associée à un champ de type *Texte long*. Il permet d'appliquer diverses mises en forme (gras, italique, couleur de police, puces, numéros...) au texte saisi. La mise en forme est applicable à une partie de texte sélectionné d'un champ *Texte long* et non à l'ensemble de la saisie.

Créer un champ avec Texte enrichi dans une table en mode Création

Pour illustrer cette nouvelle propriété, vous ajouterez un nouveau champ, nommé *CitationsAuteur*, de type *Texte long* dans la table *T_Auteurs*. Ce champ pourra contenir des citations mémorables de l'auteur.

1. Ouvrez la table *T_Auteurs* en mode Création.
2. Dans la colonne *Nom du champ*, positionnez-vous dans la première ligne vide.
3. Saisissez le nom du nouveau champ : `CitationsAuteur`.
4. Dans la colonne *Type de données*, sélectionnez *Texte long*.
5. Dans la colonne *Description*, saisissez `Liste de citations ou proverbes inventés par l'auteur`.
6. Dans la section *Propriétés du champ*, déroulez la liste associée à la propriété *Format du texte* et sélectionnez la valeur *Texte enrichi*.
7. Enregistrez la nouvelle structure de la table en cliquant sur l'outil **Enregistrer** de la barre d'outils *Accès rapide*.

Mettre en forme un champ avec texte enrichi

Une fois le champ créé, vous pouvez basculer en mode Feuille de données pour y saisir un texte et le mettre en forme avec les formats proposés.

Pour appliquer une mise en forme à du texte enrichi, vous pouvez utiliser la barre d'outils miniature ou les options des groupes.

1. Ouvrez la table *T_Auteurs* en mode Feuille de données, ou basculez dans ce mode si vous êtes actuellement en mode Création.

   Pour les besoins de l'exercice, saisissez les citations suivantes dans le champ *CitationsAuteur* du premier enregistrement. Entre chaque citation, faites un retour à la ligne dans la cellule en appuyant sur la combinaison de touches [Ctrl]+[↵]. Validez votre saisie à la fin.

   — `La contemplation prolongée de la Joconde ne nous donne pas le talent de de Vinci.`

   — `On devient vieux quand les jeunes nous abandonnent.`

— On appelle les comédiens des cabots, parce qu'ils se sauvent quand on les siffle.

2. Agrandissez la hauteur des lignes de la grille afin de visualiser au moins les deux premières citations et faciliter ainsi les opérations de mise en forme.

3. Sélectionnez la première citation. Une barre d'outils miniature apparaît. Dans cette barre d'outils, vous retrouvez des outils de mise en forme, en partie décrits à la page MiseEnForme. Appliquez les mises en forme souhaitées. Par exemple, attribuez la couleur bleue au texte sélectionné.

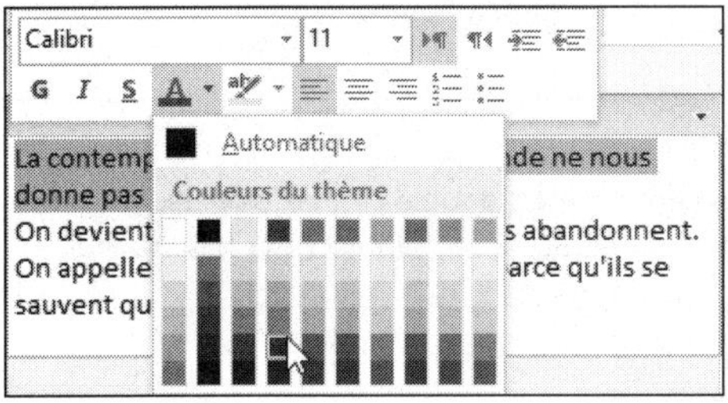

Figure 2.42 : Barre d'outils miniature

Pour appliquer une mise en forme au texte, vous pouvez également utiliser les commandes des groupes **Mise en forme du texte** de l'onglet **Accueil**.

Tableau 2.12 : Description des outils de mise en forme du groupe Texte enrichi

Outil	**Signification**
	Augmente le retrait du paragraphe de 0,25 pouce.
	Diminue le retrait du paragraphe de 0,25 pouce.
	Remplit la cellule de gauche à droite.
	Remplit la cellule de droite à gauche.
	Insère un numéro devant chaque paragraphe.
	Insère une puce devant chaque paragraphe.

Effectuez les mises en forme suivantes :

- Attribuez une puce à chaque paragraphe.
- Attribuez une couleur différente à chaque paragraphe.

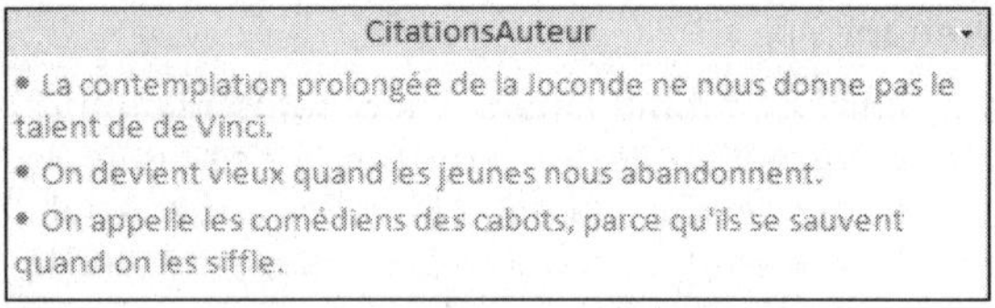

Figure 2.43 : Champ CitationsAuteur mis en forme

ASTUCE

Sélections rapides

Pour sélectionner rapidement un mot, double-cliquez dessus. Pour sélectionner rapidement un paragraphe, cliquez trois fois dessus.

2.3. Mettre en place des relations

La notion de relation

Quand toutes les tables de votre application ont été réalisées, il faut définir les relations existant entre elles. Établir des relations entre les tables vous permettra plus tard de regrouper les informations enregistrées dans les différentes tables. Une relation ou liaison entre deux tables est réalisée par l'intermédiaire de la clé primaire. C'est maintenant que vous allez comprendre toute l'importance de la clé primaire.

Comprendre l'intégrité référentielle et ses différentes options

Pour qu'une relation soit satisfaisante, il faut lui appliquer l'intégrité référentielle. Ce sont des contraintes imposées par Access afin d'éviter des incohérences entre les données stockées.

Dans Access, il existe trois types de relations :

La relation de type "un-à-plusieurs"

C'est la relation la plus courante. Prenons l'exemple de la relation à mettre en place entre les tables *T_Auteurs* et *T_Medias*.

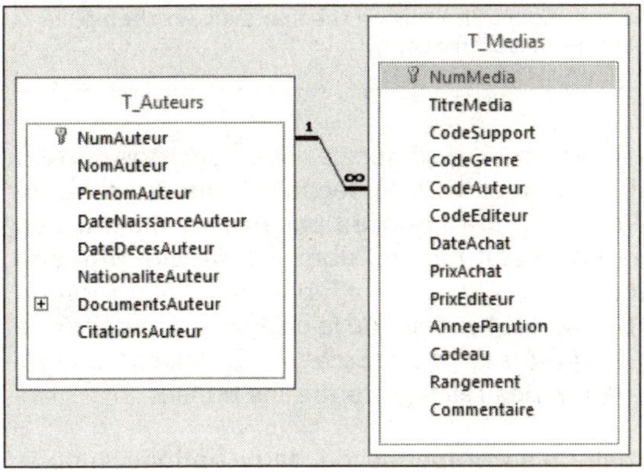

Figure 2.44 : Relation à obtenir entre les tables T_Auteurs et T_Medias

Cette relation est identifiée par un trait joignant deux champs de même contenu, les symboles 1 et ∞ (le symbole ∞ signifie plusieurs).

Ainsi on dira : un (pour le symbole 1) auteur peut réaliser plusieurs (pour le symbole ∞) médias. C'est une relation un-à-plusieurs. En d'autres termes, cela signifie aussi qu'une clé étrangère (*CodeAuteur* dans *T_Medias*) doit correspondre à une clé primaire (*NumAuteur* dans *T_Auteurs*) de l'autre table liée. La clé primaire est toujours du côté 1 de la relation et la clé étrangère, du côté ∞.

Dans notre exemple, cela signifie qu'il est impossible de saisir un *CodeAuteur* dans la table *T_Medias* si ce code n'a pas été au préalable saisi dans le champ *NumAuteur* de la table *T_Auteurs*. Nous pourrions arriver à une telle incohérence si nous n'avions pas pris soin d'appliquer l'intégrité référentielle.

Par ailleurs, pour réussir la création d'une relation, les deux champs liés doivent être affectés du même type de données.

Par exemple, si le champ clé primaire de la table source (table du côté 1) est de type *Texte court* (5 caractères), le champ clé étrangère de la table destination (table du côté plusieurs) doit être de type *Texte court* (5 caractères).

ATTENTION

Exception à la règle

Il existe cependant une exception. En effet, un champ clé primaire de type *NuméroAuto* doit toujours être mis en relation avec un champ clé étrangère de type *Numérique/Entier Long*.

En revanche, il n'est pas nécessaire que ces deux champs portent le même nom. D'ailleurs, nous vous le déconseillons. Nous adopterons une nouvelle règle, non imposée par Access mais dictée par notre rigueur. Par habitude, le nom de la clé primaire commencera toujours par *Num* (*NumTypeMedia*, *NumAuteur*, *NumEditeur*, *NumGenre*, etc.) et celui de la clé étrangère par *Code* (*CodeTypeMedia*, *CodeAuteur*, *CodeEditeur*, *CodeGenre*, etc.). Cela facilitera la création des relations entre les tables.

L'intégrité référentielle s'accompagne de deux options supplémentaires :

- *Mettre à jour en cascade les champs correspondants*. Cette option signifie que si vous modifiez la valeur du champ clé primaire de la table source (table du côté 1), tous les enregistrements qui lui sont liés dans la table destination (table du côté plusieurs) seront mis à jour.

  Concrètement, cela signifie que si vous changez la valeur d'un ou de plusieurs *NumAuteur* dans la table *T_Auteurs*, la valeur du champ *CodeAuteur* de la table *T_Medias* prendra automatiquement la nouvelle valeur saisie dans *NumAuteur*. Un peu compliqué ?

REMARQUE

Propriété non indispensable mais utile

Appliquez cette option dans la majorité des cas. Elle s'avère bien utile à l'usage.

- *Effacer en cascade les enregistrements correspondants*. Cette option signifie que si vous supprimez un enregistrement dans la table source (table du côté 1), tous les enregistrements lui correspondant dans la table destination (table du côté plusieurs) seront supprimés.

Concrètement, cela signifie que si vous supprimez un auteur dans la table *T_Auteurs*, tous les médias (livres, vidéos ou audio) de cet auteur seront supprimés dans la table *T_Medias*. En principe, on évite d'appliquer cette option car elle est trop dangereuse. Certes, le ménage est rapidement réalisé, mais c'est trop risqué.

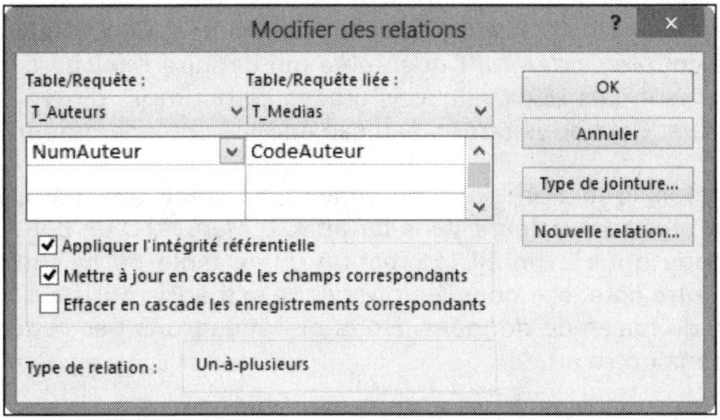

Figure 2.45 : Options de l'intégrité référentielle

La relation de type "plusieurs-à-plusieurs"

Un enregistrement de la table primaire peut être en relation avec plusieurs enregistrements de la table liée, et inversement, un enregistrement de la table liée peut être en relation avec plusieurs enregistrements de la table primaire.

Comme nous l'avons déjà indiqué plus haut dans cet apprentissage, vous allez ajouter un nouveau module correspondant au suivi des emprunts par vos amis. Vous aurez donc à créer une nouvelle table *T_Amis* contenant les coordonnées de chacun de vos amis susceptibles d'emprunter vos médias. Au moment de créer la relation entre les tables *T_Amis* et *T_Medias*, vous vous poserez les questions suivantes : quelle est la table source (ou primaire) et quelle est la table destination ? Comme pour chaque relation à établir, vous formulerez les phrases vous permettant de trouver la réponse. Or, dans ce cas, nous pouvons aussi bien dire "Un ami peut emprunter un ou plusieurs médias" que "Un média peut être emprunté par un ou plusieurs amis". Nous sommes donc bien dans le cas d'une relation plusieurs-à-plusieurs.

Cependant, ce type de relation n'est pas prévu par Access. La ruse consiste à créer une troisième table appelée "table de liaison" ou "table de jonction". Comme son nom l'indique, elle permet de définir un lien entre les deux tables *T_Amis* et *T_Medias*. Admettons que cette table se nomme *T_Emprunts*. Elle contiendra les champs de liaison nécessaires pour effectuer le lien entre *T_Amis* et *T_Emprunts* d'une part et *T_Medias* et *T_Emprunts* d'autre part. Par conséquent, les champs de la table *T_Emprunts* seront *CodeAmi*, *CodeMedia*, *DateEmprunt* et *DateRetour*. De plus, vous appliquerez une clé primaire multiple sur *CodeAmi* et *CodeMedia* car c'est le couple *CodeAmi*, *CodeMedia* qui définira l'unicité de l'enregistrement. Les deux relations créées seront alors de type un-à-plusieurs. Cela nous ramène au cas énoncé précédemment.

Notez toutefois que l'on pourrait également créer un champ *CodeAmi* à plusieurs valeurs dans la table *T_Medias*. D'un côté, cette méthode nous éviterait la création d'une table de liaison, mais d'un autre côté, elle nous éloignerait de la théorie puriste de conception de bases de données. Nous ne retiendrons pas cette méthode dans notre étude.

La relation de type "un-à-un"

Un enregistrement de la table source est en relation avec un et un seul enregistrement de la table liée, et inversement, un enregistrement de la table liée est en relation avec un et un seul enregistrement de la table source. Ce type de relation est très rare car cela signifie que les données contenues dans l'une et dans l'autre des tables peuvent être regroupées en une seule table. Ce cas de figure peut se justifier si vous souhaitez conserver dans une table des informations confidentielles. Vous disposez alors d'une table contenant des informations accessibles à tous les utilisateurs et d'une seconde contenant des informations destinées uniquement aux personnes autorisées à les consulter.

Afficher les tables dans la fenêtre Relations

Pour créer les liaisons, il faut afficher l'onglet de document (ou fenêtre) **Relations** et y intégrer les tables à mettre en relation. Assurez-vous au préalable que toutes les tables sont fermées.

1. Sélectionnez l'onglet **Outils de base de données**.
2.  Dans le groupe **Relations**, cliquez sur le contrôle **Relations**.

– Si des relations ont déjà été créées et enregistrées, vous les visualiserez dans la fenêtre qui apparaît. Vous devez être dans ce cas si vous avez suivi l'exemple depuis le début.

Figure 2.46 : Relations déjà existantes dans la base de données en cours

– Si aucune relation n'a été créée, la boîte de dialogue **Afficher la table** s'ouvre.

Figure 2.47 : Sélectionner les tables à mettre en relation

1. Pour ajouter les tables dans la fenêtre **Relations** :

– Double-cliquez sur chaque table à ajouter.

– Ou cliquez et glissez sur toutes les tables afin de les sélectionner, et cliquez sur le bouton **Ajouter**.

2. Cliquez sur le bouton **Fermer**.

La clé primaire de chaque table apparaît en caractères gras.

Ajouter une table

Vous vous trouvez dans le cas où vous avez fermé la fenêtre **Afficher la table** et souhaitez afficher une ou plusieurs autres tables. Procédez ainsi :

1.  Dans l'onglet contextuel **Créer**, cliquez sur le contrôle **Afficher la table**.
2. Double-cliquez sur chaque table à afficher dans la fenêtre **Relations**. Ajoutez les trois tables manquantes, à savoir *T_Auteurs, T_Editeurs* et *T_Medias.*
3. Cliquez sur le bouton **Fermer**.

Déplacer et redimensionner les tables

Il est conseillé d'éviter de croiser les relations, afin de visualiser correctement la structure de votre base de données. Pour cela, vous devez déplacer les tables.

- Pour déplacer une table, effectuez un cliquer-glisser dans la barre de titre de la table, puis positionnez-la où vous le souhaitez.
- Pour redimensionner une table, positionnez-vous sur une des quatre bordures ou sur un des quatre angles de la table concernée. Le pointeur se transforme en une flèche à double pointe appelée "poignée de redimensionnement". Effectuez un cliquer-glisser de façon à augmenter ou à diminuer la taille de cette table.

Afin de faciliter la création des relations de la base de données *Médiathèque,* disposez et modifiez les dimensions des six tables de votre application conformément au schéma suivant.

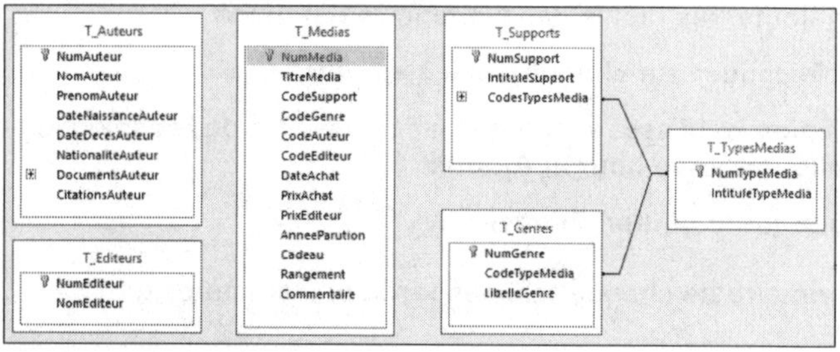

Figure 2.48 : Disposition des tables dans la fenêtre Relations

Créer une relation avec intégrité référentielle

Vous allez créer votre première relation entre la table *T_Auteurs* et *T_Medias*. Pour cela :

1. Assurez-vous que la fenêtre **Relations** est affichée (sinon activez-la) et que les tables pour lesquelles vous souhaitez établir une relation sont présentes. Si toutes les tables ne sont pas à l'écran, ajoutez-les.
2. Cliquez et faites glisser le champ *NumAuteur* (champ clé primaire de la table source) de la table *T_Auteurs* sur le champ *CodeAuteur* (champ de liaison de la table destination) de la table *T_Medias*.

   La boîte de dialogue **Modifier des relations** apparaît.
3. Cochez les cases *Appliquer l'intégrité référentielle* et *Mettre à jour en cascade les champs correspondants*.
4. Cliquez sur le bouton **Créer**.

   Access dessine une ligne joignant les deux tables. Le chiffre 1 apparaît du côté 1 de la relation et le symbole ∞ apparaît du côté plusieurs de la relation.

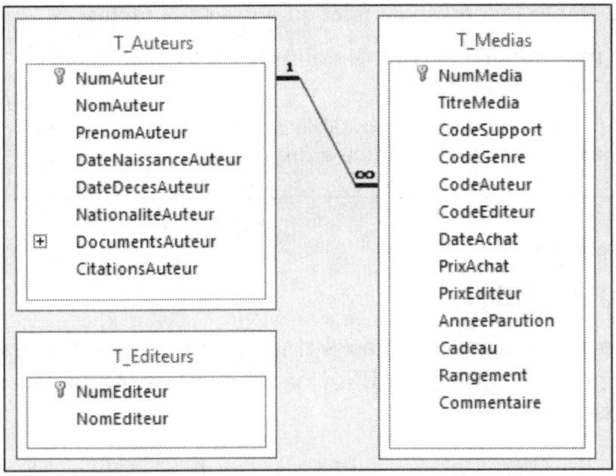

Figure 2.49 : Relation entre les tables T_Auteurs et T_Medias

5. Créez les autres relations de la base de données selon le schéma ci-après.

Pour chaque relation, veillez à bien faire glisser le champ clé primaire de la table source vers le champ de liaison (ou champ clé étrangère) de la table liée. Si vous faites l'inverse (le champ clé étrangère vers le champ clé primaire), Access rectifie souvent la manipulation mais pas toujours. Donc, réfléchissez avant de vous lancer dans la réalisation du lien.

Ne modifiez pas pour le moment les relations entre les tables *T_TypesMedias* et *T_Supports* d'une part et *T_TypesMedias* et *T_Genres* d'autre part.

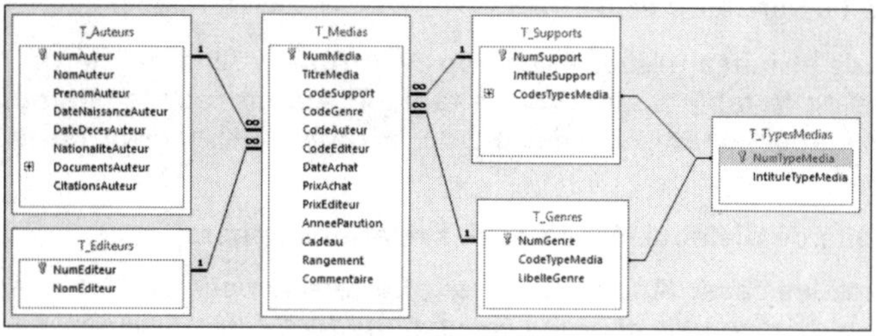

Figure 2.50 : Relations de la base de données Médiathèque

REMARQUE

Règles imposées par les relations

- Vous ne pouvez établir qu'une seule relation entre deux tables.
- Vous ne pouvez pas modifier le type de données d'un champ utilisé dans une relation, ni le supprimer.
- Vous ne pouvez pas supprimer une table source sans avoir au préalable supprimé les relations dont elle fait l'objet.

Modifier une relation

Il peut arriver qu'une propriété affectée à une relation ne soit pas bien définie. Vous pouvez alors modifier cette relation sans être obligé de la créer de nouveau.

Vous allez modifier la relation entre la table *T_TypesMedias* et *T_Supports*. Cette relation ne contient pas les symboles 1 et ∞. Cela signifie que cette dernière ne respecte pas le principe d'intégrité référentielle. Par conséquent, les vérifications de compatibilité entre les champs ne sont pas effectuées. Vous allez donc appliquer l'intégrité référentielle à cette relation. Pour cela :

1. Activez la fenêtre **Relations** (si ce n'est pas déjà fait).

2. Double-cliquez sur la relation à modifier, dans le cas présent, la relation entre les tables *T_TypesMedias* et *T_Supports*.
3. Dans la boîte de dialogue **Modifier des relations**, procédez aux changements souhaités. Cochez les cases *Appliquer l'intégrité référentielle* et *Mettre à jour en cascade les champs correspondants*.
4. Validez en cliquant sur le bouton OK.

Immédiatement, les symboles 1 et ∞ apparaissent de part et d'autre de la relation.

Effectuez la même manipulation pour les tables *T_TypesMedias* et *T_Genres*.

Supprimer une relation

Il peut arriver que vous souhaitiez supprimer une relation car une table liée n'est plus utile dans la base de données, ou pour toute autre raison. Procédez ainsi :

1. Activez la fenêtre **Relations**.
2. Cliquez sur la relation à supprimer.
3. Appuyez sur la touche [Suppr] de votre clavier, ou cliquez du bouton droit sur la relation à supprimer, puis cliquez sur la commande **Supprimer**.
4. Acceptez la suppression en cliquant sur le bouton **Oui**, dans la boîte de dialogue affichée.

Effacer une ou plusieurs tables de la fenêtre Relations

Il est possible de supprimer une ou plusieurs tables dans la fenêtre **Relations**. Sachez toutefois que le fait d'effacer une ou plusieurs tables dans la fenêtre **Relations** ne supprime ni les relations établies entre les tables ni bien sûr les tables créées.

Effacer une table

1. Cliquez dans la barre de titre de la table à effacer.
2. Appuyez sur la touche [Suppr] du clavier, ou cliquez du bouton droit sur la table à effacer, puis cliquez sur la commande **Masquer la table**.

Effacer toutes les tables et relations de la fenêtre

1. Dans le groupe **Outils** de l'onglet contextuel **Créer**, cliquez sur le contrôle **Effacer la mise en page**.
2. Au message de confirmation envoyé par Access, cliquez sur le bouton **Oui**.

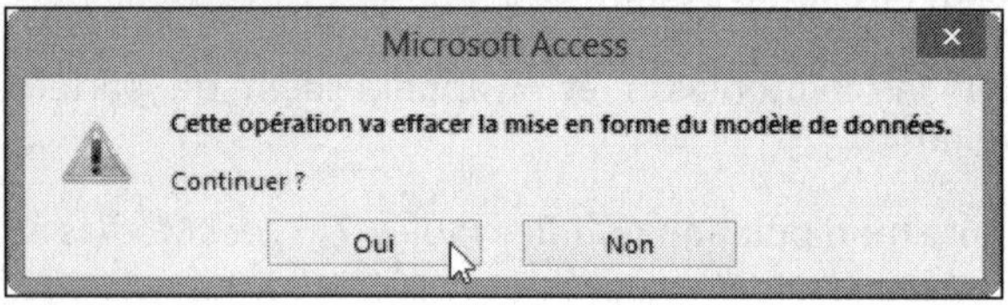

Figure 2.51 : Accepter le masquage de toutes les tables de la fenêtre

REMARQUE

Pas d'inquiétude !

Ces deux manipulations ne suppriment ni les relations en place ni les tables.

Afficher toutes les tables liées dans la fenêtre Relations

Pour afficher de nouveau toutes les tables et les relations correspondantes, après avoir activé la commande **Effacer la mise en page**, cliquez sur le contrôle **Afficher toutes les relations** du groupe **Relations**.

Seul inconvénient : vous risquez sûrement de perdre la mise en forme que vous aviez minutieusement appliquée !

Enregistrer la mise en forme

Une fois les relations établies, il convient d'enregistrer la fenêtre **Relations** telle que vous souhaitez la visualiser.

- Quand les manipulations sont terminées, cliquez sur le bouton **Enregistrer** de la barre d'outils *Accès rapide*.
- Si vous avez oublié d'effectuer la sauvegarde avant de quitter la fenêtre **Relations** et si des modifications ont été réalisées, un

message de sauvegarde s'affiche. Acceptez les modifications en cliquant sur le bouton **Oui**.

Imprimer les relations d'une base de données

Quand la structure de la base de données est établie, il peut être intéressant de conserver sur papier le schéma relationnel de l'application. Vous pourrez vous y référer à tout moment. Pour le concepteur de la base de données, c'est un document très important. Cela lui permet, après lecture et analyse du schéma, de comprendre le fonctionnement de la base.

Vous allez donc imprimer la structure de votre base de données *Médiathèque*. Pour cela :

1. Affichez la fenêtre **Relations**.
2. Dans le groupe **Outils** de l'onglet contextuel **Créer**, cliquez sur le contrôle **Rapport de relations**.

   Access crée un état dans lequel les tables et les relations apparaissent telles que vous les avez définies dans la fenêtre **Relations**.
3. Modifiez la mise en page (si nécessaire) afin que le schéma apparaisse sur une seule page.
   - Dans le groupe **Mise en page**, cliquez sur le contrôle **Paysage**.
   - Dans le groupe **Taille de la page**, cliquez sur le contrôle **Marges** et sélectionnez l'option qui convient le mieux à l'optimisation de l'affichage.

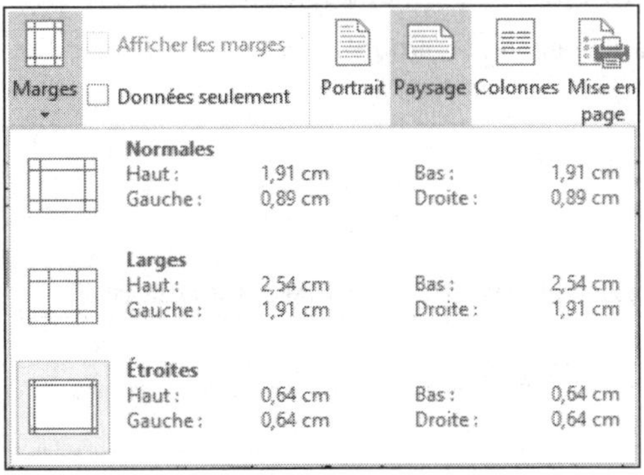

Figure 2.52 : Choix d'un modèle de marges

4. Imprimez le schéma ainsi présenté en cliquant sur le contrôle **Imprimer**.

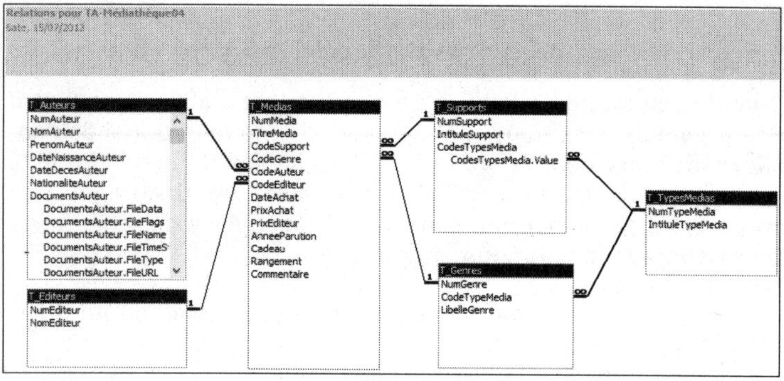

Figure 2.53 : État représentant les relations de la base de données Médiathèque

5. Fermez l'état et choisissez de l'enregistrer en cliquant sur le bouton **Oui** au message affiché à l'écran. Nommez-le *E_Relations Mediatheque*. Si vous cliquez sur le bouton **Non**, l'état se ferme et aucune trace n'est conservée. Vous devrez alors lancer de nouveau la commande **Rapport de relations** dans la fenêtre **Relations**.

6. Fermez la fenêtre **Relations**.

2.4. Enregistrer des données

Les symboles de sauvegarde

Avant de décrire les symboles de sauvegarde, précisons qu'un enregistrement est sauvegardé automatiquement lorsque :

- Vous passez à un autre enregistrement.
- Vous fermez la table.
- Vous activez le mode Création.
- Vous quittez Access.

Tableau 2.13 : Les symboles utilisés dans Access en mode Saisie de données

Symbole	Signification
	Désigne l'enregistrement actif. Access attend votre saisie dans cette ligne. Le sélecteur apparaît coloré en orange.

Tableau 2.13 : Les symboles utilisés dans Access en mode Saisie de données

Symbole	Signification
	Il apparaît dès que vous commencez une saisie. Si une panne de courant survient, seul l'enregistrement en cours ne sera pas sauvegardé.
*	Dès que vous commencez une saisie, une nouvelle ligne se crée, contenant ce symbole étoile. Un nouvel enregistrement est prêt à être saisi.

Saisir des données

La saisie en mode Feuille de données s'effectue de façon classique comme dans une feuille de calcul Excel. Seule la fonctionnalité concernant la saisie des dates mérite d'être présentée.

Saisir une date

Access 2013 contient une fonctionnalité apparue depuis la version 2007 : le sélecteur de dates.

Pour saisir une date à l'aide du sélecteur de dates :

1. Placez-vous dans un champ de type *Date/Heure* ; le sélecteur de dates apparaît à droite du champ.

ATTENTION

Affichage du sélecteur de dates

Si le champ *Date/Heure* concerné contient un masque de saisie, le sélecteur de dates n'est pas disponible.

2. Cliquez sur le sélecteur de dates. Un contrôle calendrier s'affiche sous le champ de saisie, indiquant le mois et l'année actuels et le jour présent en surbrillance.

Figure 2.54 : Contrôle Calendrier

3. Selon vos besoins :

- Cliquez sur le bouton **Aujourd'hui** pour introduire la date du jour.
- Ou cliquez sur une date particulière dans le calendrier. Pour sélectionner un autre mois et année, utilisez les boutons prévus à cet effet.

Tableau 2.14 : Déplacements dans le contrôle calendrier

Outil	Description
	Permet de sélectionner une date antérieure à la date du jour. Recule d'un mois par rapport à l'affichage.
	Permet de sélectionner une date supérieure à la date du jour. Avance d'un mois par rapport à l'affichage.

Alimenter les tables de votre base de données Médiathèque

En vous référant à la procédure développée à la page 73, saisissez les données fournies ci-après dans les tables concernées. La totalité des enregistrements s'effectuera plus tard, grâce à l'utilisation des formulaires.

Si vous le souhaitez, vous pouvez télécharger la base de données *TA-Médiathèque04.accdb* sur le site de MA Éditions, à l'adresse www.ma-editions.com. Cette base contient les six tables créées dans les sections précédentes.

Tableau 2.15 : Données de la table T_Auteurs

Num Auteur	Nom Auteur	Prenom Auteur	DateNaissance Auteur	DateDeces Auteur	Nationalite Auteur
A0010	PAGNOL	Marcel	28/02/1895	18/04/1974	Française
A0020	CAMUS	Albert	07/11/1913	04/01/1960	Française
A0030	LECONTE	Patrice	12/11/1947		Française
A0040	WENDERS	Wim	14/08/1945		Allemande
A0050	KESSEL	Joseph	10/02/1898	23/07/1979	Française
A0060	BENIGNI	Roberto	27/10/1952		Italienne
A0070	OURY	Gérard	29/04/1919	20/07/2006	Française
A0080	HERGE	Rémi	22/05/1907	03/03/1983	Belge

Tableau 2.15 : Données de la table T_Auteurs

Num Auteur	Nom Auteur	Prenom Auteur	DateNaissance Auteur	DateDeces Auteur	Nationalite Auteur
A0090	SEGARA	Hélène	26/02/1971		Française
A0100	GOSCINNY	René	14/08/1926	05/11/1977	Française
A0110	BAUDELAIRE	Charles	09/04/1821	31/08/1867	Française
A0120	DION	Céline	30/03/1968		Canadienne

Tableau 2.16 : Pièces jointes de la table T_Auteurs

NumAuteur	Pièces jointes
A0010	*Biographie - Marcel Pagnol.doc* ; *Œuvres - Marcel Pagnol.doc* ; *Marcel Pagnol.jpg*
A0030	*Filmographie - Patrice Leconte.doc* ; *Patrice Leconte.jpg*
A0070	*Gérard Oury.jpg* ; *Le Corniaud.jpg*
A0080	*Chameau.gif* ; *Nestor.gif*
A0110	*Œuvres - Charles Baudelaire.doc*
A0120	*Céline Dion.jpg* ; *Discographie - Céline Dion.doc*

Nous vous laissons le soin de trouver des citations pour le champ *CitationsAuteur* de la table *T_Auteurs*.

Tableau 2.17 : Données de la table T_Editeurs

NumEditeur (NuméroAuto)	NomEditeur
1	CASTERMAN
2	DARGAUD
3	FOLIO
4	POCKET
5	COLUMBIA
6	GCTHV
7	TF1 VIDEO
8	ORLANDO
9	FILM OFFICE

Tableau 2.18 : Données de la table T_Medias (1re partie)

Num Media	TitreMedia	CodeSupport	CodeGenre	CodeAuteur	CodeEditeur
A0001	*D'eux*	CD	Variétés	Dion	Columbia
A0002	*Au nom d'une femme*	CLÉ USB	Variétés	Ségara	Orlando
L0001	*Tintin au Congo*	Livre	Bande Dessinée	Hergé	Casterman
L0002	*La gloire de mon père*	Livre	Roman	Pagnol	Pocket
L0003	*Les fleurs du mal*	Livre	Poésie	Baudelaire	Folio
L0004	*Tintin en Amérique*	Livre	Bande Dessinée	Hergé	Casterman
V0001	*Les ailes du désir*	BLU-RAY	Fantastique	Wenders	GCTHV
V0002	*La vie est belle*	DD MULTIMÉDIA	Comédie dramatique	Bénigni	TF1 Vidéo

Tableau 2.19 : Données de la table T_Medias (2e partie)

DateAchat	PrixAchaten €	AnneeParution	Cadeau	Rangement	Commentaire
03/07/1996	0,00	1995	Oui	T1-E3	
10/07/2001	0,00	2000	Oui	T1-E10	
15/10/1982	7,00	1931	Non	A3-E4	
22/05/1983	3,00	1957	Non	A1-E2	
10/09/1984	5,00	1857	Non	A1-E1	
20/08/2013	7,60	1932	Non	A3-E4	
05/08/2013	27,15	1987	Non	MV2-E1	
24/12/1999	0,00	1997	Oui	MV1-E6	

Pour le champ *Rangement*, les abréviations employées signifient :

A : armoire, E : étagère, T : tour, MV : meuble vidéo.

Se déplacer dans une table

Lorsque vous aurez saisi des données, vous souhaiterez probablement ensuite :

- Les consulter.
- Effectuer des corrections.

Pour réaliser ces manipulations, vous devrez être capable de vous déplacer rapidement entre les enregistrements et les champs de la table. Plusieurs possibilités vous sont offertes :

- Utiliser les touches du clavier :

  – Touches [↹], [↵] ou [→] pour vous déplacer d'un champ vers le suivant.

  – Touches [Maj]+[↹] ou [←] pour vous déplacer d'un champ vers le précédent.

  – Touche [↓] pour vous déplacer d'un champ de l'enregistrement actif vers le même champ de l'enregistrement suivant.

  – Touche [↑] pour vous déplacer d'un champ de l'enregistrement actif vers le même champ de l'enregistrement précédent.

  – Touche [↖] pour vous déplacer dans le premier champ de l'enregistrement actif.

  – Touche [Fin] pour vous déplacer dans le dernier champ de l'enregistrement actif.

  Ces touches vous permettent de vous déplacer dans une cellule et sélectionnent en même temps la totalité du contenu de la cellule. Pour effectuer une correction dans une cellule, après vous être positionné dans cette cellule, appuyez sur la touche [F2].

  La combinaison de touches [Ctrl]+[↵] force le retour à la ligne dans un champ.

- Utiliser la souris pour vous positionner exactement à l'endroit souhaité.
- Utiliser les boutons de déplacement situés en bas à gauche de l'onglet de document de la table active, ouverte en mode Feuille de données.

Figure 2.55 : Boutons de déplacement entre les enregistrements dans une table

Tableau 2.20 : Utilisation des boutons de déplacement dans une table, une requête ou un formulaire en mode Feuille de données ou dans un formulaire en mode Formulaire

Symbole	Signification
	Se déplace sur le premier enregistrement.
	Se déplace sur l'enregistrement précédent.
	Se déplace sur l'enregistrement suivant.
	Se déplace sur le dernier enregistrement.
	Se déplace sur un nouvel enregistrement.
4 sur 9	Indique le numéro de l'enregistrement en cours sur le nombre d'enregistrements total. Saisissez ici le numéro d'enregistrement sur lequel vous souhaitez vous déplacer.

-  Dans le groupe **Rechercher** de l'onglet **Accueil**, utilisez les commandes proposées dans la liste du contrôle **Atteindre**. Les commandes et symboles correspondants sont identiques à ceux des boutons de la barre de déplacement décrits ci-dessus.

Annuler une saisie

Tant que vous n'avez pas validé votre saisie (c'est-à-dire tant que le symbole du crayon est toujours présent dans le sélecteur d'enregistrement), vous pouvez l'annuler.

Pour annuler les données dernièrement saisies dans le champ en cours, appuyez une fois sur la touche [Échap] du clavier. Les anciennes informations apparaissent de nouveau.

Pour annuler l'enregistrement complet, appuyez deux fois sur la touche [Échap] du clavier. Toutes les données saisies dans l'enregistrement en cours s'effacent pour laisser place à l'ancienne saisie.

Supprimer des données

Il peut arriver que vous souhaitiez supprimer des données dans un champ et non l'ensemble de l'enregistrement. Mettez en surbrillance les données à supprimer, puis appuyez sur la touche [Suppr] du clavier.

Supprimer un enregistrement

Pour supprimer la totalité d'un enregistrement, suivez les instructions suivantes :

1. Cliquez sur le sélecteur d'enregistrement à gauche de l'enregistrement. Le pointeur prend la forme d'une flèche horizontale noire. La ligne contenant l'enregistrement apparaît dans un encadré orange.
2. Appuyez sur la touche [Suppr] du clavier.
3. Une boîte de dialogue vous demande confirmation. Cliquez sur le bouton **Oui**.

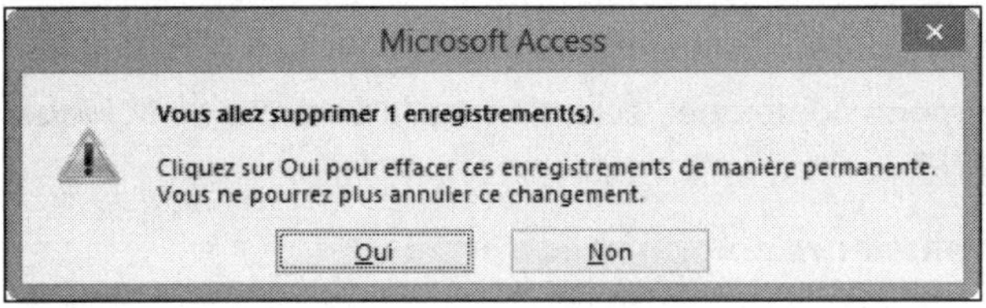

Figure 2.56 : Confirmer la suppression de l'enregistrement

Attention, cette opération est irréversible.

> ATTENTION
>
> **Suppression impossible**
>
> Si vous tentez de supprimer un enregistrement dont le champ est en relation avec une autre table, il se peut qu'Access refuse cette suppression car vous n'avez pas coché la case *Effacer en cascade les enregistrements correspondants*. Une boîte de dialogue vous informe de cette impossibilité.

Essayez de supprimer l'auteur Marcel Pagnol dans la table *T_Auteurs*. Le message suivant apparaît :

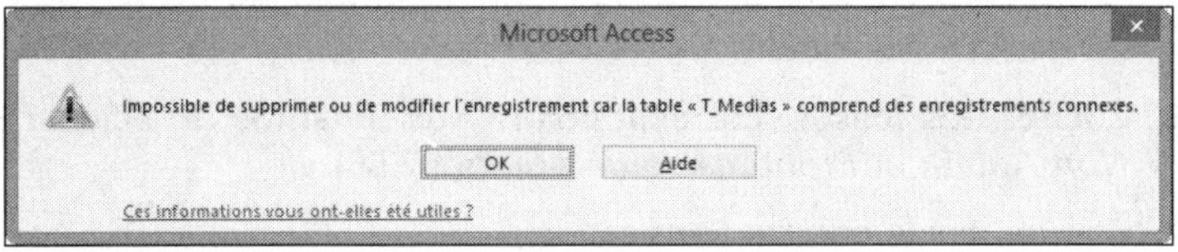

Figure 2.57 : Suppression impossible

Cela signifie qu'un ou plusieurs livres dont l'auteur est Marcel Pagnol sont stockés dans la table *T_Medias*. Cliquez sur le bouton OK.

Masquer des colonnes (champs)

Si vous ne souhaitez pas saisir ou consulter les informations de certains champs, vous pouvez les cacher afin qu'elles n'encombrent pas l'espace de travail.

Masquer une colonne

1. Ouvrez la table en mode Feuille de données.
2. Cliquez du bouton droit sur l'en-tête du champ à masquer.
3. Dans le menu contextuel, sélectionnez la commande **Masquer les champs**.

Masquer plusieurs colonnes contiguës

1. Ouvrez la table en mode Feuille de données, par exemple la table *T_Auteurs*.
2. Effectuez un cliquer-glisser sur les en-têtes des champs à masquer. Sélectionnez les champs *NomAuteur* et *PrenomAuteur*.
3. Activez la commande **Masquer les champs** du menu contextuel.

Afficher des colonnes

À tout moment, il peut être indispensable de visualiser les informations qui sont masquées. Pour cela :

1. Positionnez-vous n'importe où dans la table *T_Auteurs*.
2. Pour afficher de nouveau les champs, pointez sur l'en-tête d'un champ affiché, puis activez la commande **Afficher les champs** du menu contextuel.
3. Cochez les cases correspondant aux champs à afficher : *NomAuteur* et *PrenomAuteur* (voir fig. 2.58).
4. Cliquez sur le bouton **Fermer**.

Figure 2.58 : Boîte de dialogue Afficher les colonnes

Figer des colonnes

Il arrive qu'une table contienne beaucoup de champs et que ceux-ci ne soient pas tous visibles dans la largeur de l'écran. Aussi, quand vous vous déplacez vers les derniers champs à droite de la table, vous ne visualisez plus les premières colonnes qui, souvent, contiennent des informations telles que le code ou le nom. Vous aimeriez vous déplacer et toujours visualiser sur la gauche de l'écran le champ important. Vous devez pour cela figer les colonnes.

Figer une colonne

1. Ouvrez la table en mode Feuille de données.
2. Cliquez du bouton droit sur l'en-tête du champ à figer.
3. Dans le menu contextuel, sélectionnez la commande **Figer les champs.**

Figer plusieurs colonnes contiguës

1. Ouvrez la table en mode Feuille de données.
2. Effectuez un cliquer-glisser sur les en-têtes des champs à figer.
3. Activez la commande **Figer les champs** du menu contextuel.

ATTENTION

Inconvénient de figer les colonnes

Si vous figez une ou plusieurs colonnes non positionnées en première place, celles-ci prennent automatiquement la première position dans la table et garderont cette place, même après que vous aurez libéré

> les colonnes. Il s'agira ensuite de positionner de nouveau les champs au bon endroit par vous-même.

Libérer les colonnes

1. Ouvrez la table en mode Feuille de données.
2. Effectuez un clic droit sur n'importe quelle colonne de la table et activez la commande **Libérer tous les champs** du menu contextuel.

Déplacer des colonnes

Il est possible de modifier l'ordre d'affichage des champs en mode Feuille de données. Pour cela :

1. Sélectionnez la colonne à déplacer en cliquant n'importe où dans son en-tête.

   Le pointeur se transforme en une flèche oblique, épaisse et blanche.
2. Effectuez un cliquer-glisser de la colonne vers sa nouvelle position.

Effectuer des totaux en mode Feuille de données

Access 2013 intègre un outil nommé **Ligne Totaux** permettant d'additionner les valeurs d'un champ, de compter le nombre de valeurs contenues dans une colonne, d'extraire le minimum ou le maximum d'un champ, ou encore d'effectuer la moyenne d'un champ.

Ajouter une ligne Totaux

1. Ouvrez la table sur laquelle vous souhaitez effectuer des totaux en mode Feuille de données, par exemple *T_Medias*.
2. Sélectionnez l'onglet **Accueil**.
3. Σ Dans le groupe **Enregistrements**, cliquez sur le contrôle **Totaux**.

La ligne *Total* apparaît sous la ligne destinée à recevoir un nouvel enregistrement.

Figure 2.59 : Affichage de la ligne Total

Notez qu'une flèche symbolisant la présence d'une liste déroulante apparaît dans chaque cellule de la ligne *Total*, lorsque vous êtes positionné dans la cellule. C'est elle qui vous permettra de sélectionner l'opération à effectuer.

Constatez également que la flèche se trouve à gauche de la cellule, ce qui n'est pas courant pour une liste déroulante. C'est dans le but de ne pas perturber l'affichage numérique (à droite) du résultat dans la cellule.

Additionner les données d'un champ

Additionnons par exemple toutes les valeurs du champ *PrixAchat*.

1. Répétez les étapes 1 à 3 de la section *Ajouter une ligne Totaux* ci-dessus, à la page 120, si la ligne *Total* n'est pas affichée.
2. Dans la ligne *Total* du champ souhaité (ici *PrixAchat*), sélectionnez l'opération *Somme* dans la liste déroulante.

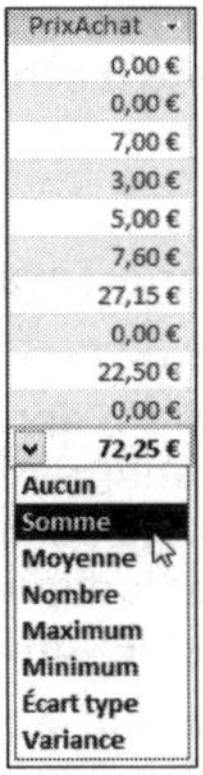

Figure 2.60 : Sélection de l'opération arithmétique dans la liste et affichage du résultat

Compter le nombre d'éléments contenus dans un champ

Indiquons le nombre d'enregistrements contenus dans la table sous le champ *TitreMedia*.

1. Reprenez les étapes 1 à 3 de la section *Ajouter une ligne Totaux*, à la page 120, si la ligne *Total* n'est pas affichée.
2. Dans la ligne *Total* du champ souhaité (ici *TitreMedia*), sélectionnez l'opération *Nombre* dans la liste déroulante.

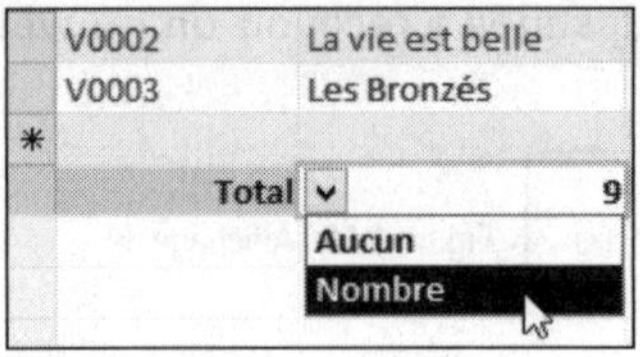

Figure 2.61 : Proposition plus restreinte d'opérations possibles, seulement un comptage

Vous constatez que la liste des opérations proposées est fonction du type de champ concerné.

Extraire la valeur la plus grande ou la plus petite d'un champ

Recherchons la date d'achat la plus récente.

1. Réitérez les étapes 1 à 3 de la section *Ajouter une ligne Totaux*, à la page 120, si la ligne *Total* n'est pas affichée.
2. Dans la ligne *Total* du champ souhaité (ici *DateAchat*), sélectionnez la fonction *Maximum* dans la liste déroulante.

Pour extraire la date d'achat la plus ancienne, vous auriez choisi la fonction *Minimum*.

Masquer une ligne Totaux

Sachez qu'une ligne *Totaux* n'est jamais supprimée d'une feuille de données. Si elle n'apparaît pas, c'est qu'elle est simplement masquée. C'est pourquoi les opérations déjà appliquées aux colonnes de la feuille de données sont conservées en mémoire et affichées intactes lorsque vous affichez de nouveau la ligne *Totaux*. Pour masquer une ligne *Totaux*, procédez ainsi :

1. Ouvrez la table sur laquelle vous souhaitez masquer la ligne *Totaux* en mode Feuille de données. En principe, la table *T_Medias* est déjà ouverte et présente sous vos yeux.
2. Sélectionnez l'onglet **Accueil**.
3. Dans le groupe **Enregistrements**, cliquez de nouveau sur le contrôle **Totaux**.

2.5. Rechercher des données

Après la saisie des données vient le moment de consulter et de rechercher ces données.

Dans la table *T_Auteurs*, vous allez rechercher l'auteur dont le nom est Baudelaire. Pour cela :

1. Ouvrez la table sur laquelle vous souhaitez effectuer la recherche en mode Feuille de données. Double-cliquez sur la table *T_Auteurs*.
2. Si vous souhaitez effectuer une recherche dans un champ particulier, positionnez-vous n'importe où dans ce champ. Placez-vous dans une cellule du champ *NomAuteur*.
3. Sélectionnez l'onglet **Accueil**.
4.  Dans le groupe **Rechercher**, cliquez sur le contrôle **Rechercher**.
5. Renseignez la boîte de dialogue affichée. Saisissez les différentes rubriques comme dans l'écran ci-après.

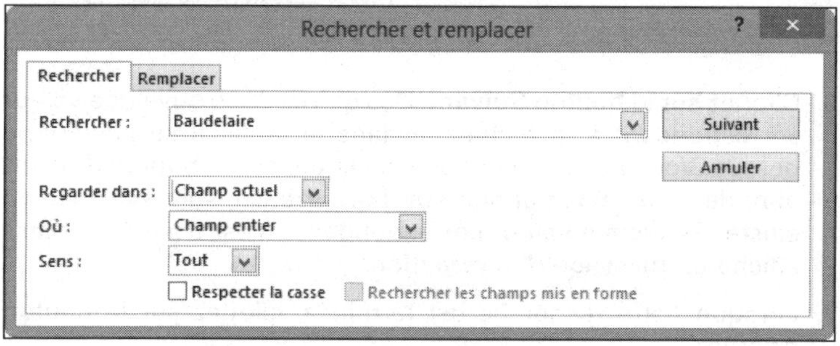

Figure 2.62 : Recherche d'un auteur précis

Tableau 2.21 : Options de la boîte de dialogue Rechercher et remplacer

Rubrique	Valeurs possibles	Description
Rechercher		Saisissez le texte cherché.
Regarder dans	Champ actuel	La recherche s'effectue uniquement dans le champ actif.
	Document actif	La recherche s'effectue dans tous les champs de la table.

Tableau 2.21 : Options de la boîte de dialogue Rechercher et remplacer

Rubrique	Valeurs possibles	Description
Où	N'importe où dans le champ	La séquence de lettres et mots saisis est recherchée n'importe où dans le champ.
	Champ entier	La recherche correspond exactement à ce qui a été saisi dans la rubrique *Rechercher*.
	Début de champ	Tout champ débutant par la séquence de caractères saisie dans la rubrique *Rechercher* sera trouvé.
Sens	Haut Bas Tout	Dans quel sens doit s'effectuer la recherche dans la table à partir de l'enregistrement courant : du haut vers le bas uniquement, du bas vers le haut uniquement, ou dans tous les sens ?
Respecter la casse		La casse (majuscule ou minuscule) des caractères saisis dans la rubrique *Rechercher* doit-elle respecter la casse des caractères saisis dans la table ?

6. Cliquez sur le bouton **Suivant**. Dès qu'Access trouve une valeur correspondant à la recherche dans la table, il se positionne dessus. Vous pouvez de nouveau cliquer sur le bouton **Suivant** afin de vous positionner sur l'occurrence suivante, s'il en existe. Si aucune valeur correspondante n'est trouvée, Access affiche un message d'information.
7. Lorsque votre recherche est terminée, cliquez sur le bouton **Annuler**.

Rechercher et remplacer des données

Non seulement vous pouvez effectuer une recherche d'informations dans une table, mais en plus Access propose une commande permettant de remplacer une donnée par une autre à l'issue de la recherche. Procédez ainsi :

1. Ouvrez une table en mode Feuille de données.
2. Si vous souhaitez effectuer un remplacement dans un champ particulier, positionnez-vous n'importe où dans ce champ.

3. Sélectionnez l'onglet **Accueil**.

4. Dans le groupe **Rechercher**, cliquez sur le contrôle **Remplacer**.

5. Dans la rubrique *Rechercher*, acceptez le texte proposé ou saisissez-en un autre.

6. Dans la rubrique *Remplacer*, saisissez le nouveau texte.

7. Renseignez les autres options de la boîte de dialogue affichée comme dans la procédure précédente.

8. Lorsque votre remplacement est terminé, cliquez sur le bouton **Annuler**.

2.6. Trier des données

Trier les données consiste à les ordonner soit en ordre croissant (du plus petit au plus grand pour les nombres et en ordre alphabétique pour les textes), soit en ordre décroissant (du plus grand au plus petit pour les nombres et en ordre inverse alphabétique pour les textes).

Par défaut, une table est toujours triée par ordre alphabétique ou croissant sur sa clé primaire.

Vous allez trier les enregistrements de la table *T_Medias* par ordre alphabétique du titre de média. Pour cela :

1. Ouvrez la table *T_Medias* contenant les enregistrements à trier en mode Feuille de données.

2. Sélectionnez l'onglet **Accueil**.

3. Cliquez dans l'en-tête de la colonne à trier ou positionnez-vous dans n'importe quelle cellule de cette colonne. Cliquez sur le sélecteur du champ *TitreMedia*.

4. Dans le groupe **Trier et filtrer** et selon votre choix, cliquez sur le contrôle :

   – **Tri croissant** ;

   – **Tri décroissant**.

   Vous pouvez également cliquer du bouton droit dans le champ à trier. Dans le menu contextuel, vous retrouvez les commandes **Trier de A à Z** et **Trier de Z à A**.

Dans le menu contextuel, les commandes varient en fonction du type de données contenues dans le champ sélectionné.

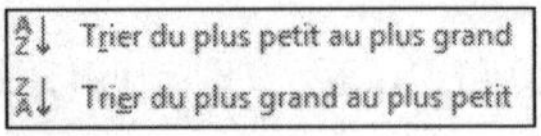

Figure 2.63 : Trier un champ Numérique, Monétaire ou NuméroAuto

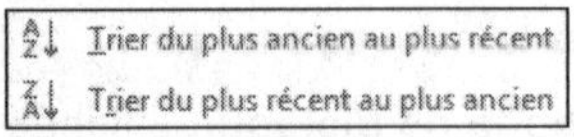

Figure 2.64 : Trier un champ Date/Heure

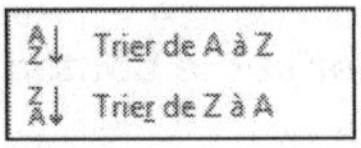

Figure 2.65 : Trier un champ Texte, Mémo ou Lien hypertexte

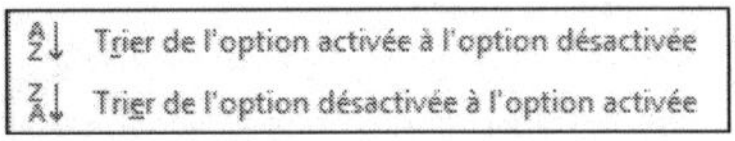

Figure 2.66 : Trier un champ Oui/Non

5. Pour que l'ordre de tri appliqué soit conservé, enregistrez la table.

À la prochaine ouverture de la table, une mise à jour automatique du tri sur le champ choisi s'exécutera. C'est intéressant si vous ajoutez de nouveaux enregistrements dans votre table.

Néanmoins, si vous souhaitez que l'ordre de tri sur la clé primaire soit de nouveau appliqué, cliquez sur le contrôle **Supprimer un tri** du groupe **Trier et filtrer**. Cela a pour effet de supprimer tous les tris mis en place.

2.7. Filtrer les données

Le filtre consiste à extraire ponctuellement des enregistrements selon un ou plusieurs critères. En fait, seuls les enregistrements répondant aux critères spécifiés sont affichés, les autres sont masqués. Plusieurs types de filtres sont mis à votre disposition par Access.

Filtrer par sélection

Vous souhaitez extraire tous les médias dont le genre est *Bande dessinée*. Pour cela :

1. Ouvrez la table sur laquelle vous souhaitez filtrer les données en mode Feuille de données : *T_Medias*.
2. Dans le champ souhaité, positionnez-vous sur la valeur dont vous voulez extraire les enregistrements correspondants. Placez-vous dans le champ *CodeGenre* et plus précisément sur une des données *Bande dessinée*.
3.  Dans le groupe **Trier et filtrer** de l'onglet **Accueil**, cliquez sur le contrôle **Sélection**.
4. Une liste se déroule. Sélectionnez un filtre, par exemple *Egal à "Bande dessinée"*.

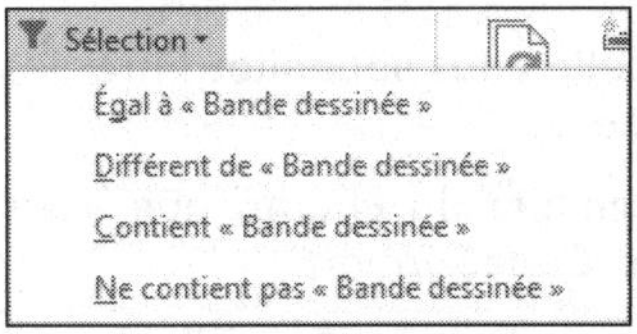

Figure 2.67 : Choix du filtre à appliquer

Seuls les enregistrements correspondant au critère apparaissent dans la feuille de données.

Dans la barre de navigation, en bas de la feuille de données, l'icône *Filtré* apparaît sur un fond orangé.

Figure 2.68 : L'icône Filtré indique que la feuille de données présente des enregistrements filtrés

Vous pouvez maintenant imprimer le résultat de cette extraction ou l'exporter vers Excel.

Pour désactiver le filtre et afficher de nouveau tous les enregistrements, vous avez deux possibilités :

- Cliquer sur **Filtré** dans la barre de navigation.
-  Dans le groupe **Trier et filtrer** de l'onglet **Accueil**, cliquer sur le contrôle **Activer/Désactiver le filtre**.

L'inconvénient de cette méthode c'est qu'elle ne permet pas d'extraire selon plusieurs critères.

Si vous souhaitez appliquer de nouveau ce filtre, cliquez sur l'outil **Non filtré** dans la barre de navigation ou cliquez sur le contrôle **Activer/Désactiver le filtre**. Ces deux outils permettent d'afficher le dernier filtre exécuté.

Enfin, n'hésitez pas à combiner les filtres sur plusieurs champs.

Utiliser les filtres courants

Les filtres par sélection proposent uniquement quatre choix, ce qui restreint rapidement le champ d'action. Access vous propose alors d'autres possibilités de filtrage dont la mise en œuvre est très simple. Il s'agit d'utiliser un menu accessible par un clic sur l'en-tête d'un champ. Pour aborder cet outil, nous étudierons quelques cas pratiques.

Utiliser les cases à cocher pour filtrer

Vous allez afficher tous les enregistrements dont le support est un DVD ou un CD-Rom.

1. Ouvrez la table *T_Medias* sur laquelle vous souhaitez filtrer les données en mode Feuille de données.
2. Cliquez n'importe où dans une cellule du champ que vous désirez filtrer. Choisissez le champ *CodeSupport*.
3.  Dans le groupe **Trier et filtrer** de l'onglet **Accueil**, cliquez sur le contrôle **Filtrer**.
4. Désactivez les cases à cocher dont les valeurs ne correspondent pas à celles que vous souhaitez filtrer, puis cliquez sur OK.

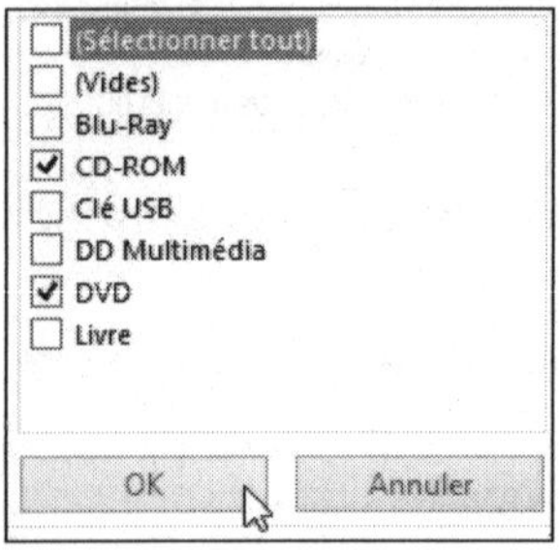

Figure 2.69 : Décocher les cases (Vides), Blu-Ray, Clé USB, DD Multimédia et Livre

Utiliser la commande Filtres

Filtrer tous les enregistrements dont le prix d'achat est supérieur ou égal à 7 €

1. Ouvrez la table sur laquelle vous souhaitez filtrer les données en mode Feuille de données : *T_Medias*.
2. Cliquez n'importe où dans une cellule du champ que vous désirez filtrer. Choisissez le champ *PrixAchat*.

3. Dans le groupe **Trier et filtrer** de l'onglet **Accueil**, cliquez sur le contrôle **Filtrer**.

4. Sélectionnez successivement les commandes **Filtres de chiffres, Plus grand que**.

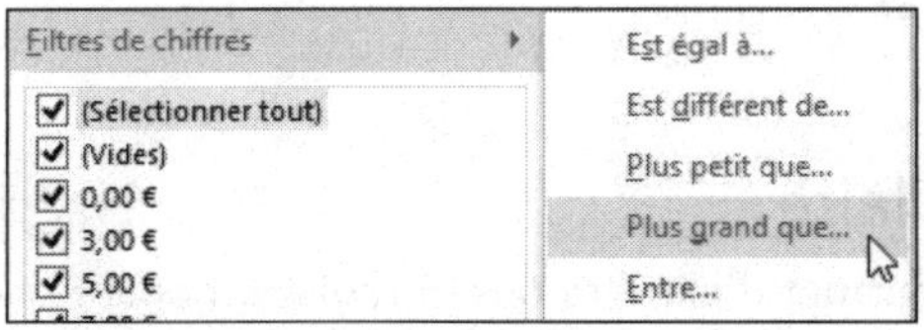

Figure 2.70 : Choix des options de filtrage

5. Dans la boîte de dialogue **Filtre personnalisé**, saisissez votre critère : 7. Puis cliquez sur OK afin d'exécuter le filtre.

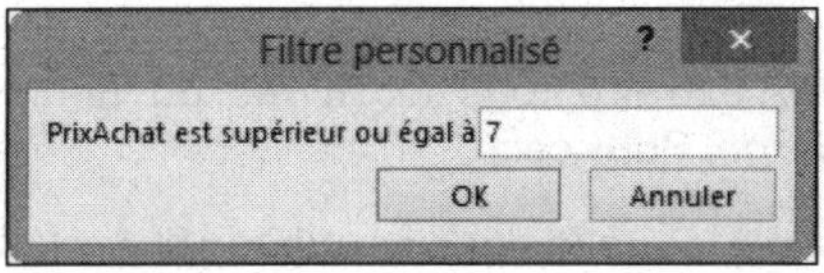

Figure 2.71 : Saisie du critère

REMARQUE

Adéquation des filtres avec le type de champ

Vous avez pu constater que la liste des possibilités de filtres proposées dépend du type de données du champ interrogé.

Filtrer tous les enregistrements dont l'achat a été réalisé entre 2000 et 2012 compris

1. Ouvrez la table sur laquelle vous souhaitez filtrer les données en mode Feuille de données : *T_Medias*.

2. Cliquez n'importe où dans une cellule du champ que vous désirez filtrer. Choisissez le champ *DateAchat*.

3. Dans le groupe **Trier et filtrer** de l'onglet **Accueil**, cliquez sur le contrôle **Filtrer**.

4. Sélectionnez successivement les commandes **Filtres de dates, Entre**.

5. Dans la boîte de dialogue **Entre les dates**, saisissez vos critères. Utilisez éventuellement l'outil **Calendrier**. Puis cliquez sur OK afin d'exécuter le filtre.

Figure 2.72 : Saisie du critère

Filtrer par formulaire

Ce type de filtre vous permet d'extraire des enregistrements portant sur différents champs et différents critères. Access crée une feuille de données vide identique à l'originale. Vous devez ensuite saisir les critères souhaités dans les champs choisis. Les combinaisons de filtrage sont ainsi quasiment illimitées.

Par exemple, vous souhaitez extraire tous les livres du genre *Bande dessinée* écrits par *Hergé*. Pour cela :

1. Ouvrez la table *T_Medias* sur laquelle vous souhaitez filtrer les données, en mode Feuille de données.
2.  Dans le groupe **Trier et filtrer** de l'onglet **Accueil**, cliquez sur le contrôle **Options avancées**.
3.  Puis activez la commande **Filtrer par formulaire**.

   La fenêtre se transforme en une grille vide dans laquelle vous allez saisir vos critères. Il se peut qu'un critère soit déjà inséré. Ce critère correspond à la valeur sélectionnée dans la feuille de données lors de l'appel du filtre par formulaire. Dans ce cas, supprimez simplement la valeur sélectionnée en appuyant sur la touche [Suppr] du clavier.

4. Pour combiner des valeurs de plusieurs champs, saisissez ces données dans les colonnes appropriées, ou, plus simplement, sélectionnez-les dans les listes déroulantes sous chaque champ.

   Pour notre exemple :

   - Dans le champ *CodeGenre*, sélectionnez le genre *Bande dessinée*.
   - Dans le champ *CodeAuteur*, sélectionnez la valeur *Hergé*.

5. Pour exécuter le filtre, cliquez sur le contrôle **Activer /Désactiver le filtre** du groupe **Trier et filtrer**.

   La grille affiche le résultat correspondant à la demande.

6. Basculez de nouveau dans la fenêtre de filtre en cliquant sur le contrôle **Options avancées**, puis sur la commande **Filtrer par formulaire**.

Vous pouvez également saisir des opérateurs de comparaison dans le critère (=, <, <=, >, >=, <>).

Si vous souhaitez extraire des enregistrements correspondant à plusieurs valeurs au sein d'un même champ :

1. Saisissez un premier critère dans le champ choisi.
2. Cliquez sur l'onglet **Ou** en bas de la fenêtre active.
3. Saisissez votre second critère dans le même champ, puis appliquez le filtre.

Par exemple, vous souhaitez extraire tous les livres des genres *Roman* et *Bande dessinée*.

Sélectionnez *Roman* dans le champ *CodeGenre* de l'onglet **Rechercher**, puis sélectionnez *Bande dessinée* dans le champ *CodeGenre* de l'onglet **Ou**.

Pour effacer les critères posés afin de créer un autre filtre, cliquez sur le contrôle **Options avancées**, puis sur le contrôle **Effacer la grille**.

Pour quitter le mode Filtre et revenir dans la table en mode Feuille de données sans appliquer de filtre, cliquez sur la croix en haut et à droite au-dessus de la fenêtre de filtre.

ASTUCE

Sauvegarder un filtre

Si vous souhaitez conserver ce filtre afin de le réappliquer ultérieurement, vous pouvez le sauvegarder en tant que requête.

- Cliquez sur le contrôle **Options avancées**, puis sur le contrôle **Enregistrer en tant que requête**.
- Donnez un nom à cette requête. Vous retrouverez cet objet dans les requêtes.

Effacer définitivement un filtre

Lorsque vous n'avez plus l'utilité d'un filtre, vous pouvez le faire disparaître. Dans ce cas, l'outil **Non filtré** de la barre de navigation ne sera plus accessible.

Pour réaliser cette opération, deux possibilités vous sont offertes :

- Dans le groupe **Trier et filtrer** de l'onglet **Accueil**, cliquez sur le contrôle **Options avancées**, puis activez la commande **Effacer tous les filtres.**
- Cliquez du bouton droit dans un champ filtré, puis activez la commande **Supprimer le filtre dans Nom du champ** dans le menu contextuel. Par exemple, vous pourriez avoir la mention "Supprimer le filtre dans CodeGenre".

Visualiser des données provenant de tables liées

Dans ce cas, vous n'utiliserez pas les outils de filtrage. Vous allez simplement apprendre à visualiser dans une table des informations liées à celles-ci et stockées dans une autre table (on pourra l'appeler "sous-table" ou "sous-feuille").

Avant tout, un bref rappel s'impose. Vous souvenez-vous de ce qu'est une table source ? C'est une table située du côté 1 dans une relation, par opposition à une table destination qui se trouve du côté ∞.

Vous souhaitez visualiser tous les médias du genre *Bande dessinée*. Pour cela :

1. Ouvrez la table source en mode Feuille de données : *T_Genres*.

   Dans la première colonne de gauche, en regard de chaque ligne, se trouve le symbole **+**.

2. Cliquez sur le symbole **+** situé au niveau de l'enregistrement dont la valeur de champ vous intéresse : *Bande dessinée*.

Cela a pour effet de dérouler une sous-feuille présentant les enregistrements liés à la table source sur la valeur choisie.

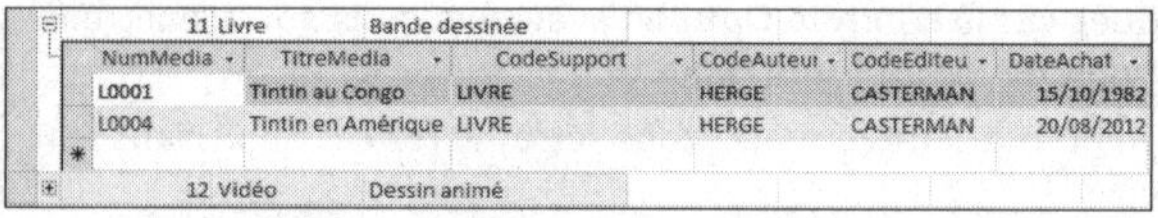

11 Livre Bande dessinée

NumMedia	TitreMedia	CodeSupport	CodeAuteu	CodeEditeu	DateAchat
L0001	Tintin au Congo	LIVRE	HERGE	CASTERMAN	15/10/1982
L0004	Tintin en Amérique	LIVRE	HERGE	CASTERMAN	20/08/2012
*					

12 Vidéo Dessin animé

Figure 2.73 : Lignes de la table T_Medias dont le genre est Bande dessinée

Pour masquer les données d'une sous-feuille, cliquez sur le signe - en regard de ces données.

Il est ainsi possible de visualiser plusieurs sous-feuilles en cascade. Par exemple, vous allez afficher tous les livres du genre *Roman*.

1. Ouvrez la table *T_TypesMedias* en mode Feuille de données.
2. Cliquez sur le symbole + de l'enregistrement *Livre*.

   Comme la table *T_TypesMedias* est liée à deux tables, *T_Supports* et *T_Genres*, la boîte de dialogue **Insertion sous-feuille de données** vous demande de choisir la table, parmi toutes les tables de votre base de données, dont les enregistrements liés vous intéressent. À vous de faire le bon choix de table, car vous risquez sinon d'obtenir des informations erronées. Choisissez la table *T_Genres*. Access reconnaît immédiatement le champ commun aux deux tables. La rubrique *Champs fils* correspond en quelque sorte à la clé étrangère (le champ *CodeTypeMedia*) et la rubrique *Champs pères* à la clé primaire (le champ *NumTypeMedia*).

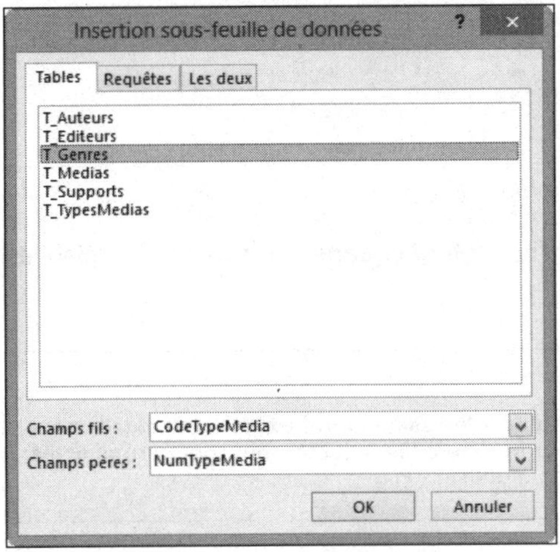

Figure 2.74 : Choix de la table à afficher en tant que sous-feuille

3. Cliquez sur le bouton OK.

   La liste de tous les genres dépendant de la donnée *Livre* apparaît.

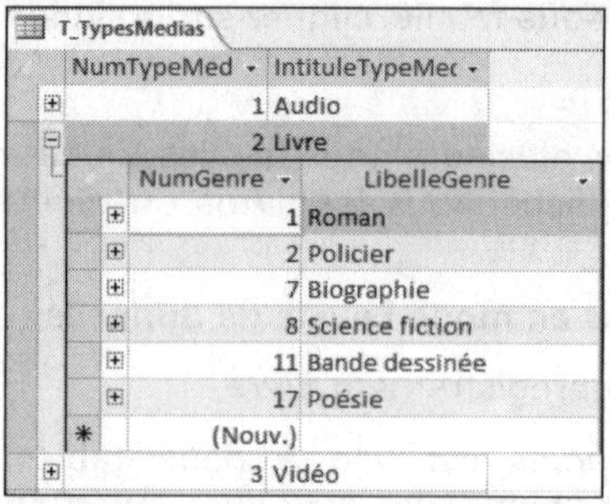

Figure 2.75 : Liste des genres associés au type de média livre

4. Cliquez sur le symbole + du genre *Roman*.

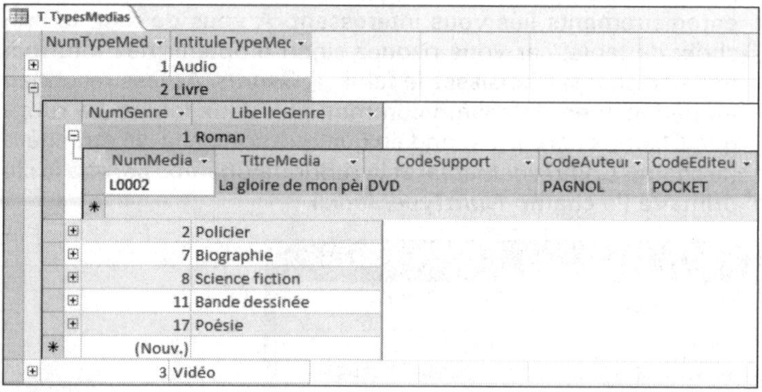

Figure 2.76 : Liste des livres du genre Roman

5. Fermez la table *T_TypesMedias* sans enregistrer la mise en forme.

REMARQUE

Efficacité des filtres

Les filtres sont des outils intéressants pour extraire ponctuellement des informations. On leur préférera les requêtes, qui sont permanentes et plus simples à créer et à utiliser.

2.8. L'application Médiathèque complétée

Vous commencez à maîtriser votre sujet et vous vous dites qu'il serait judicieux d'ajouter à votre application une gestion des emprunts de vos médias. En effet, vos amis, connaissant la quantité importante de livres, CD et DVD dont vous disposez, ont tendance à vous solliciter pour de nombreux emprunts.

Pour réaliser cet exemple complémentaire sans avoir suivi les procédures précédentes, vous pouvez télécharger la base de données *TA-Médiathèque05.accdb* à l'adresse **www.ma-editions.com**.

1. Créez la table *T_Amis* dont la structure est indiquée ci-après. Attribuez la clé primaire au champ *NumAmi*.

Tableau 2.22 : Liste des champs de la table T_Amis

Nom du champ	Type de données	Taille du champ	Format	Masque de saisie
NumAmi	*NuméroAuto*			
CiviliteAmi	*Texte court*	15		
NomAmi	*Texte court*	25	>	
PrenomAmi	*Texte court*	20		
RueAmi	*Texte court*	35		
CPAmi	*Texte court*	5		*Code postal*
VilleAmi	*Texte court*	25		
TelAmi	*Texte court*	14		*Téléphone*
EmailAmi	*Texte court*	25		

2. Créez la table *T_Emprunts* dont la structure est indiquée ci-après.

Tableau 2.23 : Liste des champs de la table T_Emprunts

Nom du champ	Type de données	Taille du champ	Format	Masque de saisie
CodeAmi	*Assistant Liste de choix* basé sur la table *T_Amis*, contenant les champs *NumAmi*, *NomAmi* et *PrenomAmi* et trié sur *NomAmi* et *PrenomAmi*			
CodeMedia	*Assistant Liste de choix* basé sur la table *T_Medias*, contenant les champs *NumMedia* et *TitreMedia* et trié sur *TitreMedia*			
DateEmprunt	*Date/Heure*		*Date, abrégé*	*Date, abrégé*
DateRetour	*Date/Heure*		*Date, abrégé*	*Date, abrégé*

– Après la dernière étape de l'Assistant Liste de choix, n'acceptez pas la création des relations en automatique.

– Attribuez une clé primaire multiple aux champs *CodeAmi* et *CodeMedia*.

3. N'oubliez pas d'ajouter une description à chaque champ.
4. Effectuez les relations qui s'imposent.

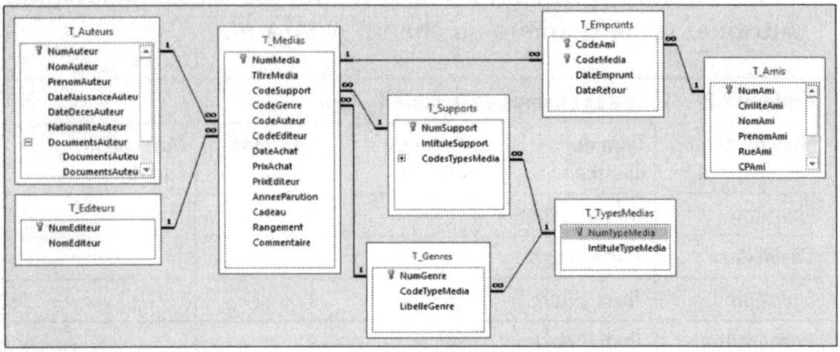

Figure 2.77 : Nouveau schéma relationnel de l'application Médiathèque

5. Saisissez les quelques données fournies ci-après.

Tableau 2.24 : Informations à saisir dans la table T_Amis

Num	Civilité	Nom	Prénom	Rue	CP	Ville	Tél.	e-mail
1	Monsieur	OCHON	Paul	11 rue de Vaucanson	56000	Vannes	02 97 63 35 22	p.ochon @lasouris bleue.net
2	Mademoiselle	TOIREDROLE	Alice	8 rue de la Chauvinière	44000	Nantes	02 40 53 20 10	a.drole@ free.fr
3	Monsieur	TOUSSQUILA	Yvan	7 boulevard de la Tour d'Auvergne	35700	Rennes	02 99 20 35 81	ytousse@ wanadoo.fr
4	Madame	PASAUFON	Natacha	3 Impasse des Roitelets	44700	Orvault	02 40 52 86 21	
5	Monsieur	SITAMOB	Gary	25 rue des Merisiers	44100	Nantes	02 40 62 82 40	gtamob@ oreka.com

Tableau 2.25 : Informations à saisir dans la table T_Emprunts

CodeAmi	CodeMedia	DateEmprunt	DateRetour
TOIREDROLE	*Au nom d'une femme*	15/03/2002	25/05/2002
TOUSSQUILA	*Les ailes du désir*	21/08/2013	28/08/2013

Tableau 2.25 : Informations à saisir dans la table T_Emprunts

CodeAmi	CodeMedia	DateEmprunt	DateRetour
PASAUFON	*Les fleurs du mal*	28/06/2003	
PASAUFON	*La vie est belle*	13/11/2001	25/11/2001
SITAMOB	*Tintin au Congo*	17/05/1999	28/05/1999
SITAMOB	*Tintin en Amérique*	15/02/2001	21/03/2001
SITAMOB	*La vie est belle*	20/03/2003	

Vous trouverez la base de données complète, telle qu'elle doit se présenter en cette fin de chapitre, sous le nom de *TA-Médiathèque06.accdb*, en la téléchargeant sur notre site.

CRÉER ET GÉRER DES FORMULAIRES

Pour que vous puissiez réaliser les exemples de cet apprentissage, les bases de données et autres fichiers nécessaires à l'exécution des cas pratiques de ce chapitre ont été enregistrés dans le dossier *Chapitre 3* du fichier compressé que vous pouvez télécharger sur notre site, à l'adresse www.ma-éditions.com. Les résultats des manipulations effectuées dans ce chapitre se trouvent dans la base finale *FO-Médiathèque04.accdb*.

3.1. Débuter avec les formulaires

Utilité d'un formulaire

La représentation des données dans une table est toujours organisée de la façon suivante :

- Les champs sont placés les uns à côté des autres.
- Les enregistrements sont situés les uns sous les autres.

Vous l'avez constaté dans le chapitre précédent, ce n'est pas un environnement de travail très agréable.

Bien que vous puissiez saisir des données dans les tables, le formulaire est un outil plus approprié pour la saisie, la consultation, la suppression ou la modification des informations.

Un formulaire permet d'alimenter plusieurs tables en même temps. Vous pouvez imbriquer des sous-formulaires dans un formulaire.

C'est un environnement de travail plus convivial et plus souple que les tables. De nombreux outils sont mis à votre disposition afin de personnaliser l'interface et de réaliser de belles mises en forme (insertion d'images, choix varié de polices, de couleurs, etc.). Pour l'utilisateur, saisir des informations dans un formulaire est certainement plus intuitif que de le faire dans une feuille de calcul.

L'autre intérêt est que vous pouvez placer un formulaire entre les mains de n'importe quel utilisateur sans craindre qu'il modifie votre interface (prévoyez juste une copie au cas où, ou interdisez-lui l'accès en mode Création), comme c'est souvent le cas pour une feuille de calcul Excel. Les seules erreurs possibles sont la suppression des données, encore faut-il que vous l'autorisiez.

Dans un formulaire, vous visualisez un ou plusieurs enregistrements à la fois. Seuls les champs souhaités peuvent être intégrés dans un formulaire.

Découvrir un formulaire

Un formulaire est toujours basé sur une table ou une requête. On appelle cette dernière la "source du formulaire".

Tous les éléments composant un formulaire sont appelés "contrôles". Chaque contrôle a son nom et possède des propriétés qui lui sont propres. En mode Création, tout contrôle peut être ajouté, déplacé, redimensionné ou supprimé. L'apparence esthétique de chacun des contrôles est également modifiable. Il existe trois catégories de contrôles :

- Les contrôles dépendants : ils affichent le contenu d'un champ issu de la table ou de la requête source. Toute modification du contenu d'un champ en mode de saisie engendre des modifications dans la table d'où provient ce champ.
- Les contrôles indépendants : ces contrôles n'ont aucun lien avec les champs de la table ou de la requête source. Cela peut être une image, un texte (on peut insérer un titre fixe dans un formulaire) ou des éléments graphiques (traits ou cadres).
- Les contrôles calculés : ces contrôles sont indépendants car l'information qu'ils présentent n'est pas stockée dans une table. En revanche, ils contiennent des formules de calcul réalisées à partir de contrôles dépendants. L'information de ces contrôles est mise à jour à chaque changement d'enregistrement.

Voici un formulaire contenant différents contrôles, mis à votre disposition par Access.

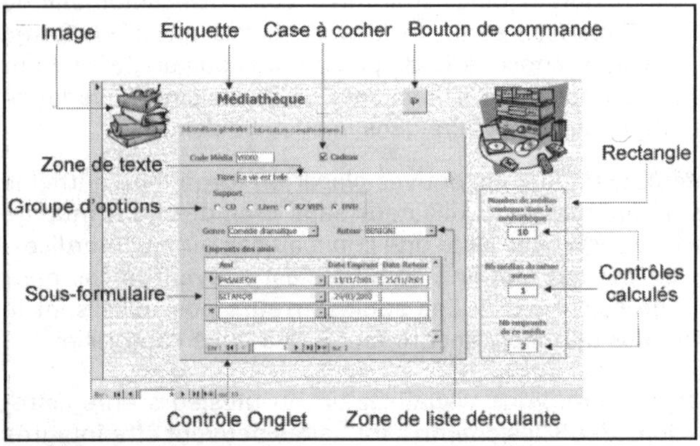

Figure 3.1 : Quelques contrôles utilisés dans un formulaire

Les contrôles décrits sur l'écran précédent sont les plus couramment employés. D'autres sont bien sûr disponibles.

Créer un formulaire rapidement

C'est la méthode la plus simple pour créer un premier formulaire. Avec cette méthode, tous les champs de la table ou de la requête sont insérés dans le formulaire.

Vous créerez un formulaire basé sur la table *T_Medias*. Pour cela :

1. Ouvrez la base de données *FO-Médiathèque01.accdb*.
2. Dans le volet de navigation, cliquez sur la table (ou éventuellement la requête) contenant les données à faire figurer dans le formulaire. Pour notre exemple, sélectionnez la table *T_Medias*.
3. Dans le ruban, cliquez sur l'onglet **Créer**.
4.  Dans le groupe **Formulaires**, cliquez sur le contrôle **Formulaire**.

Le formulaire apparaît pratiquement instantanément dans l'espace de travail, en mode Page.

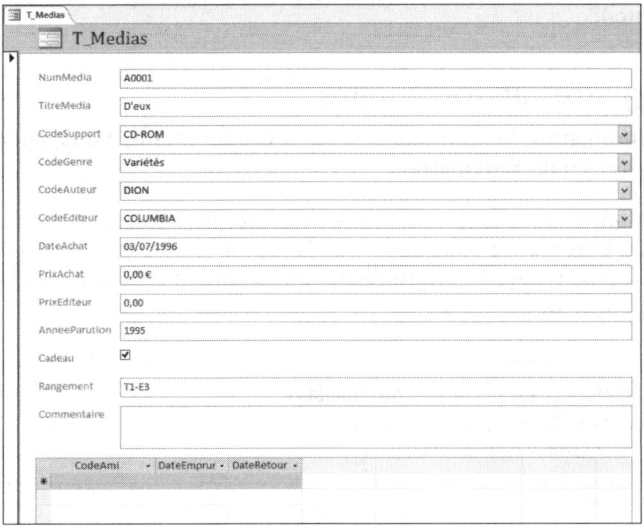

Figure 3.2 : Formulaire obtenu à l'aide de la commande Formulaire

Si Access détecte que la table ou la requête est liée à une seule autre table, les données de cette table liée (celle située du côté ∞ de la relation) apparaissent dans un sous-formulaire en mode Feuille de données. C'est le cas pour la table *T_Medias* en relation avec l'unique table *T_Emprunts*. En effet, si un média a été emprunté (ou l'est toujours), le sous-formulaire en mode Feuille de données affiche tous les emprunts relatifs à ce média. Ce sous-formulaire peut bien sûr être supprimé si vous n'en voyez pas la nécessité.

Si, en revanche, plusieurs autres tables sont liées à la table (ou requête) source par une relation de type un-à-plusieurs, alors aucun sous-formulaire n'est ajouté dans le formulaire principal.

Cette procédure de création de formulaire est rapide, mais ne donne pas pleine satisfaction concernant :

- Le choix des données à faire figurer dans le formulaire ; tous les champs de la table sont automatiquement insérés.
- La présentation générale ; il subsiste un travail de mise en forme relativement important à réaliser.

Sachez que le formulaire obtenu hérite de toutes les propriétés définies dans la table (taille, format, masque de saisie, liste déroulante, etc.).

Enregistrer un formulaire

Pour enregistrer le formulaire créé précédemment, vous allez cliquer sur l'outil **Enregistrer**.

Si vous enregistrez le formulaire pour la première fois, la boîte de dialogue **Enregistrer sous** apparaît. Acceptez le nom proposé par Access ou saisissez-en un nouveau, par exemple `F_Disques`, puis cliquez sur le bouton OK.

REMARQUE

Caractères à ajouter au nom du formulaire

N'oubliez pas de faire précéder le nom du formulaire des caractères *F_* et de le faire suivre d'un *s*.

Si le formulaire a déjà été enregistré une première fois (il est donc déjà nommé), les modifications sont automatiquement prises en compte, sans autre demande particulière.

Renommer un formulaire

En fait, le formulaire créé précédemment permet la saisie de disques mais également de livres et de vidéos. Vous allez donc lui donner un nom plus générique. Pourquoi ne pas l'appeler tout simplement *F_Medias* ? Procédez ainsi :

1. Assurez-vous que le formulaire est fermé.
2. Dans le volet de navigation, cliquez du bouton droit sur le formulaire à renommer : *F_Disques*.
3. Dans le menu contextuel, sélectionnez la commande **Renommer**.

   Le nom du formulaire apparaît en surbrillance, encadré d'une bordure bleue.
4. Saisissez directement au clavier le nouveau nom, pour votre exemple `F_Medias`.
5. Validez en appuyant sur la touche [↵] de votre clavier.

Comprendre les différents modes d'affichage

Pour un formulaire, Access offre trois modes d'affichage :

- Mode Formulaire : c'est le mode utilisé pour la saisie conviviale des données. Dotée d'éléments graphiques (images, listes déroulantes, cases à cocher), la saisie y est très intuitive. Nul besoin de formation pour utiliser un formulaire en saisie. Il peut afficher un ou plusieurs enregistrements à la fois.
- Mode Page : c'est un mode utilisé pour effectuer des modifications dans l'état. Cet affichage permet de visualiser le contenu des champs tout en apportant les améliorations souhaitées dans le formulaire. Aucune saisie de données n'est possible dans ce mode.
- Mode Création : c'est le mode le plus complet pour créer ou modifier la présentation d'un formulaire, ajouter ou supprimer des contrôles. Il offre une vue détaillée de la structure du formulaire.

Pour basculer d'un mode à l'autre :

1. Sélectionnez l'onglet **Accueil**.
2. Dans le groupe **Affichages** :
   - Cliquez directement sur le contrôle correspondant à l'affichage souhaité, si l'icône proposée correspond au mode souhaité.
   - Ou cliquez sur le bouton fléché, situé sous l'outil **Affichage**, puis sélectionnez le mode souhaité dans la liste.

Tableau 3.1 : Les différents modes d'affichage d'un formulaire

Icône	Signification
	Passage au mode Formulaire
	Passage au mode Page
	Passage au mode Création

Dans la suite du chapitre, la plupart des manipulations de modification seront réalisées en mode Création plutôt qu'en mode Page, le mode Création offrant plus de possibilités. Lorsqu'une manipulation devra s'effectuer en mode Page, cela vous sera signalé.

Ouvrir un formulaire existant

Afin de modifier sa présentation et les objets qui le composent, un formulaire peut être ouvert directement en mode Création ou en mode Page. Pour cela :

1. Dans le volet de navigation, déroulez le groupe **Formulaires**.
2. Faites un clic droit sur le formulaire à ouvrir.
3. Pour ouvrir le formulaire :
   - En mode Création, activez la commande **Mode création** du menu contextuel.
   - En mode Page, activez la commande **Mode Page** du menu contextuel.

Ouvrir un formulaire existant en mode Formulaire

Afin de consulter, d'ajouter, de supprimer ou de modifier des données par l'intermédiaire d'un formulaire, il convient de l'ouvrir directement en mode de saisie, encore appelé mode Formulaire. Pour cela :

1. Dans le volet de navigation, déroulez le groupe **Formulaires.**
2. Double-cliquez sur le formulaire souhaité.

Créer un formulaire à l'aide de l'Assistant Formulaire

Vous avez vu comment réaliser rapidement un formulaire avec l'outil **Formulaire**. Celui-ci vous permet de créer un masque de saisie en incorporant tous les champs d'une seule table. Or, il n'est pas toujours nécessaire que la totalité des champs soit visible dans le formulaire. Avec la procédure suivante, vous intégrerez uniquement les champs souhaités d'une ou plusieurs tables.

Par exemple, vous souhaitez réaliser un formulaire permettant de consulter la liste de tous les médias contenus dans votre bibliothèque, avec les informations suivantes : numéro, titre, support, nom de l'auteur, genre, date et prix d'achat. Nous nous limiterons à ajouter des champs provenant d'une seule table. Pour cela :

1. Sélectionnez l'onglet **Créer**.
2.  Dans le groupe **Formulaires**, cliquez sur le contrôle **Assistant formulaire**.

   La boîte de dialogue **Assistant formulaire** est lancée. Vous suivrez trois étapes pour réaliser un formulaire personnalisé.
3. Pour cette première étape, dans la rubrique *Tables/Requêtes,* sélectionnez la table souhaitée, puis dans la rubrique *Champs disponibles,* sélectionnez tour à tour les champs à visualiser dans le formulaire. Si vous souhaitez ajouter des champs provenant d'une autre table, sélectionnez-en une autre dans la rubrique *Tables/Requêtes*. Procédez ainsi pour tous les champs choisis.

   Pour ajouter les champs au formulaire, ou au contraire les supprimer, utilisez les boutons suivants :

Tableau 3.2 : Boutons permettant l'ajout ou la suppression de champs

Bouton	Signification
>	Ajoute le champ sélectionné dans la liste *Champs sélectionnés.*
>>	Ajoute tous les champs de la table sélectionnée dans la liste *Champs sélectionnés.*
<	Supprime le champ sélectionné de la liste *Champs sélectionnés.*
<<	Supprime tous les champs de la liste *Champs sélectionnés.*

Pour votre exemple, sélectionnez la table *T_Medias* et les champs *NumMedia, TitreMedia, CodeSupport, CodeGenre, CodeAuteur, CodeEditeur, DateAchat* et *PrixAchat*.

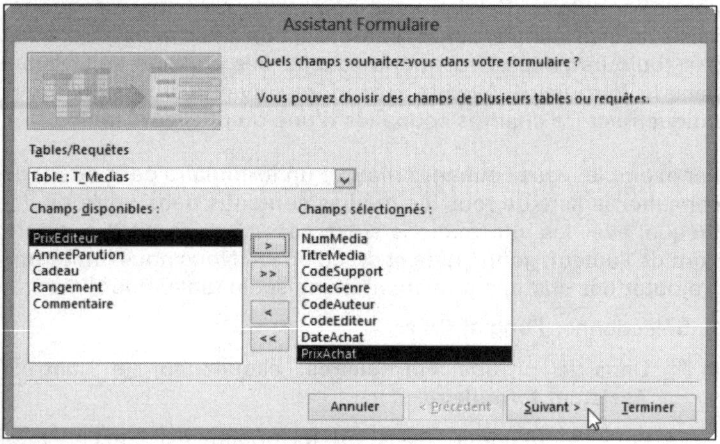

Figure 3.3 : Choix de la table et des champs à incorporer dans le formulaire

ASTUCE

Ajout rapide d'un champ

Un double-clic sur le champ choisi permet de transférer ce dernier dans la rubrique *Champs sélectionnés.*

4. Une fois tous les champs sélectionnés, cliquez sur le bouton **Suivant**.

5. Sélectionnez le mode de présentation désiré (pour l'exemple, cochez l'option *Tabulaire*). Cliquez sur le bouton **Suivant**.

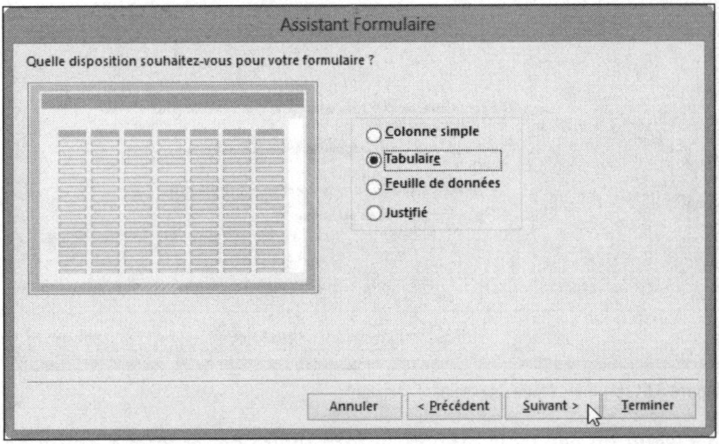

Figure 3.4 : Choix de la disposition des champs

Quatre présentations vous sont proposées :

- *Colonne simple* : le formulaire affiche les champs les uns à la suite des autres et un seul enregistrement par écran.
- *Tabulaire* : le formulaire affiche les champs les uns à côté des autres et permet de visualiser plusieurs lignes d'enregistrements. C'est un affichage sous forme de tableau.
- *Feuille de données* : c'est le même affichage que le mode Feuille de données des tables.
- *Justifié* : le formulaire affiche les champs juxtaposés les uns par rapport aux autres et un seul enregistrement par écran. C'est un mode d'affichage difficile à modifier par la suite.

N'hésitez pas à sélectionner tour à tour chaque option, afin de visualiser l'exemple proposé.

6. À la dernière étape, donnez un nom au formulaire. Nommez-le *F_ListeMedias* et laissez cochée l'option *Ouvrir le formulaire pour afficher ou entrer des infos*. Cliquez sur le bouton **Terminer**.

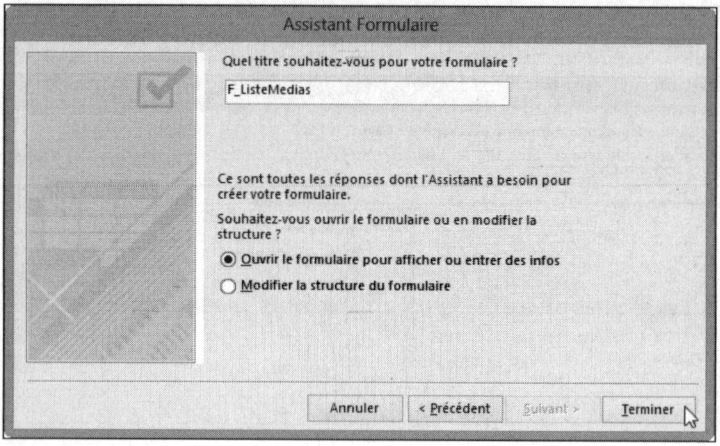

Figure 3.5 : Dernière étape requise par l'assistant

À l'issue de ces trois étapes, le formulaire est créé et s'ouvre en mode Formulaire, vous permettant ainsi d'ajouter des données ou de consulter les informations déjà saisies.

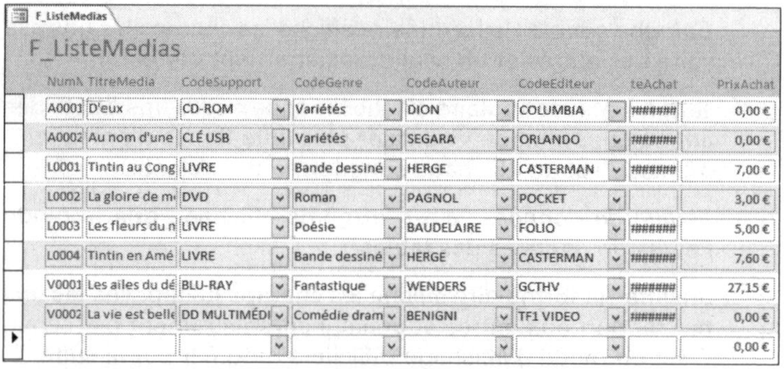

Figure 3.6 : Extrait du formulaire obtenu à l'issue de la procédure

Il reste encore à améliorer la présentation du formulaire (agrandir ou diminuer certains contrôles comme le champ *DateAchat* qui n'est pas suffisamment large pour afficher la totalité de la date, en déplacer d'autres, modifier les couleurs de texte ou de remplissage, etc.).

Se déplacer dans un formulaire

Les déplacements dans les formulaires s'effectuent comme les déplacements dans les tables. Rappelons quelques manipulations utiles :

- Pour vous déplacer d'un champ vers le suivant dans un enregistrement, utilisez :
  - les touches [↵], [⇆], [→] ou [↓] du clavier ;
  - la souris en cliquant directement dans le champ souhaité.
- Pour vous déplacer d'un champ vers le précédent dans un enregistrement, utilisez :
  - les touches [Maj]+[⇆], [←] ou [↑] du clavier ;
  - la souris en cliquant directement dans le champ souhaité.
- Pour vous déplacer d'enregistrement en enregistrement, utilisez la barre *Boutons de déplacement* située en bas à gauche du formulaire.

Saisir un nouvel enregistrement

Dans le formulaire *F_Medias*, vous allez saisir un nouvel enregistrement. Pour cela :

1. Ouvrez le formulaire *F_Medias* dans lequel vous devez ajouter un enregistrement.
2. Cliquez sur l'outil **Nouvel enregistrement** de la barre *Boutons de déplacement*.

   Le curseur se positionne dans le premier champ du nouvel enregistrement.

   Plus simplement, pour créer un nouvel enregistrement, vous pouvez aussi cliquer dans la dernière ligne vierge du formulaire.
3. Saisissez les données fournies ci-après. Vous ne pourrez pas renseigner les informations concernant l'année de parution, si c'est un cadeau, l'endroit où est stocké le média, ainsi que le commentaire éventuel, puisque les champs correspondants ne sont pas présents. Peu importe, cela n'est pas bloquant. Vous les saisirez quand l'occasion se présentera.

Tableau 3.3 : Données de la table T_Medias (1re partie)

NumMedia	TitreMedia	CodeSupport	CodeGenre	CodeAuteur	CodeEditeur
L0005	Astérix le Gaulois	Livre	Bande dessinée	Goscinny	Dargaud
V0003	Les Bronzés	DD Multimédia	Comédie	Leconte	Film Office

Tableau 3.4 : Données de la table T_Medias (2e partie)

DateAchat	PrixAchat en €	AnneeParution	Cadeau	Rangement	Commentaire
10/08/1994	8,50	1961	Non	A3-E6	
21/05/2006	22,50	1978	Non	MV2-E6	

Supprimer un enregistrement

Pour supprimer un enregistrement, procédez ainsi :

1. Cliquez sur le sélecteur d'enregistrement (rectangle gris, à gauche de l'enregistrement) de l'enregistrement concerné. Sélectionnez par exemple l'enregistrement correspondant au livre *La gloire de mon père* de Marcel Pagnol.

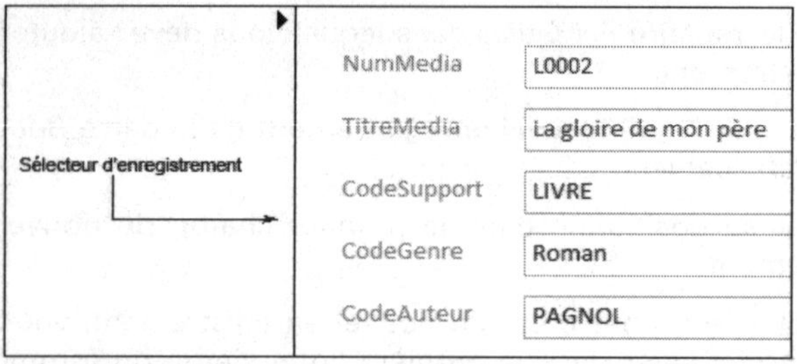

Figure 3.7 : Sélection d'un enregistrement

2. Appuyez sur la touche Suppr du clavier.

3. Dans la boîte de dialogue affichée, acceptez la suppression en cliquant sur le bouton **Oui**. En cliquant sur le bouton **Non**, vous annulez l'opération de suppression. Pour l'exemple en cours, cliquez sur le bouton **Non** afin de ne pas supprimer cet enregistrement.

ASTUCE

Sélection de plusieurs enregistrements contigus à supprimer

En mode Feuille de données ou en mode Formulaire style tabulaire, il suffit de cliquer-glisser sur tous les sélecteurs des enregistrements à supprimer.

Attention, cette action est irréversible.

Rechercher, remplacer, trier et filtrer des enregistrements

Ces opérations s'effectuent comme dans les tables, en mode Feuille de données.

Fermer un formulaire

Pour fermer un formulaire, procédez ainsi :

1. Positionnez-vous dans le formulaire à fermer. En principe, le formulaire *F_Medias* est encore ouvert.
2. Cliquez sur la case *fermer* du document à onglet.

Si aucune modification de structure n'a été apportée au formulaire, celui-ci se ferme.

Si des modifications ont été effectuées dans la structure du formulaire, un message demandant de confirmer ces changements apparaît. À vous de choisir si vous acceptez ces transformations.

Supprimer un formulaire

1. Assurez-vous que le formulaire est fermé.
2. Dans le volet de navigation, sélectionnez le formulaire à supprimer. Choisissez par exemple le formulaire *F_ListeMedias*.
3. Appuyez sur la touche Suppr de votre clavier.
4. Dans la boîte de dialogue affichée, cliquez sur le bouton **Oui**. Si vous décidez d'annuler votre action, cliquez sur le bouton **Non** (pour votre exemple, cliquez sur **Non**).

3.2. Personnaliser un formulaire

Comprendre et modifier les différentes sections d'un formulaire

Lorsque vous ouvrez le formulaire en mode Création, la fenêtre est divisée en trois sections. C'est dans ces dernières que vous allez modifier la structure et l'allure finale du formulaire. Chaque section est précédée d'une barre rectangulaire et horizontale grise contenant son nom.

- La section *En-tête de formulaire* permet de visualiser constamment, quand vous passez en mode Formulaire, les données qu'elle contient. Dans cette section, il est recommandé de saisir des informations figées telles qu'un titre, un commentaire ou une image.
- La section *En-tête de page* affiche des informations en haut de chaque nouvelle page et uniquement à l'impression (ou à l'Aperçu avant impression) du formulaire. Par défaut, cette section n'est jamais affichée.
- La section *Détail* contient, en principe, tous les champs à renseigner. Vous pouvez également y ajouter des éléments graphiques.
- La section *Pied de page* affiche des informations en bas de chaque nouvelle page et uniquement à l'impression (ou à l'Aperçu avant impression) du formulaire. Par défaut, cette section n'est jamais affichée.
- Le fonctionnement de la section *Pied de formulaire* est identique à celui de la section *En-tête de formulaire.* Les informations qu'elle contient sont toujours visualisées en bas du formulaire. (voir fig. 3.8)

ASTUCE

Sélectionner une section

Cliquez sur son nom ou à l'intérieur de cette section.

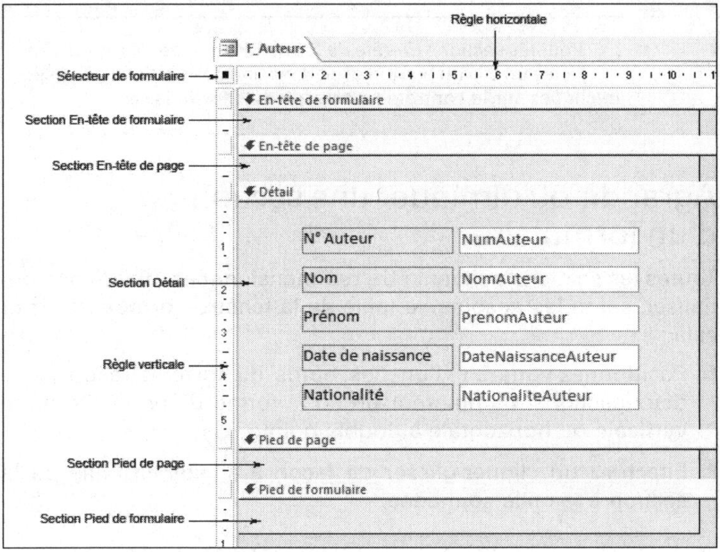

Figure 3.8 : Description du formulaire en mode Création

REMARQUE

Utilité des sections

Lorsque le formulaire est affiché sous la forme *Colonne simple*, il est inutile d'afficher les en-tête et pied de formulaire. Cela devient intéressant lorsque le formulaire est affiché sous forme *Tabulaire*. Vous pouvez ainsi insérer un titre en en-tête et effectuer des calculs en pied de formulaire.

Les sections *En-tête de page* et *Pied de page* sont peu utiles car en principe un formulaire n'est pas destiné à être imprimé. Si c'est le cas, c'est une exception. Il n'est donc pas recommandé d'alourdir le formulaire en mode Création.

ASTUCE

Afficher ou masquer une section (autre que la section Détail)

- Pour les sections *En-tête de page* et *Pied de page*, faites un clic du bouton droit dans une des sections affichées et cliquez sur le contrôle **En-tête et pied de page**.

ASTUCE

- Pour les sections *En-tête de formulaire* et *Pied de formulaire*, faites un clic du bouton droit dans une des sections affichées et cliquez sur le contrôle **En-tête/pied de formulaire**.

Agrandir ou diminuer une section d'un formulaire

Toutes les sections peuvent être redimensionnées afin de personnaliser, selon les besoins, la taille de la fenêtre **Formulaire**. Pour cela :

1. Positionnez-vous sur l'un des bords du formulaire ou entre deux sections. Le pointeur prend la forme d'une flèche noire verticale ou horizontale à double pointe.
2. Effectuez un cliquer-glisser de façon à ajuster la taille de la section à la taille souhaitée.

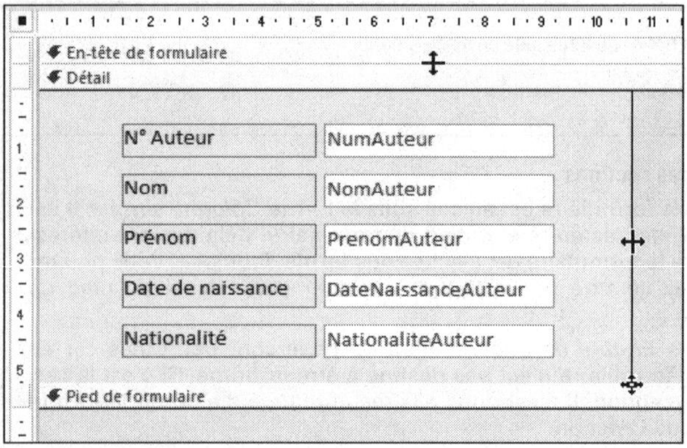

Figure 3.9 : Dimensionner une section

Comprendre les mises en forme de contrôles

À l'issue de la création d'un formulaire avec certains outils utilisés dans la section précédente, vous pouvez constater que les contrôles sont tous enchaînés de manière à former un unique groupe.

En fait, les contrôles sont placés dans des guides. Vous ne pouvez pas déplacer les contrôles indépendamment les uns des autres ou à l'extérieur du cadre formé. En revanche, vous pouvez déplacer un contrôle à l'intérieur du groupe. Access appelle cette disposition une "mise en forme de contrôles" ou une "disposition de contrôles". Cette disposition a l'avantage de conserver l'alignement des contrôles et leur répartition proportionnelle à l'intérieur du cadre. Cette disposition ressemble à un tableau style feuille de calcul où chaque contrôle occupe une cellule.

Par défaut, Access place automatiquement des contrôles dans des dispositions lorsque vous créez ou modifiez un formulaire ou état, notamment dans les cas suivants :

- Lorsque vous créez un formulaire ou état à l'aide de l'une des commandes de l'onglet **Créer**.
- Lorsque vous créez un formulaire ou état vierge, puis que vous ajoutez des champs à partir du volet Office **Liste de champs** ou de l'onglet **Création**.

Access propose deux mises en forme de contrôle :

- La mise en forme tabulaire : les contrôles sont disposés en colonnes tels une feuille de calcul. Une mise en forme tabulaire occupe deux sections : les étiquettes des champs sont situées dans la section *En-tête de formulaire* et les champs sont placés dans la section *Détail*.

N° média	Titre média	Support	Genre
A0001	D'eux	CD-ROM	Variétés
A0002	Au nom d'une femme	CLÉ USB	Variétés
L0001	Tintin au Congo	LIVRE	Bande dessinée
L0002	La gloire de mon père	LIVRE	Roman
L0003	Les fleurs du mal	LIVRE	Poésie
L0004	Tintin en Amérique	LIVRE	Bande dessinée
L0005	Astérix le Gaulois	LIVRE	Bande dessinée
V0001	Les ailes du désir	BLU-RAY	Fantastique
V0002	La vie est belle	DD MULTIMÉDIA	Comédie dramatique
V0003	Les Bronzés	DD MULTIMÉDIA	Comédie

Figure 3.10 : Disposition tabulaire

- La mise en forme empilée : les contrôles sont disposés verticalement et occupent uniquement la section *Détail*. Le contrôle étiquette est positionné à gauche du champ (zone de texte).

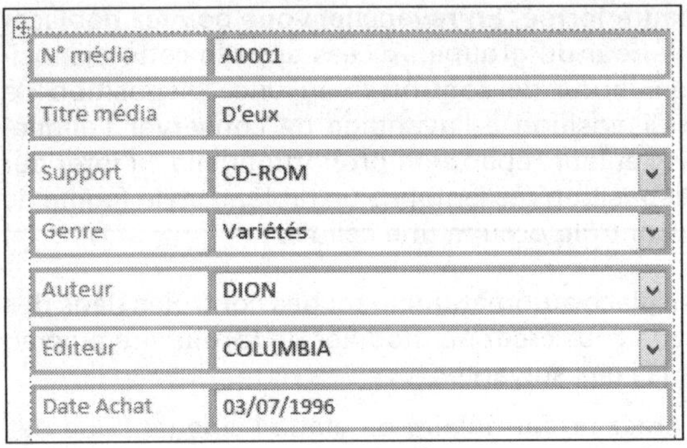

Figure 3.11 : Disposition empilée

Pour basculer d'une disposition de contrôle tabulaire à une disposition empilée, cliquez sur le contrôle **Empilé** du groupe **Table** dans l'onglet **Organiser**. Veillez à bien sélectionner l'ensemble de la disposition de contrôle avant d'effectuer l'opération, en cliquant sur le symbole de la flèche à quatre pointes situé en haut et à gauche de la disposition.

Pour basculer d'une disposition de contrôle empilée à une disposition tabulaire, cliquez sur le contrôle **Tabulaire** du groupe **Table** dans l'onglet **Organiser**. Veillez à bien sélectionner l'ensemble de la disposition de contrôle avant d'effectuer l'opération, en cliquant sur le symbole de la flèche à quatre pointes situé en haut et à gauche de la disposition.

Pour déplacer un contrôle dans une disposition de contrôles, glissez le contrôle à l'emplacement souhaité. Pendant le déplacement du champ, une barre verticale ou horizontale vous indique où sera placé le contrôle lorsque vous relâcherez le clic de la souris.

Pour extraire un contrôle d'une mise en forme de contrôle :

1. Sélectionnez le contrôle à extraire du groupe.
2. Dans l'onglet **Organiser**, cliquez sur l'outil **Supprimer la disposition** du groupe **Table**.

Pour supprimer tous les contrôles d'une mise en forme de contrôle et rendre sa liberté à chaque contrôle :

1.  Cliquez sur le sélecteur de disposition dans le coin supérieur gauche de la disposition, représenté par un carré contenant une flèche à quatre pointes.
2. Dans l'onglet **Organiser**, cliquez sur l'outil **Supprimer la disposition** du groupe **Table**.

Sélectionner un ou plusieurs contrôles

Utiliser les symboles de sélection d'un contrôle

Différents symboles sont associés à un contrôle, en fonction de la position du pointeur sur ce contrôle.

Tableau 3.5 : Symboles associés à un contrôle en fonction de la position du pointeur

Symbole	Description
	Poignée de redimensionnement du contrôle sélectionné
	Poignée de déplacement du contrôle sélectionné
	Formes du pointeur lorsqu'un contrôle est redimensionné

	Forme du pointeur lorsqu'un contrôle est déplacé

Sélectionner un contrôle

1. Cliquez sur le contrôle souhaité.
2. Une fois le contrôle sélectionné, il est entouré de poignées de redimensionnement.

Figure 3.12 : Contrôle zone de texte sélectionné

Sélection d'une zone de texte

Cliquez dans la zone de texte (le champ) et non dans l'étiquette généralement positionnée à gauche.

Sélectionner plusieurs contrôles contigus

Effectuez un cliquer-glisser autour des contrôles à sélectionner de manière à les encadrer (ou à passer partiellement dessus).

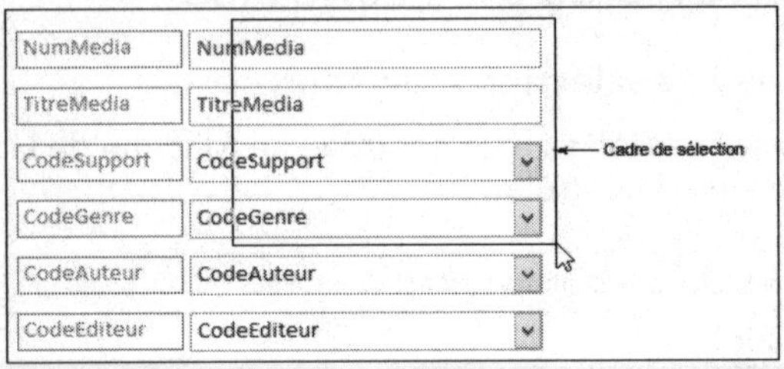

Figure 3.13 : Sélection de plusieurs contrôles

Sélection partielle des contrôles

Au préalable, vérifiez que l'option d'encadrement partiel est activée. Pour cocher cette option (en principe définie par défaut à l'installation d'Access), cliquez sur l'onglet **Fichier**, puis sur le bouton de commande **Options**. Sélectionnez la catégorie *Concepteurs d'objets*. Dans la rubrique *Mode de sélection des objets* du groupe **Mode Création de formulaire/état**, cochez l'option *Partiellement encadrés.*

Sélectionner plusieurs contrôles non contigus

1. Sélectionnez un premier contrôle.
2. Maintenez la touche [Maj] enfoncée et cliquez successivement sur les autres contrôles à sélectionner.

Déplacer des contrôles

Déplacer un contrôle

Pour déplacer un ou plusieurs contrôles sélectionnés, voici deux solutions possibles :

- Pointez sur un des quatre bords de la sélection de façon à ce que le pointeur prenne la forme d'une flèche blanche surmontée d'une flèche à quatre pointes. Puis faites glisser la sélection à l'endroit souhaité.
- Utilisez les touches de votre clavier :
  - [→] pour déplacer le contrôle vers la droite ;
  - [←] pour déplacer le contrôle vers la gauche ;
  - [↓] pour déplacer le contrôle vers le bas ;
  - [↑] pour déplacer le contrôle vers le haut.

La première méthode permet de déplacer rapidement le contrôle vers son nouvel emplacement. En revanche, la deuxième possibilité est très pratique pour affiner le positionnement d'un contrôle à un endroit précis.

Déplacer une partie du contrôle

Vous avez pu constater qu'un champ (ou zone de texte) et son étiquette se déplacent ensemble car ils sont liés. Pour déplacer une zone de texte indépendamment de son étiquette, procédez ainsi :

1. Sélectionnez la zone de texte à déplacer.
2. Pointez sur le plus grand carré (situé en haut et à gauche de la zone de texte). Le pointeur prend la forme d'une flèche blanche surmontée d'une flèche à quatre pointes.
3. Cliquez-glissez la zone de texte vers son nouvel emplacement.

Redimensionner des contrôles

1. Pour redimensionner un contrôle, vous devez le sélectionner.
2. Puis pointez sur une des poignées de redimensionnement du contrôle. Le pointeur prend la forme d'une flèche verticale, horizontale ou oblique à double pointe.
3. Cliquez-glissez de manière à agrandir ou réduire le contrôle.

Supprimer un contrôle

1. Cliquez sur le contrôle à supprimer. Par exemple, dans le formulaire *F_Medias*, sélectionnez la zone de texte *Commentaire*.

2. Appuyez sur la touche [Suppr] du clavier. La zone de texte et l'intitulé disparaissent.

ASTUCE

Supprimer uniquement l'intitulé

Pour ne supprimer que l'intitulé associé à une zone de texte ou à tout autre contrôle, sélectionnez uniquement l'intitulé et appuyez sur la touche Suppr du clavier. Seule l'étiquette disparaît ; le reste du contrôle demeure en place.

Ajouter un contrôle zone de texte

Intégrez de nouveau le contrôle **Commentaire**. Pour cela :

1. Dans l'onglet **Création** sous l'onglet de commande contextuel **Outils de création de formulaire**, cliquez sur l'outil **Ajouter des champs existants** du groupe **Outils.**

   Une nouvelle fenêtre apparaît. Lorsque vous cliquez sur le lien *Afficher tous les tableaux,* cette fenêtre présente :

   – Dans son cadre supérieur, la liste des champs contenus dans la ou les tables ayant servi à l'élaboration du formulaire.

   – Dans son cadre central, la liste des champs contenus dans les tables en liaison avec la ou les tables sources du formulaire.

   – Dans son cadre inférieur, la liste des champs de toutes les autres tables de la base de données.

2. Cliquez et faites glisser le champ choisi (*Commentaire*) de la fenêtre **Liste de champs** vers l'emplacement souhaité dans le formulaire. Intitulé et zone de texte apparaissent de nouveau dans le formulaire.

Modifier l'alignement des contrôles

L'apparence du formulaire *F_Medias* n'est pas satisfaisante. Vous allez donc améliorer l'alignement des contrôles les uns par rapport aux autres.

Dorénavant, les manipulations seront effectuées sur la base de données *FO-Médiathèque02.accdb.*

Avant tout, présentons les différents alignements proposés par Access pour améliorer la présentation des formulaires.

Tableau 3.6 : Description des alignements de contrôles

Type d'alignement	Icône	Description
Sur la grille		Tous les contrôles s'alignent sur une grille virtuelle du formulaire (affichée ou non).
Gauche		Tous les contrôles s'alignent sur le contrôle le plus à gauche de la sélection.
Droite		Tous les contrôles s'alignent sur le contrôle le plus à droite de la sélection.
Haut		Tous les contrôles s'alignent sur le contrôle le plus en haut de la sélection.
Bas		Tous les contrôles s'alignent sur le contrôle le plus en bas de la sélection.

Pour modifier les alignements de contrôles, procédez ainsi :

1. Sélectionnez les contrôles concernés. Si vous décidez d'aligner les étiquettes de champs, faites attention à ne pas sélectionner les zones de texte, et inversement. Vous obtiendriez alors un résultat surprenant et inesthétique.
2. Sélectionnez l'onglet **Organiser**.
3. Dans le groupe **Redimensionnement et classement**, déroulez la liste associée au contrôle **Aligner** et sélectionnez la commande adaptée à votre besoin.

Réalisez quelques manipulations pratiques sur le formulaire *F_Medias* en suivant les consignes énoncées et en vous aidant du résultat visuel ci-dessous.

1. Commencez par supprimer la disposition de contrôles appliquée à l'ensemble du formulaire.
2. Supprimez le contrôle **Sous-formulaire/Sous-état** nommé *Table.T_Emprunts*.
3. Alignez les contrôles étiquettes sur le bord gauche de la fenêtre.
4. Alignez les contrôles zones de texte sur le contrôle le plus à gauche.
5. Apportez votre touche personnelle !

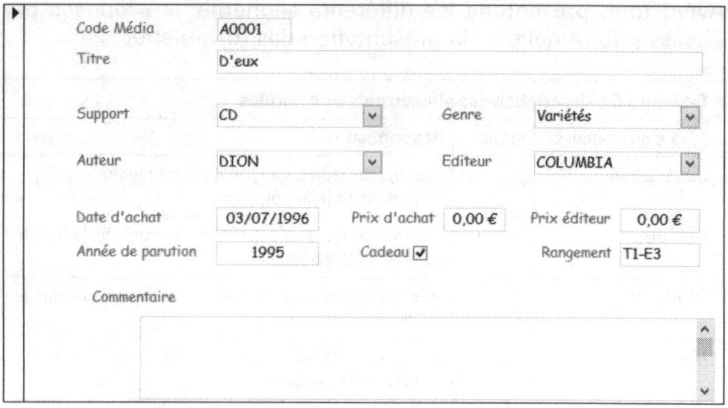

Figure 3.14 : Amélioration des alignements du formulaire F_Medias

Arrangez-vous pour que les contrôles ne se superposent pas après l'alignement. Si tel est le cas, déplacez-en certains au préalable. N'oubliez pas que l'alignement à gauche se fait toujours sur le contrôle le plus à gauche de la sélection.

Adapter les hauteurs et largeurs des contrôles

Présentons les différents ajustements de taille proposés par Access pour améliorer la présentation des formulaires.

Tableau 3.7 : Description des ajustements de taille des contrôles

Type d'ajustement	Icône	Description
Au plus grand		Tous les contrôles s'ajustent à la hauteur du contrôle le plus grand de la sélection.
Au plus petit		Tous les contrôles s'ajustent à la hauteur du contrôle le plus petit de la sélection.
Au plus large		Tous les contrôles s'ajustent à la largeur du contrôle le plus large de la sélection.
Au plus étroit		Tous les contrôles s'ajustent à la largeur du contrôle le plus étroit de la sélection.

Vous souhaitez ajuster à la même taille, en largeur et en hauteur, les contrôles *CodeSupport*, *CodeGenre*, *CodeAuteur* et *CodeEditeur*.

Procédez en deux temps. Dans un premier temps, vous égaliserez la taille des quatre zones de texte, et dans un second temps, la taille des quatre étiquettes. Pour cela :

1. Sélectionnez les contrôles à égaliser (les zones de texte *CodeSupport, CodeGenre, CodeAuteur* et *CodeEditeur*).
2. Sélectionnez l'onglet **Organiser**.
3. Dans le groupe **Redimensionnement et classement**, déroulez la liste associée au contrôle **Taille/Espace** et sélectionnez la commande adaptée à votre besoin. Pour notre exemple, cliquez successivement sur les contrôles *Au plus grand* et *Au plus large*.
4. Réitérez les opérations précédentes sur les étiquettes *CodeSupport, CodeGenre, CodeAuteur* et *CodeEditeur*.

Harmoniser l'espacement entre les contrôles

Cette fonction permet d'égaliser les écarts verticaux ou horizontaux entre les contrôles dans un formulaire.

Égaliser les espacements verticaux

1. Sélectionnez plusieurs contrôles situés à la verticale les uns des autres. Par exemple, sélectionnez les zones de texte *NumMedia, TitreMedia, CodeSupport, CodeAuteur, DateAchat* et *AnneeParution*.

   Faites attention à choisir les zones de texte et non les étiquettes.
2. Sélectionnez l'onglet **Organiser**.
3.  Dans le groupe **Redimensionnement et classement**, déroulez la liste associée au contrôle **Taille/Espace** et sélectionnez la commande adaptée à votre besoin. Cliquez sur le contrôle *Vertical équilibré* (qui correspond à égaliser l'espacement vertical des contrôles sélectionnés).

Les espaces entre les contrôles sont proportionnels les uns par rapport aux autres.

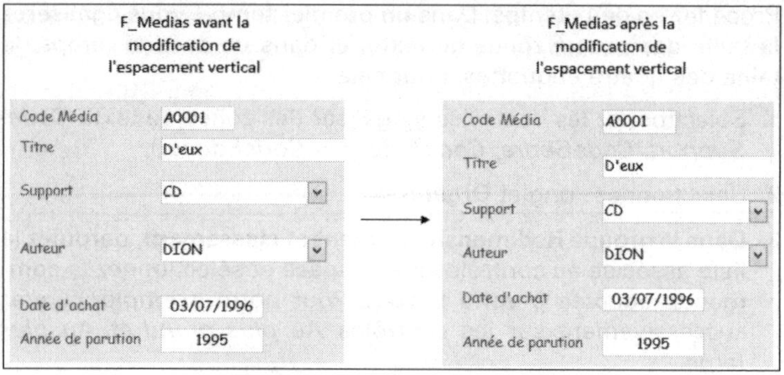

Figure 3.15 : Résultat obtenu après application de l'espacement vertical

Égaliser les espacements horizontaux

1. Sélectionnez plusieurs contrôles situés à l'horizontale les uns des autres.
2. Sélectionnez l'onglet **Organiser**.
3. Dans le groupe **Redimensionnement et classement**, déroulez la liste associée au contrôle **Taille/Espace** et sélectionnez la commande adaptée à votre besoin. Cliquez sur le contrôle *Horizontal équilibré* (qui correspond à égaliser l'espacement horizontal des contrôles sélectionnés).

Modifier l'ordre de tabulation

Après que vous avez effectué des déplacements ou des ajouts de champs, il arrive que leur ordre d'affichage soit quelque peu perturbé. Or, cet ordre n'est pas modifié en saisie. Lorsque l'utilisateur tabule pour passer d'un champ au suivant, l'ordre initial est maintenu. Faites un essai pour vous rendre compte du désagrément que cela peut causer. Il faut donc rétablir ce qu'on appelle l'ordre de tabulation. Pour cela :

1. Sélectionnez l'onglet **Création**.
2. Dans le groupe **Outils**, cliquez sur le contrôle **Ordre de tabulation**.
3. Dans la boîte de dialogue **Ordre de tabulation** :
   - Sélectionnez le champ dont l'ordre de tabulation est à déplacer, en cliquant dans le sélecteur de ce champ.

– Le pointeur prend l'apparence d'une flèche blanche. Cliquez et faites glisser la ligne entière à l'endroit souhaité.

4. Cliquez sur le bouton OK pour que la modification soit prise en compte.

Dans le formulaire *F_Medias*, si nécessaire, modifiez l'ordre de tabulation de façon à ce que l'utilisateur parcoure les champs dans l'ordre suivant : *NumMedia*, *TitreMedia*, *CodeSupport*, *CodeGenre*, *CodeAuteur*, *CodeEditeur*, *DateAchat*, *PrixAchat*, *PrixEditeur*, *AnneeParution*, *Cadeau*, *Rangement* et *Commentaire*.

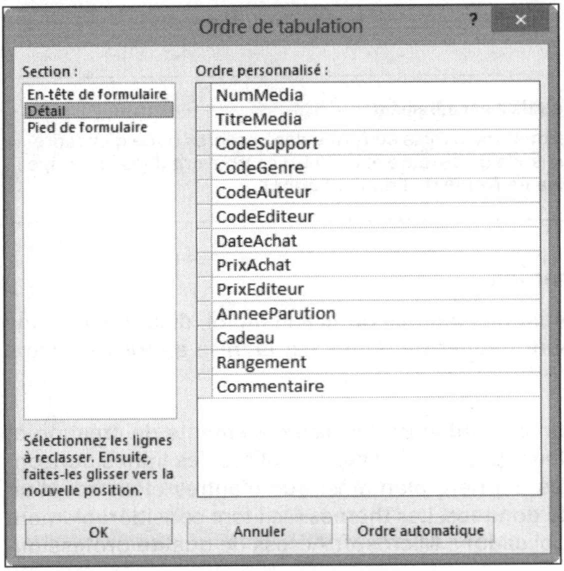

Figure 3.16 : Établir un ordre de tabulation correct

Modifier la taille, le style, l'alignement et les couleurs des contrôles

Repérer les outils de mise en forme de contrôles

Il est fortement recommandé d'appliquer une mise en forme personnalisée afin de conférer à vos documents un aspect plus esthétique.

Les outils de mise en forme de contrôles (style des caractères, taille, couleur du texte, alignement, remplissage...) sont situés :

- Dans le groupe **Mise en forme du texte** de l'onglet **Accueil.**
- Dans le groupe **Police** de l'onglet **Format** lorsque vous êtes en mode Création de formulaire ou en mode Page.

REMARQUE

Outil indisponible

Si un outil est grisé, c'est que cette mise en forme n'est pas applicable au contrôle sélectionné.

REMARQUE

Utiliser les outils d'encadrement

Les outils permettant la mise en forme des bordures (type d'encadrement, épaisseur, style de bordure et couleur) se trouvent dans le groupe **Contrôler la mise en forme** de l'onglet **Format**.

Utiliser les thèmes

Profitez également des thèmes prêts à l'emploi, disponibles dans Access 2013, pour gagner du temps sur la mise en forme de vos bases.

Un thème est un ensemble uniformisé d'éléments de création et de jeux de couleurs pour les puces, les polices, les lignes horizontales, les images d'arrière-plan ainsi que d'autres éléments d'un objet de base de données. Les thèmes facilitent considérablement la création d'applications Microsoft Access de qualité professionnelle.

Faites votre choix parmi une série de thèmes ou créez votre propre thème personnalisé pour obtenir des formulaires et des états originaux.

Pour appliquer un thème à un formulaire, en mode Page ou en mode Création :

1. Sélectionnez l'onglet **Création**.
2. Dans le groupe **Thèmes**, déroulez la liste associée au contrôle **Thèmes** et sélectionnez le thème qui vous paraît approprié pour votre formulaire.

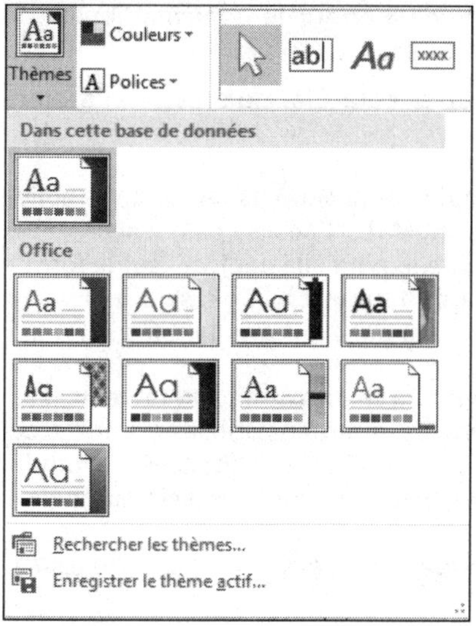

Figure 3.17 : Appliquer le thème de votre choix

Reproduire rapidement une mise en forme

Vous venez de passer un long moment à réaliser une mise en forme sur un contrôle, et vous souhaitez effectuer la même opération sur un autre contrôle du formulaire actif. Au lieu d'appliquer de nouveau, successivement, toute la série de formats, utilisez l'outil **Reproduire la mise en forme**. Procédez ainsi :

1. Sélectionnez le contrôle correctement mis en forme.
2.  Dans le groupe **Presse-papiers** de l'onglet **Accueil**, cliquez sur le contrôle **Reproduire la mise en forme**.
3. Cliquez sur le contrôle devant recevoir la mise en forme.

Comprendre et utiliser les propriétés les plus courantes

À chaque contrôle est associée une liste de propriétés. La majorité de ces propriétés est commune aux différents contrôles.

Pour afficher les propriétés liées à un contrôle, vous avez trois possibilités :

- Double-cliquer sur le contrôle.

- Dans l'onglet **Création**, cliquer sur le contrôle **Feuille de propriétés** du groupe **Outils**.
- Cliquer du bouton droit sur le contrôle, puis activer la commande **Propriétés**.

La fenêtre des propriétés (ou **Feuille de propriétés**) du contrôle activé s'affiche et se fixe à droite du formulaire. N'hésitez pas, si nécessaire, à agrandir cette fenêtre et éventuellement à la déplacer sur le formulaire en cliquant dans sa barre de titre et en la glissant à l'endroit souhaité (elle devient alors flottante dans le formulaire).

Nous terminons cette section en vous proposant un tableau récapitulatif des propriétés les plus couramment utilisées. Pour accéder à toutes les propriétés d'un contrôle, cliquez sur l'onglet **Toutes** dans la fenêtre des propriétés du contrôle sélectionné.

Utiliser les propriétés attribuées aux contrôles zone de texte

Tableau 3.8 : Description de quelques propriétés des contrôles zone de texte

Propriété	Signification
Nom	Nom attribué au contrôle. À ne pas confondre avec la légende de l'étiquette.
Source contrôle	Champ dont le contrôle est issu.
Format	Définit la façon dont les données saisies doivent être affichées.
Visible	Souhaitez-vous visualiser le contrôle en mode Formulaire ? Deux valeurs possibles : oui ou non.
Largeur	Taille de la largeur du contrôle.
Hauteur	Taille de la hauteur du contrôle.
Haut	Positionnement du contrôle par rapport au bord supérieur du formulaire.
Gauche	Positionnement du contrôle par rapport au bord gauche du formulaire.
Couleur fond	Couleur de remplissage du contrôle. En cliquant sur les trois points à droite, vous avez accès à toutes les couleurs autorisées par votre système.
Masque de saisie	C'est une aide à la saisie. Il force l'utilisateur à saisir les données selon un format déterminé.
Activé	En mode Formulaire, si la valeur de la propriété est *Oui*, le contrôle est visible mais pas accessible.

Tableau 3.8 : Description de quelques propriétés des contrôles zone de texte	
Propriété	**Signification**
Verrouillé	En mode Formulaire, si la valeur de la propriété est *Oui*, aucune saisie ne peut être effectuée dans le champ. Si le contrôle est à la fois activé et verrouillé (propriétés à *Oui*), le champ ne peut être ni modifié ni accessible.
Avant et Après Maj	Événement qui s'effectue avant ou après la mise à jour du contenu du contrôle.
Sur clic, Sur double-clic	Événement qui s'effectue sur clic ou double-clic du contrôle.
Arrêt tabulation	Si vous souhaitez ne pas remplir un champ de façon systématique, passez ce champ en affectant la propriété à *Non*.
Texte de la barre état	Ce texte correspond à la description du champ saisie en création de table. Ce texte apparaît dans la barre d'état de la fenêtre Access (tout en bas de l'écran).

Certaines propriétés correspondent aux propriétés déjà définies dans les propriétés de champs des tables. Rappelons que dans un formulaire les champs héritent des propriétés définies dans les tables. En revanche, l'inverse n'est pas vrai. Si vous modifiez certaines propriétés de contrôles dans un formulaire, celles-ci ne se répercuteront pas dans la table associée.

La liste des propriétés étant importante, les onglets de la fenêtre des propriétés proposent leur affichage par catégories.

Utiliser les propriétés attribuées aux contrôles zone de liste déroulante

Le contrôle **Liste déroulante** possède également d'autres propriétés que celles citées précédemment.

Tableau 3.9 : Description de quelques propriétés des contrôles zone de liste déroulante	
Propriété	**Signification**
Nbre colonnes	Nombre de colonnes contenues dans la liste.
Largeurs colonnes	Largeur de chaque colonne de la liste. Les valeurs des dimensions sont exprimées en centimètres et séparées par des ";" (exemple : 0cm;2cm;1,5cm pour une liste contenant trois colonnes - la première colonne n'est pas affichée dans la liste).

Tableau 3.9 : Description de quelques propriétés des contrôles zone de liste déroulante

Propriété	Signification
En-têtes colonnes	Les noms des champs doivent-ils apparaître en haut de la liste ? En général, la valeur *Non* est attribuée à cette propriété.
Lignes affichées	Nombre de lignes visualisées simultanément dans la liste lorsqu'elle est déroulée. Si la liste contient plus de lignes que le nombre indiqué, une barre de défilement vertical permet de visualiser les autres lignes.
Largeur liste	En principe, c'est l'addition des largeurs de chaque colonne. Pour l'exemple précédent, on indiquerait 3,5 cm.
Contenu	Nom de la table, de la requête ou code SQL servant de source à la liste.
Origine source	Quelle est la source des données ? Une table, une requête ou une liste de valeurs.
Colonne liée	Numéro de la colonne liée au contrôle. Quand une liste contient plusieurs colonnes, seule la valeur d'une colonne est stockée dans le champ.

REMARQUE

Code SQL

Lorsque vous utilisez l'assistant pour créer une liste déroulante basée sur les valeurs issues d'une table ou d'une requête, cet assistant génère du code SQL dans la propriété *Contenu* de la liste.

Utiliser les propriétés attribuées au formulaire

Pour afficher la fenêtre des propriétés d'un formulaire, double-cliquez sur le sélecteur de formulaire.

Tableau 3.10 : Description de quelques propriétés associées au formulaire

Propriété	Signification
Source	Table ou requête sur laquelle est basé le formulaire.
Légende	Libellé du formulaire apparaissant dans la barre de titre du formulaire en mode Formulaire.
Affichage par défaut	Détermine comment afficher les enregistrements à l'ouverture du formulaire. Les trois modes les plus utilisés sont : ▪ Formulaire unique : un seul enregistrement est affiché à l'écran.

Tableau 3.10 : Description de quelques propriétés associées au formulaire	
Propriété	**Signification**
	▪ Formulaires continus : plusieurs enregistrements sont visibles simultanément à l'écran, le nombre d'enregistrements affichés étant limité par la taille de l'écran. ▪ Feuille de données : plusieurs enregistrements sont affichés sous forme de tableaux Excel. Cet affichage convient pour la visualisation de listes de données.
Afficher sélecteur	Permet d'afficher ou de masquer le sélecteur d'enregistrement en mode Formulaire.
Boutons de déplacement	En mode Formulaire, permet d'afficher ou de masquer la barre de déplacement entre enregistrements en bas du formulaire.
Barre défilement	Possibilité d'afficher les deux barres de défilement, la verticale ou l'horizontale, ou aucune des barres de défilement. Faites votre choix dans la liste déroulante proposée dans cette propriété.
Boîte contrôle	Affiche ou masque les trois cases (*réduire, agrandir, fermer*) en haut et à droite de la fenêtre du formulaire.
Bouton Fermer	Affiche ou masque la case *fermer* de la fenêtre du formulaire.
Boutons MinMax	Affiche ou masque les cases *réduire, agrandir* ou les deux cases de la fenêtre du formulaire.

Pour afficher la fenêtre des propriétés d'une section, double-cliquez :

- Dans la section souhaitée (veillez à ne pas double-cliquer sur un contrôle de cette section).
- Ou sur la barre de titre de la section.

Cas pratique : créer des formulaires

En utilisant l'Assistant Formulaire, créez les formulaires :

- *F_Amis, F_TypesMedias, F_Supports, F_Editeurs* et *F_Genres* pour lesquels vous insérerez tous les champs des tables sources correspondantes ;
- *F_Auteurs* pour lequel vous insérerez tous les champs de la table *T_Auteurs*, sauf le champ *DateDecesAuteur*.

Au cours de la création et en fin de création, vous appliquerez les consignes suivantes :

- Pour les formulaires *F_Amis*, *F_Auteurs* et *F_Supports*, choisissez la disposition *Colonne simple*. Pour les autres formulaires, choisissez la disposition *Tabulaire*.
- Dans le formulaire *F_Genres*, attribuez *Non* à la propriété *Visible* de la zone de texte *NumGenre*. En effet, le type de données du *NumGenre* étant un *NuméroAuto*, il n'est pas nécessaire que l'utilisateur le visualise.
- Modifiez les présentations des formulaires selon votre goût.

Définir et appliquer une mise en forme conditionnelle

Dans un formulaire ou un état, la mise en forme conditionnelle est un procédé consistant à modifier l'aspect d'un contrôle en fonction des valeurs contenues dans ce contrôle ou un autre contrôle. Depuis son apparition dans la version 2000, la mise en forme conditionnelle n'avait pas subi la moindre retouche. Depuis la version 2010, il est possible de paramétrer 49 mises en forme contre trois auparavant. Grâce à cette puissante amélioration, vous serez en mesure de créer des formulaires et états dynamiques ayant un fort impact visuel.

Voyons comment appliquer une mise en forme conditionnelle à un contrôle d'un formulaire en fonction de sa propre valeur. Supposons que vous souhaitiez mettre en valeur, pour chaque ligne du formulaire *F_ListeMedias*, tous les prix d'achat dont le montant est strictement supérieur à 4 euros.

Pour effectuer cette manipulation, suivez les étapes indiquées ci-après :

1. Ouvrez le formulaire *F_ListeMedias* en mode Création.
2. Sélectionnez le contrôle auquel vous souhaitez appliquer la mise en forme. Pour notre exemple, sélectionnez le contrôle *PrixAchat*.
3.  Dans l'onglet **Format**, cliquez sur le contrôle **Mise en forme conditionnelle** situé dans le groupe **Contrôler la mise en forme.**

La boîte de dialogue **Gestionnaire de règles de mise en forme conditionnelle** s'affiche.

4. Cliquez sur le bouton de commande **Nouvelle règle**.

5. Dans la rubrique *Sélectionner un type de règle*, conservez la valeur par défaut *Vérifier les valeurs de l'enregistrement actif ou utiliser une expression*.

6. Conservez l'information *Valeur du champ* dans la première liste déroulante.

7. Dans la liste suivante, sélectionnez la valeur *Supérieure à*.

8. Dans la troisième zone, saisissez 4 (pour identifier l'information 4 euros).

9. Enfin, dans la dernière partie, sélectionnez les mises en forme souhaitées. Pour l'exemple, cliquez sur le bouton **G** (pour gras), choisissez une couleur de remplissage et une couleur de texte.

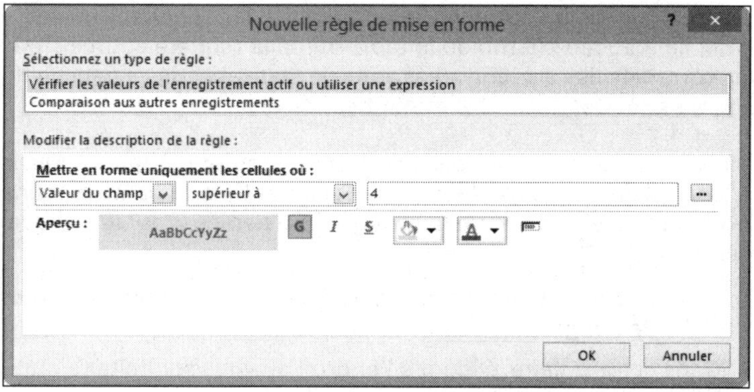

Figure 3.18 : Paramétrage d'une mise en forme conditionnelle

10. Visualisez le résultat en mode Formulaire.

À tout moment, vous pouvez modifier ou supprimer cette règle. Il vous est également possible d'ajouter de nouvelles règles sur ce contrôle ou sur d'autres contrôles du formulaire.

3.3. Ajouter des contrôles spéciaux

Dans cette section, nous allons décrire brièvement les contrôles les plus couramment utilisés.

Toutes les manipulations qui vont suivre devront être effectuées sur un formulaire ouvert en mode Création. Nous vous proposons de réaliser les manipulations sur la base de données *FO-Médiathèque03.accdb*.

Vous utiliserez un assistant pour créer la plupart des contrôles décrits ci-après. Il est donc indispensable de laisser le bouton **Utiliser les Assistants contrôle** activé (dans la liste des contrôles du groupe **Contrôles** de l'onglet **Création**). Si cet outil n'est pas activé, aucun assistant ne sera déclenché afin de vous guider dans la création du contrôle.

Insérer une étiquette

Une étiquette représente un texte fixe qui ne changera pas d'un enregistrement à l'autre. C'est un contrôle indépendant puisqu'il n'est lié à aucun champ de la table ou de la requête source. Tous les contrôles liés aux contrôles zone de texte et situés à gauche du champ sont des contrôles étiquettes.

Dans le formulaire *F_Medias*, vous allez ajouter l'étiquette *Saisie et consultation des médias* dans la section *En-tête de formulaire*. Agrandissez si nécessaire la section *En-tête de formulaire*. Procédez ainsi :

1. Aa Cliquez sur le contrôle **Etiquette** dans le groupe **Contrôles** de l'onglet **Création**.
2. Dans le formulaire, cliquez à l'endroit où vous souhaitez ajouter l'étiquette.
3. Saisissez le texte : `Saisie et consultation des médias.`
4. Validez votre saisie en appuyant sur la touche ↵ du clavier.
5. Modifiez la mise en forme si celle-ci ne vous convient pas (augmentez la taille de la police, modifiez la couleur de remplissage et/ou de texte, centrez le texte dans la largeur du contrôle, etc.).

Si ce n'est pas déjà fait, profitez-en pour modifier le texte de tous les contrôles étiquettes associés aux zones de texte, qui contrairement aux zones de texte est modifiable. Il est d'ailleurs fortement recommandé d'améliorer ce texte afin de rendre le formulaire plus compréhensible par l'utilisateur. Pour modifier le texte d'une étiquette, cliquez une première fois sur le contrôle pour le sélectionner, puis effectuez un deuxième clic pour positionner le curseur à l'intérieur du contrôle. Saisissez ensuite le texte désiré.

ASTUCE

Retour à la ligne dans une étiquette

Appuyez simultanément sur les touches Ctrl+Entrée du clavier. Cela provoque un saut de paragraphe dans le contrôle.

Insérer une zone de texte

C'est un des contrôles les plus utilisés parmi les contrôles disponibles. C'est un contrôle dépendant lorsque sa source est un champ de table. Cela peut être également un contrôle calculé. Quand vous insérez une zone de texte, Access ajoute en fait deux contrôles : la zone de texte représentant le champ et son contrôle étiquette associé.

Dans le formulaire *F_Auteurs*, vous ajouterez le contrôle *Date DecesAuteur* à droite du contrôle *DateNaissanceAuteur*. N'oubliez pas d'agrandir la section *Détail* si nécessaire.

Pour ajouter un contrôle zone de texte dépendant, suivez les étapes suivantes :

1. ab| Cliquez sur le contrôle **Zone de texte** dans le groupe **Contrôles** de l'onglet **Création**.
2. Placez le contrôle à l'endroit souhaité. Attention à ne pas le positionner trop sur la gauche de l'écran car, au moment où vous lâchez la souris, Access insère à gauche du contrôle **Zone de texte** un deuxième contrôle **Etiquette**.
3. Double-cliquez sur cette zone de texte, dont le contenu indique "indépendant", afin d'ouvrir sa fenêtre de propriétés.
4. Dans la propriété *Source contrôle*, choisissez dans la liste le champ *DateDecesAuteur*. Vous avez ainsi transformé un contrôle indépendant en un contrôle dépendant.

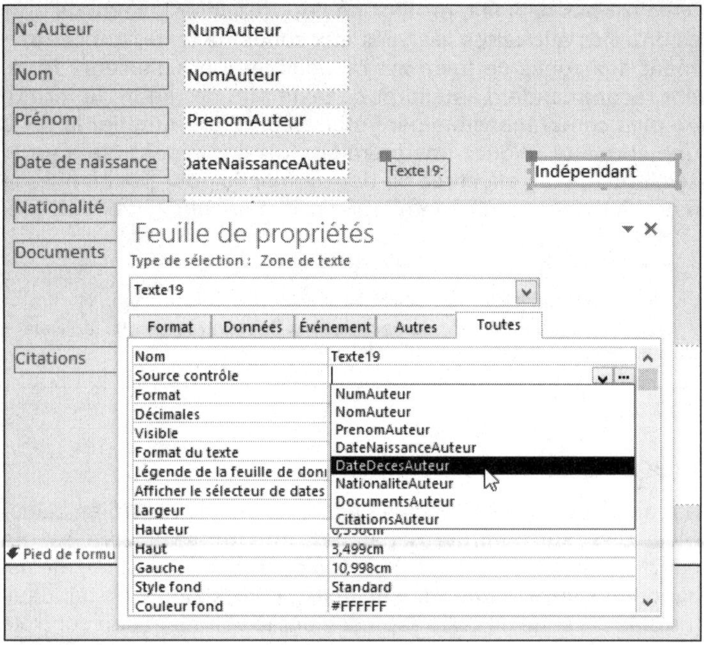

Figure 3.19 : Choix du champ à affecter à la source du contrôle

5. Modifiez également le contenu de l'étiquette. Saisissez `Date décès`.

> ATTENTION
>
> **Modification du contenu d'une zone de texte interdite**
>
> Ne modifiez jamais le contenu d'une zone de texte comme vous pouvez le faire dans une étiquette. En effet, une zone de texte est liée à un champ dont la source se situe dans une table. Si vous modifiez le texte de la zone de texte, vous modifiez la source et Access ne peut plus faire référence au champ d'origine.

Insérer une image

Dans le formulaire *F_Auteurs*, vous insérerez, dans la section *Détail*, l'image de votre choix représentant un écrivain. Avant de réaliser cette procédure, vous devez avoir repéré sur votre disque dur dans quel dossier se trouve l'image à insérer. Procédez ainsi :

1. Cliquez successivement sur le contrôle **Insérer une image** puis sur **Parcourir** dans le groupe **Contrôles** de l'onglet **Création**.

Figure 3.20 : Dérouler le contrôle Insérer une image

2. Dans la boîte de dialogue **Insérer une image**, déplacez-vous dans le dossier où l'image est stockée, sélectionnez l'image désirée et cliquez sur le bouton de commande **Ouvrir**.
3. Dans la section *Détail*, cliquez et glissez le curseur de façon à tracer un cadre.
4. Redimensionnez l'image à la taille souhaitée.

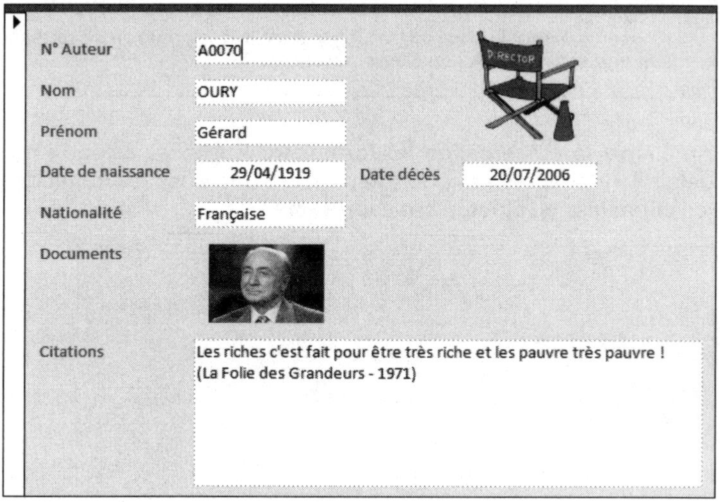

Figure 3.21 : Ajout d'une image dans le formulaire F_Auteurs

Insérer un trait ou un rectangle

Ces deux outils permettent d'enjoliver la présentation du formulaire. Procédez ainsi :

1. 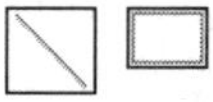 Sélectionnez le contrôle **Trait** (ou **Rectangle**) dans le groupe **Contrôles** de l'onglet **Création** (si nécessaire, déroulez la liste des contrôles).

2. Dans le formulaire, effectuez un cliquer-glisser du point de départ du trait (ou du rectangle) vers le point d'arrivée.
3. Modifiez éventuellement la couleur et l'épaisseur du trait (ou du rectangle).

Si vous avez tracé un rectangle, vous pouvez également modifier sa couleur de remplissage. Si le rectangle masque le texte qu'il encadre :

1. Sélectionnez le rectangle.
2.  Dans l'onglet **Organiser**, cliquez sur le contrôle **Mettre à l'arrière-plan** du groupe **Redimensionnement et classement**.

ASTUCE

Réaliser un trait droit horizontal ou vertical (ou un carré)

Tout en réalisant le tracé du trait (ou le tracé du rectangle ou du carré), maintenez la touche Maj du clavier enfoncée.

Améliorez la présentation du formulaire *F_Medias* selon le modèle décrit ci-après et votre imagination (modifiez les étiquettes, les alignements, ajoutez des cadres, etc.).

Figure 3.22 : Amélioration du formulaire F_Medias

Insérer une case à cocher, une case d'option ou un bouton bascule

Une case à cocher, une case d'option ou un bouton bascule sont des contrôles permettant de représenter un champ dont le type de données est *Oui/Non*.

Visualisez dans le tableau ci-après l'apparence de ces contrôles en fonction de leur valeur.

Tableau 3.11 : Apparence des trois contrôles activés ou désactivés

Contrôle	Activé (Valeur = Oui)	Désactivé (Valeur = Non)
Case à cocher	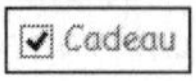	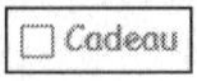
Case d'option	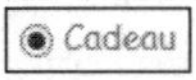	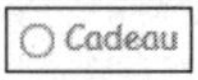
Bouton bascule		

À titre d'exemple, vous allez créer une case à cocher sur le champ *Cadeau* du formulaire *F_Medias*. Cette case a déjà été automatiquement générée à la création du formulaire *F_Medias*. Par conséquent, commencez par supprimer ce contrôle. Ouvrez le formulaire *F_Medias*, sélectionnez la case à cocher *Cadeau* et supprimez-la en appuyant sur la touche [Suppr] du clavier.

Avant de commencer la réalisation d'un tel contrôle, assurez-vous que la fenêtre **Liste de champs** est visible à l'écran. Pour insérer la case à cocher, procédez ainsi :

1.  Sélectionnez le contrôle **Case à cocher** dans le groupe **Contrôles** de l'onglet **Création** (si nécessaire, déroulez la liste des contrôles).
2. Dans la fenêtre **Liste de champs**, repérez le champ *Cadeau* et faites-le glisser vers l'emplacement souhaité.

Pour la création de la case d'option et du bouton bascule, réitérez les deux étapes précédentes en choisissant l'outil correspondant. Pour le bouton bascule, il convient d'ajouter un texte sur le contrôle à la fin de la création.

Insérer une zone de liste déroulante et une zone de liste

Une liste déroulante ou plus exactement une zone de liste déroulante ainsi qu'une zone de liste peuvent servir soit à alimenter un champ, soit à effectuer une recherche dans un formulaire. En effet, il est plus facile de sélectionner une valeur dans une liste que de la saisir.

Une zone de liste déroulante est composée d'une zone de texte et d'une liste qu'il faut activer afin de visualiser son contenu. En revanche, une zone de liste est composée d'une liste qui est affichée en permanence. Si la liste n'est pas suffisamment grande pour visualiser l'ensemble de ses occurrences, une barre de défilement vertical permet de parcourir les éléments cachés.

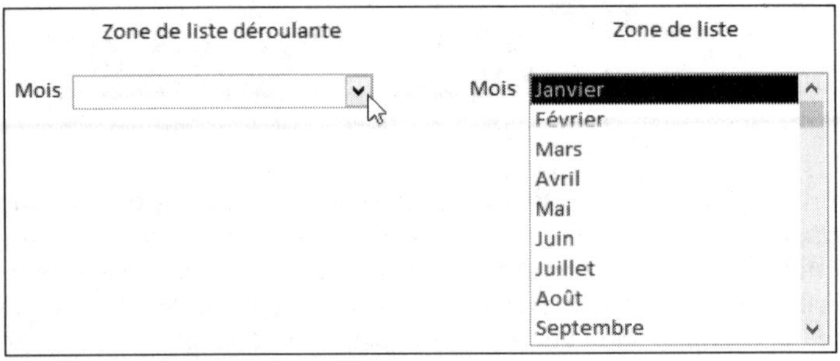

Figure 3.23 : Différence entre zone de liste déroulante et zone de liste

Dans la suite du paragraphe, nous vous expliquerons comment créer une zone de liste déroulante. Sachez que la réalisation d'une zone de liste s'effectue de la même manière que pour une zone de liste déroulante. Seul le résultat visuel diffère.

Le principe de création d'une zone de liste déroulante est très proche du principe mis en œuvre avec l'Assistant Liste de choix dans les tables.

Créer une zone de liste déroulante dont les valeurs sont issues d'une table ou d'une requête

Dans le formulaire *F_Medias*, des listes déroulantes se sont automatiquement insérées lors de la création du formulaire. Ceci est dû au fait que les champs représentés par ces listes déroulantes ont déjà été programmés par l'Assistant Liste de choix dans la table *T_Medias*. Comme nous l'avons indiqué plus haut, le formulaire hérite des propriétés définies dans les tables.

Pour maîtriser la réalisation du contrôle **Zone de liste déroulante**, vous allez créer de nouveau une liste déroulante sur le champ *CodeAuteur*.

Avant de vous lancer dans la manipulation, ouvrez le formulaire *F_Medias* et supprimez le contrôle *CodeAuteur*.

1.  Sélectionnez le contrôle **Zone de liste déroulante**, puis cliquez à l'endroit où vous souhaitez qu'il apparaisse. Quand vous cliquez dans le formulaire à un endroit précis, n'oubliez pas qu'une étiquette s'insère à gauche du contrôle.

   L'Assistant Zone de liste déroulante se déclenche.

2. Les valeurs contenues dans la liste étant issues d'une table, conservez la première option cochée, puis cliquez sur le bouton **Suivant**.

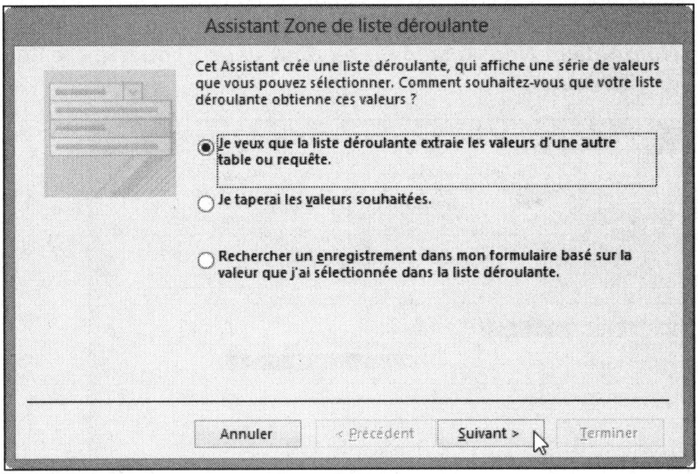

Figure 3.24 : Choix de la source des données de la liste

3. Sélectionnez la table ou la requête dont les valeurs de la liste sont issues. Choisissez la table *T_Auteurs*. Cliquez sur le bouton **Suivant**.

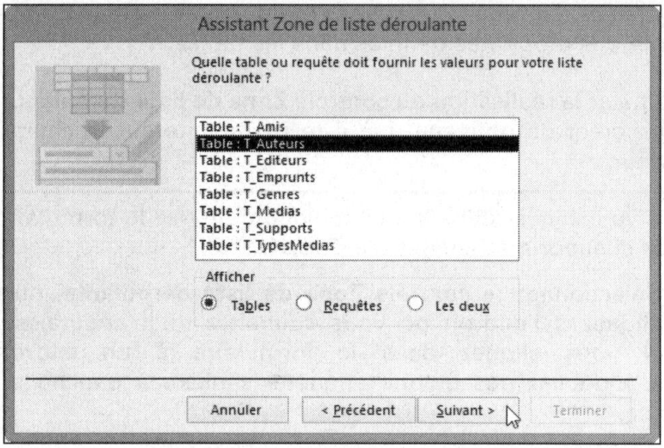

Figure 3.25 : Choix de la table ou de la requête source

4. Sélectionnez les champs nécessaires à la construction de la liste. En principe, il convient de choisir le champ dont le contenu sera stocké (très souvent le code), ainsi que les champs que vous souhaitez visualiser. Sélectionnez les champs *NumAuteur*, *NomAuteur* et *PrenomAuteur*. Cliquez sur le bouton **Suivant**.

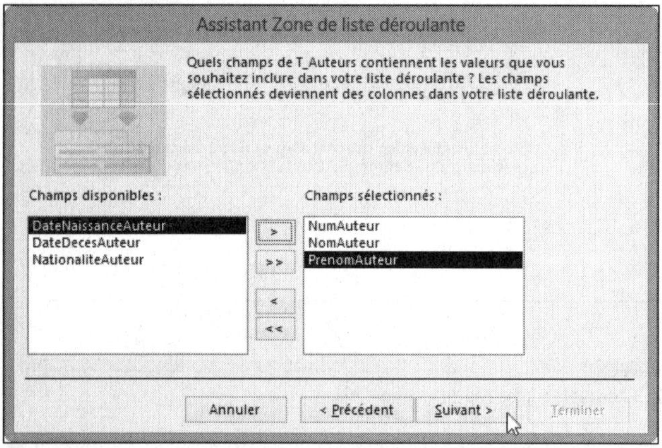

Figure 3.26 : Choix des champs de la liste

5. Choisissez d'appliquer ou non un ordre de tri. Pour votre exemple, il est plus judicieux d'afficher les auteurs par ordre alphabétique. Sélectionnez donc le champ *NomAuteur* comme pre-

mière clé de tri et le champ *PrenomAuteur* comme deuxième clé de tri. Cliquez sur le bouton **Suivant**.

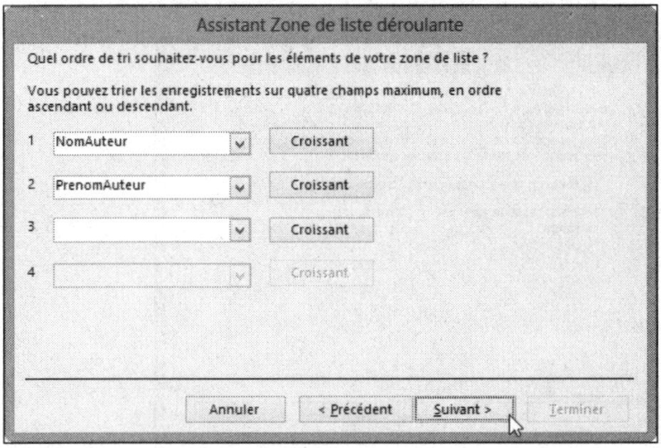

Figure 3.27 : Appliquer un ordre de tri à la liste

6. Access ayant constaté que le champ *NumAuteur* est la clé primaire de la table *T_Auteurs*, il en déduit que c'est un champ choisi comme identificateur et qu'il n'est pas nécessaire de l'afficher. Ce champ servira uniquement à affecter la valeur du *NumAuteur* choisie au champ *CodeAuteur*. En revanche, si vous le souhaitez, vous pouvez faire apparaître cette colonne en décochant l'option *Colonne clé cachée*. Conservez cette case cochée et redimensionnez éventuellement les largeurs de colonnes.

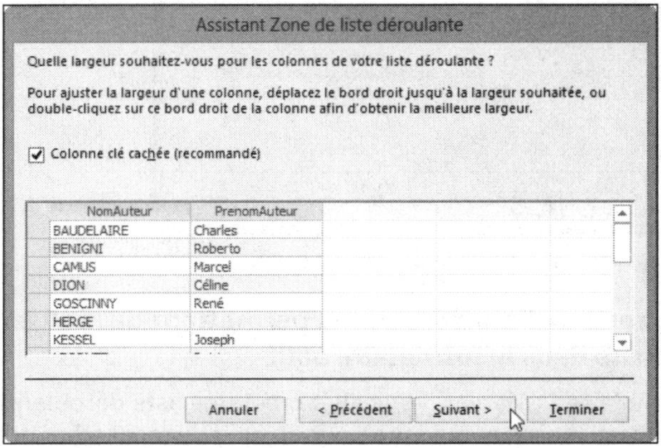

Figure 3.28 : Redimensionnement des largeurs de colonnes

7. Indiquez ensuite à Access dans quel champ il devra stocker la valeur sélectionnée par l'utilisateur dans la liste. Sélectionnez le champ *CodeAuteur*. Cliquez sur le bouton **Suivant**.

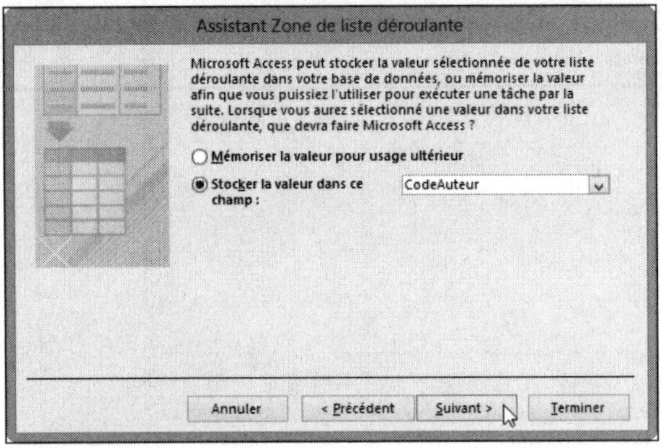

Figure 3.29 : Choix du champ dans lequel enregistrer la valeur choisie

8. Indiquez le libellé à attribuer à l'étiquette de la liste. Saisissez `Auteur`, puis cliquez sur le bouton **Terminer**.

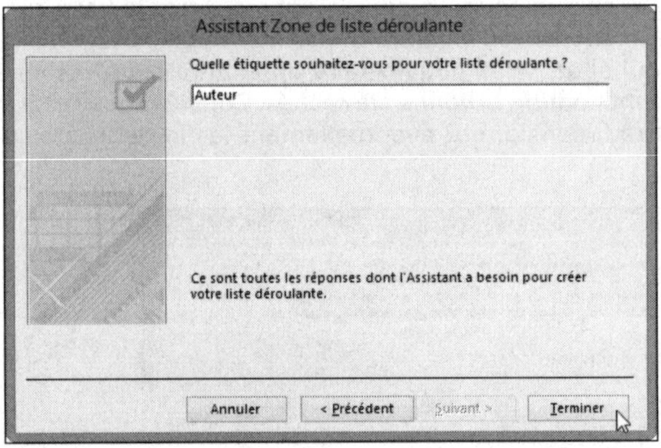

Figure 3.30 : Étape finale de l'Assistant Zone de liste déroulante

Créer une zone de liste déroulante permettant de réaliser une recherche dans le formulaire actif

Dans le formulaire *F_Medias*, vous allez créer une liste déroulante basée sur aucun champ et qui aura pour objectif de rechercher des enregistrements correspondant au titre du média. Au préalable, augmentez la taille de la section *En-tête de formulaire*. Pour réaliser cette liste de recherche, procédez ainsi :

1. Sélectionnez le contrôle **Zone de liste déroulante**, puis cliquez à l'endroit où vous souhaitez qu'il apparaisse. Positionnez ce contrôle dans l'en-tête de formulaire.

   L'Assistant Zone de liste déroulante se déclenche.
2. Sélectionnez la troisième option *Rechercher un enregistrement dans mon formulaire*. Cliquez sur le bouton **Suivant**.
3. Sélectionnez le champ sur lequel vous désirez effectuer la recherche, par exemple le champ *TitreMedia*. Cliquez sur le bouton **Suivant**.
4. Agrandissez éventuellement la largeur de la liste afin de visualiser correctement toutes les valeurs. Vous constatez également qu'il existe une colonne *Clé cachée* alors que vous n'avez sélectionné qu'un seul champ à l'étape précédente. En fait, Access réalise la recherche non pas sur le titre du média, car plusieurs médias peuvent avoir le même titre, mais sur la clé primaire de l'enregistrement. Décochez la case *Colonne clé cachée* pour vous rendre compte que cette colonne correspond à la clé primaire de la table *T_Medias*. Cochez de nouveau cette case, puis cliquez sur le bouton **Suivant**.
5. Indiquez le libellé à attribuer à l'étiquette de la liste. Saisissez `Recherche titre d'un média :`. Cliquez sur le bouton **Terminer**.
6. Modifiez éventuellement la présentation du contrôle, puis enregistrez le formulaire *F_Medias* et passez en mode Formulaire pour tester cette liste.

Ainsi, pour accéder très rapidement à une fiche, vous sélectionnez le titre du média dans la liste. La fiche correspondante s'affiche immédiatement.

Insérer un bouton de commande

Un bouton de commande permet d'effectuer rapidement une action répétitive. De nombreuses commandes disponibles dans les menus d'Access sont réalisables par l'intermédiaire des boutons de commande.

Dans le formulaire *F_Medias*, vous ajouterez un bouton de commande permettant la fermeture du formulaire. Pour cela :

1.  Sélectionnez le contrôle **Bouton**, puis cliquez à l'endroit où vous souhaitez placer ce bouton. Positionnez-le dans l'en-tête du formulaire *F_Medias*.

   Immédiatement, l'Assistant Bouton de commande se déclenche.

   Cet assistant présente deux rubriques : *Actions* (à droite) affiche les principales fonctions d'Access organisées par thèmes en correspondance avec la rubrique *Catégories* (à gauche).

2. Dans la rubrique *Catégories*, sélectionnez **Opérations sur formulaire**, et dans la rubrique *Actions*, sélectionnez **Fermer un formulaire**. Cliquez sur le bouton **Suivant**.

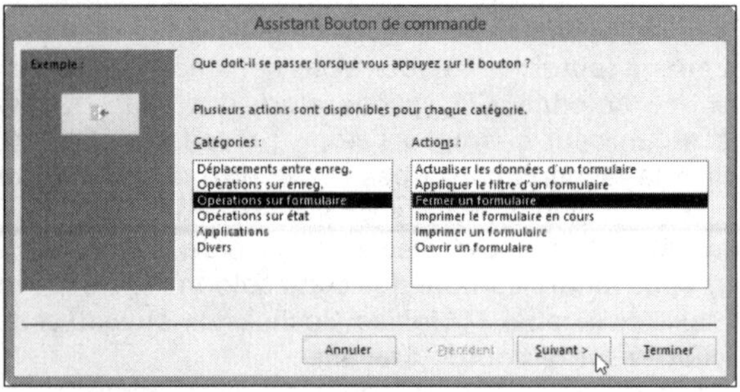

Figure 3.31 : Choix de l'action à réaliser

3. Par défaut, Access propose de repérer le bouton de commande à l'aide d'une image. Cependant, vous pouvez saisir un texte ou sélectionner une autre image en cochant la case *Afficher toutes les images*. Conservez l'image *Sortir par la portière* proposée par Access, puis cliquez sur le bouton **Suivant**.

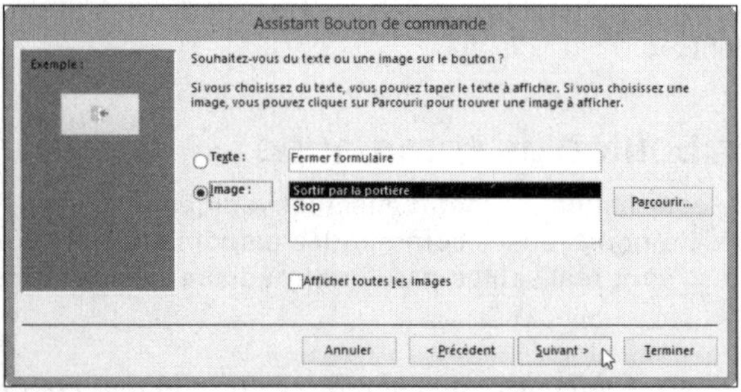

Figure 3.32 : Choisir entre une image ou un texte en tant que légende du bouton de commande

4. Finalisez la construction de ce bouton en lui affectant un nom concis. Évitez de conserver le nom proposé par Access car *Commande0*, *Commande1*... n'est pas très significatif. Par conséquent, nommez ce bouton **Fermer**. Puis cliquez sur le bouton **Terminer**.

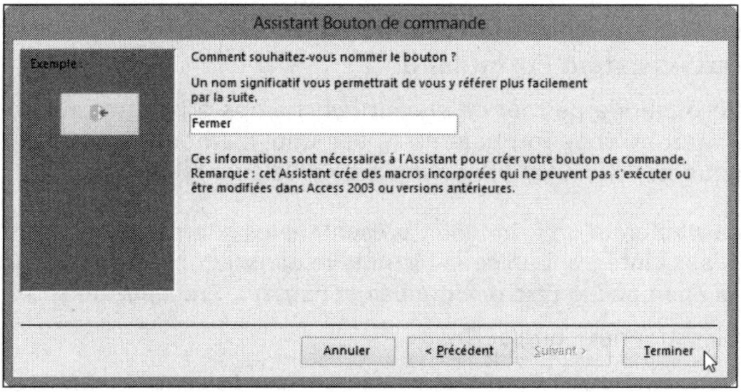

Figure 3.33 : Nommer le bouton de commande

5. Enregistrez le formulaire, puis basculez en mode Formulaire et testez le bouton. Le formulaire *F_Medias* se ferme automatiquement.

Sachez qu'Access génère une macro à l'issue de cette étape, nommée "macro incorporée".

En fonction de l'action choisie à la première étape, l'assistant présente des boîtes de dialogue différentes, parfois des boîtes supplémentaires. Il s'agit de se laisser guider par le bon sens.

Afin de vous entraîner à la création de boutons de commande, n'hésitez pas à réitérer cette procédure dans les autres formulaires.

Insérer un sous-formulaire

Un contrôle sous-formulaire est un formulaire imbriqué dans un formulaire principal. Dans un formulaire principal, il est possible d'imbriquer plusieurs sous-formulaires. Le rôle d'un sous-formulaire est de mettre en relation un ou plusieurs enregistrements avec un seul enregistrement du formulaire principal. Il est nécessaire qu'une relation ait été établie au préalable entre la table source du formulaire principal et la table source du sous-formulaire. Le lien entre formulaire et sous-formulaire se fait sur le champ de liaison entre les deux tables.

Nous allons vous expliquer deux méthodes supplémentaires de création de sous-formulaire.

Créer un formulaire et un sous-formulaire avec l'Assistant Formulaire

Cette méthode permet de choisir les champs à intégrer aux formulaires et sous-formulaires. C'est une méthode intéressante lorsque vos données proviennent de plusieurs tables.

Vous allez créer un formulaire présentant les genres des différents médias et intégrant un sous-formulaire dans lequel seront affichés deux champs : le titre des médias et l'auteur. Procédez ainsi :

1. Sélectionnez l'onglet **Créer**.
2. Dans le groupe **Formulaires**, cliquez sur le contrôle **Assistant Formulaire**.

   La boîte de dialogue **Assistant formulaire** s'ouvre.
3. Dans cette première étape :
   - Dans la rubrique *Tables/Requêtes*, sélectionnez la table source du formulaire principal, puis dans la rubrique *Champs disponibles*, sélectionnez tour à tour les champs à visualiser dans le formulaire. Choisissez tous les champs de la table *T_Genres*.
   - Sélectionnez une deuxième table dans la rubrique *Tables/Requêtes* (*T_Medias* pour l'exercice). Puis sélectionnez les champs désirés, par exemple les champs *TitreMedia* et *CodeAuteur*.
   - Si vous souhaitez ajouter des champs provenant d'une autre table, sélectionnez-en une autre toujours dans la rubrique *Tables/Requêtes* et choisissez les champs souhaités.
4. Une fois tous les champs sélectionnés, cliquez sur le bouton **Suivant**.
5. Les relations entre les tables étant correctement mises en place, Access propose la création d'un formulaire et d'un sous-formulaire. Deux possibilités d'affichage du sous-formulaire sont disponibles :

– 1re option : afficher le sous-formulaire et visualiser les informations qu'il contient directement dans le formulaire principal. C'est l'option *Formulaire avec sous-formulaire(s)* cochée par défaut.

– 2e option : créer un bouton de commande dans le formulaire principal qui appelle le sous-formulaire pour visualiser ses informations. C'est l'option *Formulaires attachés*.

Conservez la première option et cliquez sur le bouton **Suivant**. Cette option permet de visualiser toutes les informations liées au sein d'un même formulaire. En revanche, la deuxième option permet d'afficher les données liées au formulaire principal uniquement au moment souhaité. Cela ne surcharge pas l'écran du formulaire principal.

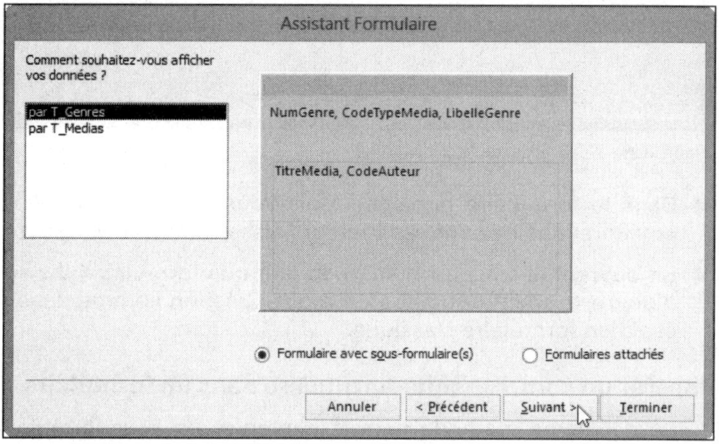

Figure 3.34 : Choix de l'affichage du sous-formulaire

6. Sélectionnez la disposition désirée (pour l'exemple, cochez l'option *Tabulaire*). Cliquez sur le bouton **Suivant**.

7. Enfin, à la dernière étape, donnez un nom au formulaire et au sous-formulaire. Nommez le formulaire *F_GenresEtMedias* et le sous-formulaire *SF_Medias* (SF pour sous-formulaire). Laissez cochée l'option *Ouvrir le formulaire pour afficher ou entrer des infos*. Cliquez sur le bouton **Terminer** (voir fig. 3.35).

Access sauvegarde le formulaire et le sous-formulaire comme des objets Formulaire. D'ailleurs, dans la liste des objets Formulaire, vous constatez que *SF_Medias* est présent. Par conséquent, pour modifier le sous-formulaire, vous pouvez effectuer les changements :

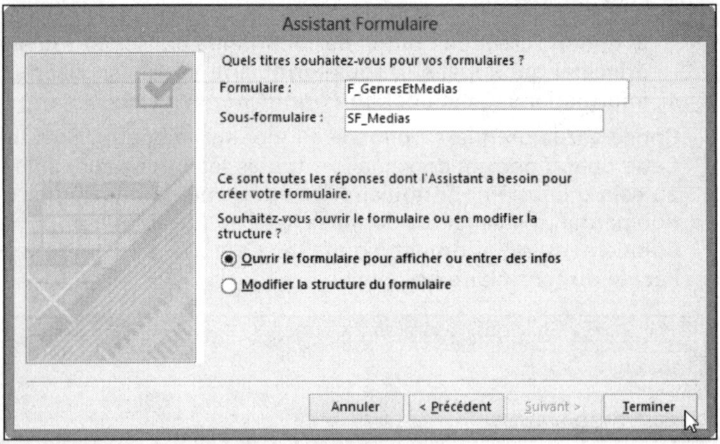

Figure 3.35 : Désignation des deux formulaires

- Dans le formulaire principal. Mais vous êtes à l'étroit et les améliorations ne sont pas toujours aisées à mettre en œuvre.
- En ouvrant le sous-formulaire en tant que formulaire. Il s'agit d'ouvrir le sous-formulaire en mode Création comme dans le cas d'un formulaire classique.

Insérer un contrôle sous-formulaire dans un formulaire

Cette deuxième méthode permet d'intégrer un sous-formulaire dans un formulaire déjà existant.

Vous allez insérer un sous-formulaire de suivi des emprunts dans le formulaire *F_Amis*. Procédez ainsi :

1. Créez un formulaire avec l'assistant, dont la source est *T_Emprunts*. Sélectionnez les champs *CodeMedia*, *DateEmprunt* et *DateRetour*. Cliquez sur le bouton **Suivant**.
2. Dans la boîte de dialogue affichée, choisissez la disposition *Tabulaire*, puis cliquez sur le bouton **Suivant**.
3. Nommez le formulaire créé *SF_Emprunts*, puisqu'il jouera le rôle d'un sous-formulaire. Puis cliquez sur le bouton **Terminer**.
4. Fermez le formulaire affiché *SF_Emprunts*.

5. Ouvrez le formulaire principal devant recevoir le contrôle sous-formulaire en mode Création. Pour l'exercice, ouvrez le formulaire *F_Amis*. Éventuellement, redisposez les champs différemment de façon à créer un emplacement assez grand pour recevoir le sous-formulaire.

6.  Assurez-vous que le contrôle **Utiliser les Assistants contrôle** (dans la liste des contrôles du groupe **Contrôles** de l'onglet **Création**) est actif. Cliquez sur l'outil **Sous-formulaire/Sous-état** dans le groupe **Contrôles** de l'onglet **Création** et tracez un cadre rectangulaire sous les champs présents.

   L'Assistant Sous-formulaire se déclenche.

7. Cochez l'option *Utiliser un formulaire existant* et sélectionnez le formulaire *SF_Emprunts*. Cliquez sur le bouton **Suivant**.

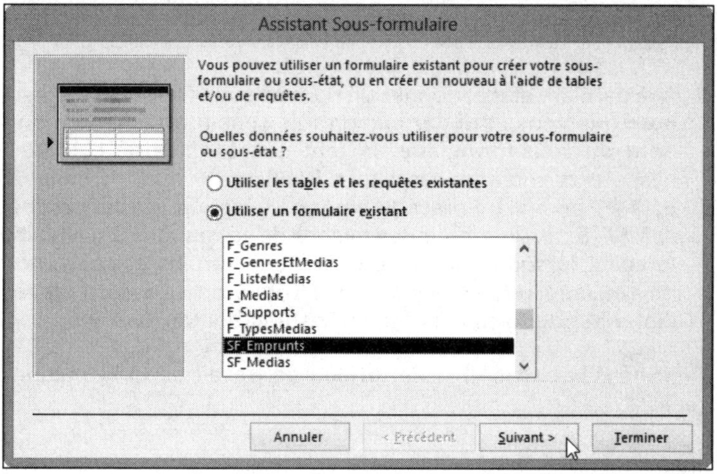

Figure 3.36 : Choix du sous-formulaire

8. Dans cette étape, vous devez définir quel champ fait le lien entre le formulaire principal (soit *F_Amis*) et le sous-formulaire (soit *SF_Emprunts*). Cochez l'option *Les définir moi-même*. Dans la rubrique *Champs du formulaire/de l'état*, sélectionnez le champ *NumAmi*, et dans la rubrique *Champs du sous-formulaire/de l'état*, sélectionnez le champ *CodeAmi*. Cliquez sur le bouton **Suivant**.

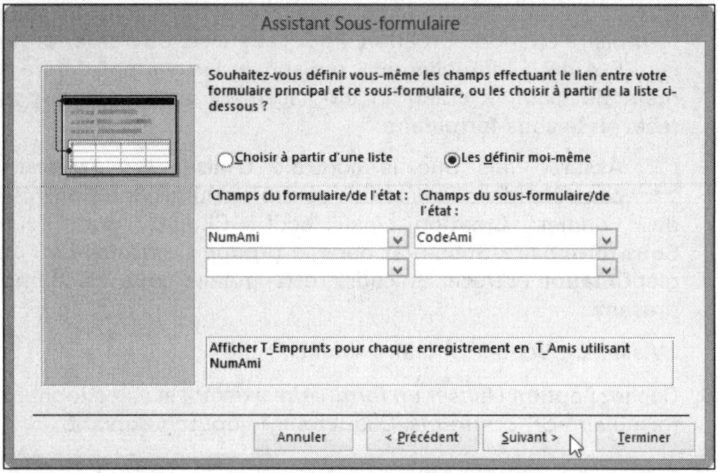

Figure 3.37 : Définition du champ de liaison entre le formulaire et le sous-formulaire

9. À la dernière étape, donnez un nom au sous-formulaire. C'est le nom que vous attribuez au contrôle sous-formulaire et non le nom du sous-formulaire en tant que formulaire, comme le laisse sous-entendre l'assistant. D'ailleurs, le sous-formulaire a déjà été enregistré précédemment. Conservez le nom proposé, soit *SF_Emprunts*, pour des raisons de commodité. En effet, par la suite, lorsque vous insérerez des contrôles calculés, vous devrez faire référence au nom attribué au sous-formulaire à l'intérieur du formulaire. Cliquez sur le bouton **Terminer**.

Comme d'habitude, il reste un peu de travail de présentation à réaliser.

REMARQUE

Propriétés affectées au champ de liaison

Dans les propriétés associées au contrôle sous-formulaire, les propriétés permettant de faire le lien entre le formulaire principal et le sous-formulaire sont appelées respectivement "champ père" (exemple : *NumAmi*) en référence au champ du formulaire principal, et "champ fils" (exemple : *CodeAmi*) en référence au champ du sous-formulaire.

CRÉER ET GÉRER DES REQUÊTES

Pour que vous puissiez réaliser les exemples de cet apprentissage, les bases de données de ce chapitre ont été enregistrées dans le dossier *Chapitre 4* du fichier compressé que vous pouvez télécharger sur notre site, à l'adresse www.ma-editions.com. Les résultats des manipulations effectuées dans ce chapitre se trouvent dans la base finale *RE-Médiathèque02.accdb*.

4.1. Découvrir les requêtes sélection

Intérêt des requêtes

Une requête est une question que vous posez à votre base de données au sujet du contenu des tables. Access utilise la méthode d'interrogation par l'exemple, encore nommée QBE (*Query By Example*) en anglais.

L'intérêt d'une requête est qu'elle est le plus souvent conservée dans la base de données. Par conséquent, cela vous permet d'exécuter cette dernière aussi souvent que vous le souhaitez, au fur et à mesure de l'ajout, de la suppression ou de la modification des données.

Dans une requête, vous pouvez :

- Choisir les tables à interroger.
- Choisir les champs désirés dans le résultat.
- Poser des critères sur tous les champs de la requête.
- Effectuer des calculs.

Concrètement, une requête permet de sélectionner dans une table les enregistrements correspondant à certains critères. Le résultat est ensuite affiché sous la forme d'une feuille de calcul Excel. Une requête ressemble à un filtre, mais elle est plus performante et plus simple à mettre en œuvre. Quand vous sauvegardez une requête, seule la structure de la requête est enregistrée. À partir du résultat obtenu, vous pouvez modifier les données. Les modifications réalisées sont alors directement répercutées dans les tables associées à la requête.

Enfin, comme pour les formulaires et les états, si nous supprimons une requête, cela ne détruit pas les données stockées dans les tables. N'oubliez pas toutefois que si vous modifiez des informations par le biais de requêtes et que vous détruisez la requête ayant permis cette modification, les données conserveront les changements effectués.

Découvrir les différents types de requêtes

Les différents types de requêtes sont identifiables par des icônes placées à gauche de leur nom dans le volet de navigation du groupe **Requêtes**. Vous retrouvez également ces icônes en tant que contrôles dans l'onglet contextuel **Créer** sous l'onglet **Outils de requête**.

Tableau 4.1 : Icônes caractérisant les différentes requêtes

Icône	Signification
	Requête sélection. Ce type de requête permet d'interroger les données contenues dans une ou plusieurs tables.
	Requête action *Création de table*. Ce type de requête permet de créer une nouvelle table.
	Requête action *Ajout*. Ce type de requête permet d'ajouter plusieurs enregistrements d'une table dans une autre.
	Requête action *Mise à jour*. Ce type de requête permet de modifier plusieurs enregistrements en une seule manipulation.
	Requête *Analyse croisée*. Ce type de requête permet de regrouper les données par catégories.
	Requête action *Suppression*. Ce type de requête permet de supprimer plusieurs enregistrements en une seule manipulation.

Découvrir la fenêtre d'une requête en mode Création

Avant d'aborder la création de votre première requête, décrivons les différents éléments qui composent la fenêtre d'une requête en mode Création.

L'écran de définition de la structure d'une requête est décomposé en deux parties :

- La partie supérieure affiche la ou les tables interrogées. Dans cette section, vous ne devez visualiser que les tables nécessaires à votre interrogation, ainsi que les liens qui les unissent. Toutes les tables affichées doivent posséder des liens entre elles.

- La partie inférieure présente les champs dont vous souhaitez visualiser les données, et des propriétés diverses.

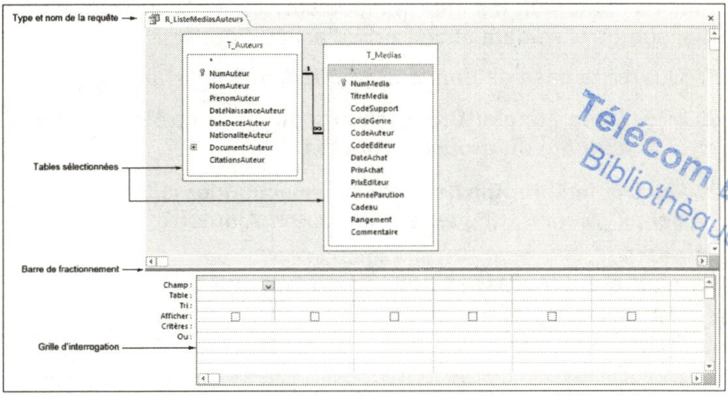

Figure 4.1 : Description de la fenêtre Requête en mode Création

Tableau 4.2 : Description des composants de la grille d'interrogation

Élément	Description
Champ	Nom des champs interrogés. Une colonne ne contient qu'un seul champ. Le résultat de la requête fait apparaître les champs dans le même ordre que dans la grille d'interrogation.
Table	Nom des tables d'où sont extraits les champs. Cette ligne peut être masquée. Elle devient d'ailleurs inutile lorsque vous interrogez une seule table.
Tri	Permet d'affecter un ordre de tri croissant ou décroissant aux champs souhaités. Lorsqu'un tri est défini sur plusieurs champs, ce tri s'effectue à partir du champ le plus à gauche dans la grille. Il faut donc placer les champs dans un ordre précis.
Afficher	Décochez cette case lorsque vous ne souhaitez pas visualiser un champ dans le résultat de la requête. Par défaut, cette case est cochée quand vous ajoutez un champ dans la grille. Cette option est utile lorsque vous devez poser un critère sur un champ sans visualiser son contenu à l'exécution de la requête.
Critères	Permet de poser des conditions sur les informations à extraire dans le champ en cours.
Ou	Permet de combiner plusieurs critères en même temps. C'est pourquoi plusieurs lignes *Ou* sont disponibles.

Créer une requête monotable

Une requête monotable est une requête basée sur une seule table ou, plus rarement, sur une requête déjà existante.

Vous allez créer une requête permettant d'extraire une liste des médias contenant les informations suivantes : le numéro du média, son titre, sa date et son prix d'achat. Pour cela :

1. Ouvrez la base de données *RE-Médiathèque01.accdb*.
2.  Dans l'onglet **Créer**, cliquez sur le contrôle **Création de requête** du groupe **Requêtes**.
3. Dans la fenêtre **Afficher la table**, sélectionnez la table à interroger : *T_Medias*. Cliquez sur le bouton **Ajouter**.

Figure 4.2 : Sélection de la table source de la requête

ASTUCE

Ajout rapide d'une table dans une requête

Dans la fenêtre **Afficher la table**, double-cliquez sur la table à ajouter.

4. Cliquez sur le bouton **Fermer**.

   La fenêtre de la requête en mode Création apparaît.
5. Pour insérer les champs dans la grille d'interrogation, double-cliquez sur les champs souhaités dans la table concernée. Insé-

rez tour à tour les champs *NumMedia, TitreMedia, DateAchat, PrixAchat* et *Rangement.*

6. Éventuellement, définissez un ordre de tri sur un ou plusieurs champs (cf. page 206).
7. Exécutez la requête (cf. page 201).
8. Sauvegardez la requête (cf. page 202).

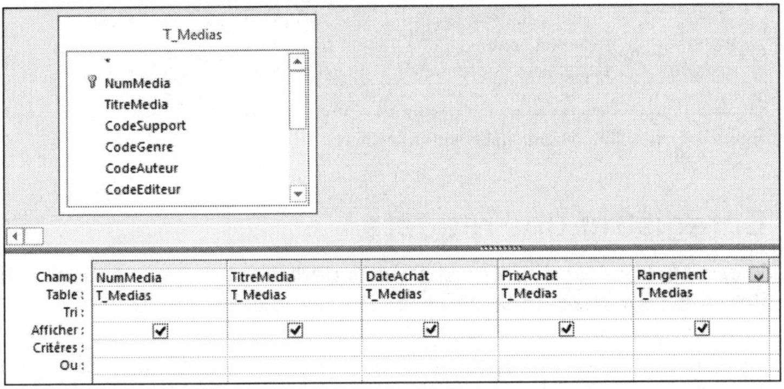

Figure 4.3 : Structure de la requête Liste des médias

Comme dans la fenêtre **Relations**, vous pouvez déplacer et redimensionner les tables dans la partie supérieure. Si cette partie n'est pas assez grande (ou est au contraire trop grande), il vous est possible de l'agrandir (ou de la diminuer) en déplaçant la barre de fractionnement entre les deux parties de la fenêtre.

Exécuter une requête

Après la création de la structure de la requête, il reste à exécuter la requête et à vérifier son bon fonctionnement.

- Pour exécuter une requête ouverte en mode Création, vous devez :
  -  cliquer sur le contrôle **Affichage** ;
  -  ou cliquer sur le contrôle **Exécuter**.
- Pour exécuter une requête fermée, double-cliquez sur son nom.

R_Medias

	NumMedia	TitreMedia	DateAchat	PrixAchat	Rangement
	A0001	D'eux	03/07/1996	0,00 €	T1-E3
	A0002	Au nom d'une femme	10/07/2001	0,00 €	T1-E10
	L0001	Tintin au Congo	15/10/1982	7,00 €	A3-E4
	L0002	La gloire de mon père	22/05/1983	3,00 €	A1-E2
	L0003	Les fleurs du mal	10/09/1984	5,00 €	A1-E1
	L0004	Tintin en Amérique	20/03/1988	7,60 €	A3-E4
	L0005	Astérix le Gaulois	10/08/1994	8,50 €	A3-E6
	V0001	Les ailes du désir	05/08/2002	27,15 €	MV2-E1
	V0002	La vie est belle	24/12/1999	0,00 €	MV1-E6
	V0003	Les Bronzés	21/02/2003	22,50 €	MV2-E6
*				0,00 €	

Figure 4.4 : Résultats de la requête Liste des médias

Enregistrer une requête

Pour enregistrer la requête précédemment créée, cliquez sur l'outil **Enregistrer** de la barre d'outils *Accès rapide*.

Si la requête a déjà été enregistrée une fois (elle est déjà nommée), les modifications sont automatiquement prises en compte, sans autre demande particulière.

En revanche, si vous enregistrez la requête pour la première fois, la boîte de dialogue **Enregistrer sous** s'affiche. Acceptez le nom proposé par Access ou saisissez-en un nouveau, par exemple `R_Medias`, puis cliquez sur le bouton OK.

REMARQUE

Nom d'une requête

N'oubliez pas de faire précéder le nom de la requête des caractères *R_*.

Imprimer une requête

Si vous souhaitez imprimer le résultat de votre interrogation :

1. Ouvrez la requête en mode Feuille de données.
2. Cliquez sur l'onglet **Fichier**.
3. Dans le mode Backstage, cliquez sur *Imprimer*.
4. Activez la commande **Imprimer**.

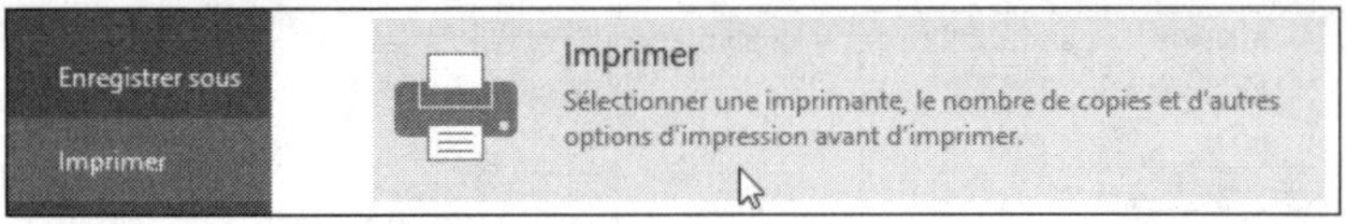

Figure 4.5 : Depuis le mode Backstage, il est possible d'imprimer n'importe quel objet en cours d'utilisation

5. Dans la boîte de dialogue **Imprimer**, cliquez sur le bouton OK.

La feuille de réponses se présente comme une feuille de calcul Excel.

REMARQUE

Aperçu avant impression

Si vous souhaitez visualiser la requête en Aperçu avant impression :

1 Réalisez les étapes 1 à 3 de la manipulation précédente.

2 Sélectionnez la commande **Aperçu avant impression.** Access bascule alors en mode Aperçu avant impression, mode dans lequel il vous est possible de modifier la mise en page de la requête avant son impression.

Pour quitter ce mode, cliquez sur le contrôle **Fermer l'aperçu avant impression** du groupe **Fermer l'aperçu** de l'onglet **Aperçu avant impression**.

Fermer une requête

1. Positionnez-vous dans la requête.
2. Pour fermer la requête, vous avez deux possibilités :
   - Cliquer sur la case *fermer* de l'onglet de document de la requête.

Figure 4.6 : Fermeture de la requête par la case fermer

   - Cliquer du bouton droit sur l'onglet de la requête et activer la commande **Fermer** du menu contextuel.

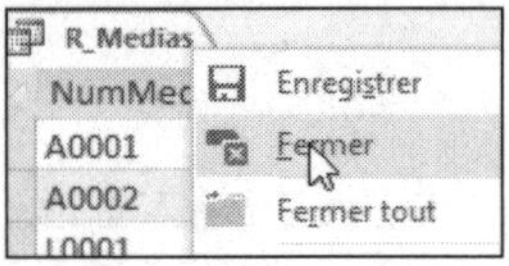

Figure 4.7 : Fermeture de la requête par le menu contextuel

Si aucune modification de structure n'a été apportée à la requête, celle-ci est fermée.

En revanche, si des modifications ont été effectuées au niveau de la structure de la requête, un message demandant de confirmer ces changements s'affiche. À vous de choisir si vous acceptez ces transformations. Fermez ensuite la requête *R_Medias*.

Renommer une requête

Vous allez renommer la requête *R_Medias* en *R_ListeMedias*. Pour cela :

1. Assurez-vous que la requête est fermée.
2. Dans le groupe **Requêtes** du volet de navigation, cliquez du bouton droit sur la requête *R_Medias*.
3.  Dans le menu contextuel, sélectionnez la commande **Renommer**. Le nom de la requête apparaît en surbrillance.
4. Saisissez directement au clavier le nouveau nom, pour notre exemple `R_ListeMedias`.
5. Validez en appuyant sur la touche [↵] de votre clavier.

Supprimer une requête

Vous allez supprimer la requête *R_ListeMedias*. Pour cela :

1. Assurez-vous que la requête est fermée.
2. Dans le groupe **Requêtes** du volet de navigation, cliquez du bouton droit sur la requête *R_ListeMedias*.
3. Dans le menu contextuel, sélectionnez la commande **Supprimer**.
4. Dans la boîte de dialogue affichée, cliquez sur le bouton **Oui**. Si vous décidez d'annuler votre action, cliquez sur le bouton **Non**. Pour votre exemple, cliquez sur **Non** car cette requête vous sera utile dans la suite de l'apprentissage.

Modifier une requête existante

Dans une requête existante, il est possible d'ajouter ou de supprimer des champs, d'ajouter des champs calculés, de poser des critères, de modifier des propriétés, etc. Procédez ainsi :

1. Dans le groupe **Requêtes** du volet de navigation, cliquez du bouton droit sur la requête à modifier.
2. Dans le menu contextuel, sélectionnez la commande **Mode création**.
3. Effectuez toutes les modifications souhaitées et réalisables (ajout de champs, de critères, de formules de calcul, de tris, etc.).
4. Enregistrez la requête.

ATTENTION

Modification et suppression de champs dans une requête

Lorsque vous supprimez ou modifiez des champs dans une requête servant de base à une autre requête, à un formulaire ou à un état, vous pouvez provoquer des erreurs sérieuses lors de la prochaine ouverture de ces objets. Avant de modifier une requête, assurez-vous que cela n'engendre aucun désagrément pour la suite de votre travail.

Afficher/masquer le nom des tables

En mode Création d'une requête, dans l'onglet contextuel **Créer** sous l'onglet **Outils de requête**, cliquez sur le contrôle **Noms des tables** du groupe **Afficher/Masquer**. Si cette commande est déjà cochée, la ligne *Table* disparaît dans la grille d'interrogation. Dans le cas contraire, cette ligne s'affiche.

Déplacer un champ

Vous allez déplacer le champ *DateAchat* de la requête *R_ListeMedias* et le placer en première position. Pour cela :

1. Ouvrez la requête *R_ListeMedias* en mode Création.
2. Dans la grille d'interrogation, cliquez sur le sélecteur du champ à déplacer. Sélectionnez la colonne *DateAchat*. Le pointeur prend la forme d'une flèche verticale noire. Au moment où vous relâchez le clic, le pointeur prend la forme d'une flèche blanche.

3. Cliquez et faites glisser la colonne entière vers son nouvel emplacement. Placez le champ *DateAchat* avant le champ *NumMedia*.

Ajouter un champ

Vous allez ajouter le champ *CodeSupport* de la table *T_Medias* dans la requête *R_ListeMedias* après le champ *TitreMedia*. Pour cela :

1. Ouvrez la requête *R_ListeMedias* en mode Création.
2. Cliquez et faites glisser le champ souhaité de sa table source vers l'emplacement choisi dans la grille d'interrogation. Avant que vous ne relâchiez le clic de la souris, le pointeur doit avoir la forme d'une flèche blanche accompagnée dans son angle inférieur droit d'un carré surmonté du signe +. Cliquez et faites glisser le champ *CodeSupport* de la table *T_Medias* vers la grille d'interrogation et lâchez la souris sur le champ *PrixAchat*. Le champ *PrixAchat* est décalé d'une colonne vers la droite.

Supprimer un champ

Dans la requête *R_ListeMedias*, l'information concernant le lieu de rangement du média ne vous apparaissant pas utile, vous souhaitez la supprimer. Procédez ainsi :

1. Ouvrez la requête *R_ListeMedias* en mode Création.
2. Dans la grille d'interrogation, cliquez sur le sélecteur du champ à supprimer. Sélectionnez la colonne *Rangement*.

   Comme précédemment, le pointeur prend la forme d'une flèche verticale noire.
3. Appuyez sur la touche [Suppr] du clavier.

La colonne entière disparaît.

Définir un tri

Les enregistrements sont triés selon le champ *Clé primaire*. Dans la requête *R_ListeMedias*, le tri s'effectue donc par défaut sur le champ *NumMedia*, qui est la clé primaire de la table *T_Medias*. Procédez ainsi :

1. Ouvrez la requête *R_ListeMedias* en mode Création.

2. Cliquez à l'intersection de la ligne *Tri* et du champ à trier. Pour notre exemple, vous allez effectuer un tri croissant sur les champs *DateAchat* et *TitreMedia*. Cliquez dans la ligne *Tri* de la colonne *DateAchat*.
3. Déroulez la liste à droite de la cellule. Choisissez le tri souhaité. Attribuez le tri *Croissant* au champ *DateAchat*.
4. Effectuez la même manipulation sur le champ *TitreMedia*.

   La requête effectue d'abord un tri chronologique sur la date d'achat du média. Lorsqu'elle repère deux dates identiques, elle effectue un tri alphabétique sur les titres des médias.

5. Fermez la requête *R_ListeMedias* et enregistrez les modifications apportées.

Créer une requête multitable

Vous allez créer une requête permettant d'extraire une liste de médias contenant les informations suivantes : titre du média, prénom et nom de l'auteur, libellé du genre, support de stockage et année de parution du média. Ces informations proviennent de quatre tables différentes : *T_Medias, T_Auteurs, T_Genres* et *T_Supports*. En fait, seules deux tables sont nécessaires car le *CodeAuteur*, le *CodeGenre* et le *CodeSupport* affichent, à l'exécution de la requête, respectivement le nom de l'auteur, les libellés du genre et du support. En revanche, aucun champ de la table *T_Medias* n'affiche le prénom de l'auteur. Les tables nécessaires à la construction de la requête sont donc *T_Medias* et *T_Auteurs*.

Lorsque vous avez identifié les tables dont les données sont issues, assurez-vous que ces tables sont liées entre elles. C'est le cas dans notre exemple. D'ailleurs, ces relations apparaîtront automatiquement dans la partie supérieure de la requête en mode Création. Bien entendu, si ces relations n'existaient pas, il serait nécessaire de les créer avant de réaliser la requête. Sachez que c'est une étape très importante, à ne pas négliger. En effet, si ces relations n'étaient pas créées, vous auriez très peu de chances de visualiser des résultats corrects.

Pour définir cette requête, il vous suffit de suivre les étapes réalisées pour la création d'une requête monotable :

1. Dans l'onglet **Créer**, cliquez sur le contrôle **Création de requête** du groupe **Requêtes**.

2. Dans la fenêtre **Afficher la table**, double-cliquez successivement sur les tables à interroger. Ajoutez les tables *T_Medias* et *T_Auteurs*. L'ordre de sélection des tables n'est pas important.

3. Cliquez sur le bouton **Fermer**. La fenêtre de la requête s'affiche en mode Création.

4. Pour insérer des champs dans la grille d'interrogation, double-cliquez sur les champs souhaités dans la table concernée. Insérez tour à tour les champs *TitreMedia*, *CodeSupport*, *CodeGenre*, *CodeAuteur* et *AnneeParution* de la table *T_Medias*, puis glissez le champ *PrenomAuteur* de la table *T_Auteurs* sur le champ *AnneeParution*. Le champ *AnneeParution* est ainsi repoussé d'une colonne vers la droite et le *PrenomAuteur* se retrouve après le *CodeAuteur*.

5. Déplacez les champs *CodeSupport* et *CodeGenre* avant le champ *TitreMedia*.

6. Définissez un ordre de tri sur les champs *CodeSupport*, *Code Genre* et *TitreMedia*. Attention, le tri du champ *CodeSupport* est réalisé sur un champ numérique, même si le champ *Code Support* laisse apparaître, après exécution, le libellé du genre et non le numéro du genre. Ne vous fiez pas aux apparences, le champ *CodeSupport* reste avant tout un champ de type *Numérique*. La même remarque concerne le champ *CodeGenre*.

7. Exécutez la requête.

8. Sauvegardez la requête sous le nom *R_ListeMediasParGenre*. Fermez cette requête.

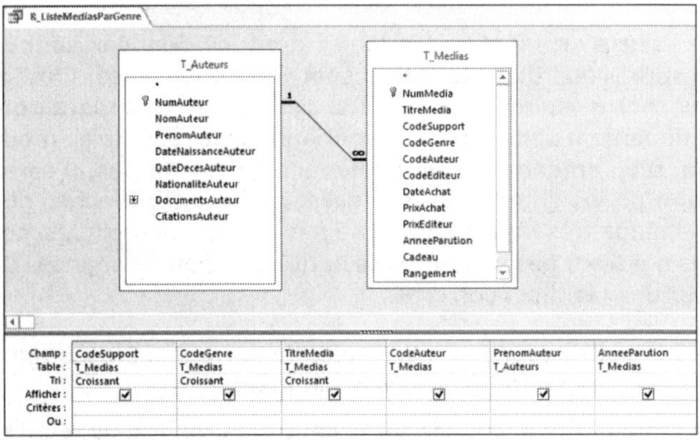

Figure 4.8 : Requête R_ListeMediasParGenre en mode Création

Ajouter une table dans une requête

Vous souhaitez un peu plus tard créer une nouvelle requête qui ressemble beaucoup à une requête existante. Dans ce cas :

- Soit vous effectuez un copier-coller (cela fonctionne comme pour un copier-coller de table ou de formulaire).
- Soit vous modifiez la requête existante.

Les données manquantes proviennent d'une table qui ne se trouve pas dans la requête. Il vous est alors possible d'ajouter une ou plusieurs tables afin de compléter la requête. Procédez ainsi :

1. Ouvrez la requête en mode Création.
2.  Dans l'onglet contextuel **Créer** sous l'onglet **Outils de requête**, cliquez sur le contrôle **Afficher la table** du groupe **Paramètres de requête**.
3. Dans la fenêtre **Afficher la table**, double-cliquez sur la ou les tables à ajouter.
4. Cliquez sur le bouton **Fermer**.
5. Poursuivez la modification de la requête.

4.2. Définir des critères

Définition

Les critères permettent de limiter l'affichage à certains enregistrements. Les requêtes avec critères servent donc de filtres. Access offre de nombreuses possibilités pour poser des critères. Les lignes utilisées pour mettre en œuvre ces critères sont les lignes *Critères* et *Ou*.

Dans la suite du chapitre, nous avons répertorié plusieurs méthodes utiles à la mise en place de critères. Bien sûr, cette liste n'est pas exhaustive. Nous ne proposerons pas systématiquement d'exemples pratiques. À vous de les inventer.

Sur un champ de type Texte court ou Texte long

- Si vous recherchez une valeur précise, saisissez simplement cette valeur. Après validation (touche [↵] du clavier), le texte est entouré de guillemets.

  Recherchez tous les médias dont le support est un livre. Nommez cette requête *R_ListeLivres*. Vous interrogez deux tables, *T_Medias* et *T_Supports*. Le critère posé est *Livre* dans le champ *IntituleSupport*.

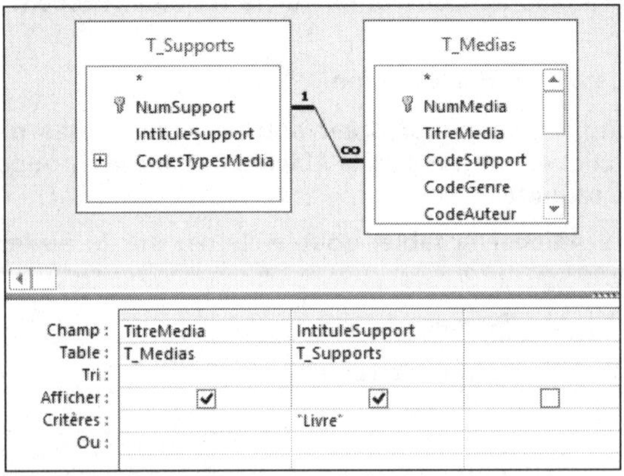

Figure 4.9 : Structure de la requête R_ListeLivres

- Si vous recherchez une valeur approximative, utilisez les jokers. Les jokers fonctionnent exactement comme dans un jeu de cartes, c'est-à-dire qu'ils remplacent n'importe quel caractère (c'est le symbole ?) ou n'importe quelle chaîne de caractères (c'est le symbole *).

Créez une requête basée sur la table *T_Medias* et contenant les champs *TitreMedia* et *CodeSupport*. Vous cherchez tous les médias commençant par la lettre A. Dans la ligne *Critères* du champ *TitreMedia*, saisissez `A*`. Après validation, le critère apparaît de la façon suivante : *Comme "A*"*. Le résultat de la requête proposera *Au nom d'une femme* ou *Astérix le gaulois*. Tous les médias commençant par la lettre A seront affichés. Sauvegardez cette requête sous le nom *R_InterrogationMedias*.

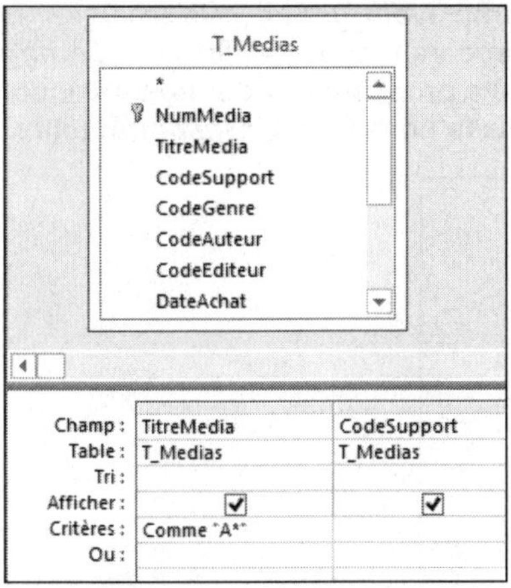

Figure 4.10 : Structure de la requête R_InterrogationMedias

Maintenant, vous souhaitez afficher la liste des médias contenant le mot fleurs. Ouvrez la requête *R_InterrogationMedias* en mode Création, supprimez le critère posé précédemment et réalisez la procédure suivante. Dans la ligne *Critères* du champ *TitreMedia*, saisissez `*fleurs*`. Après validation, le critère s'affiche ainsi : *Comme "*fleurs*"*. Tous les médias contenant le mot fleurs sont extraits.

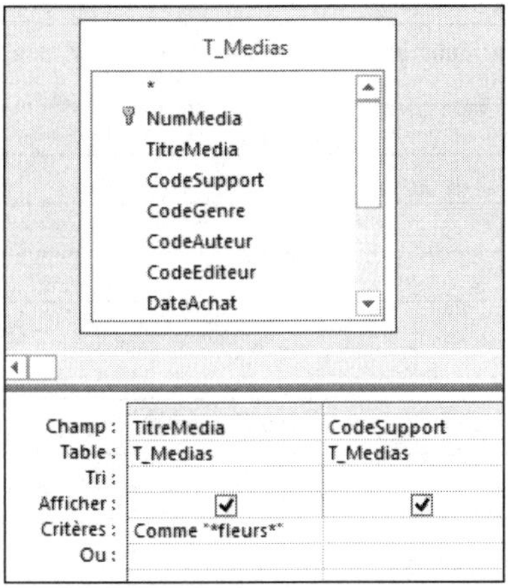

Figure 4.11 : Structure de la requête R_InterrogationMedias modifiée

Enfin, vous recherchez un auteur mais vous ne vous souvenez pas exactement de l'orthographe de son nom. Il vous semble que c'est Paniol ou Panniol. Créez une requête basée sur la table *T_Auteurs*.

Dans la ligne *Critères* du champ *NomAuteur*, saisissez `Pa??ol`. Après validation, le critère apparaît sous la forme : *Comme "Pa??ol"*. Le résultat de la requête proposera évidemment Pagnol. Sauvegardez cette requête sous le nom *R_InterrogationAuteurs*.

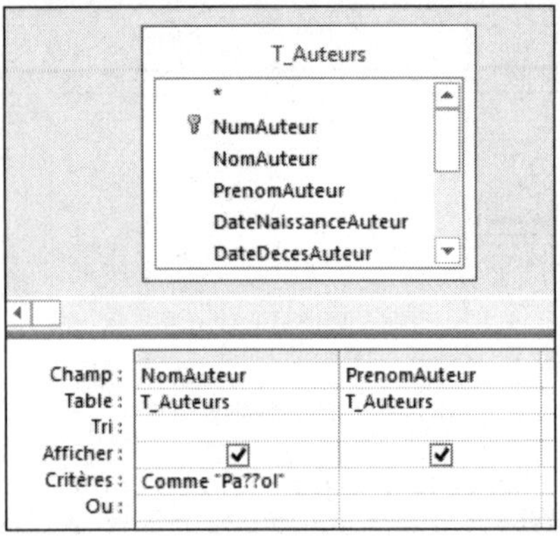

Figure 4.12 : Structure de la requête R_InterrogationAuteurs

Sur un champ Numérique ou Monétaire

Vous pouvez utiliser tous les opérateurs arithmétiques décrits dans le tableau ci-après.

Tableau 4.3 : Liste des opérateurs arithmétiques à utiliser pour poser des conditions dans une requête

Opérateur	Description
<	Inférieur
<=	Inférieur ou égal
>	Supérieur
>=	Supérieur ou égal
<>	Différent de
=	Égal (il est généralement omis dans la ligne *Critères*)

Sur un champ Date/Heure

Vous pouvez également rechercher des données en fonction d'une date précise. Procédez comme pour les champs de type *Texte court* ou *Texte long*. Saisissez la date souhaitée. Après validation, celle-ci apparaît entre deux dièses, sous la forme : *#15/07/2013#*. Selon la façon dont vous avez saisi le critère, Access repère que le type de données est une date.

Sur un champ Oui/Non

Un champ de ce type ne peut prendre que deux valeurs : *Oui* ou *Non*. Dans la ligne *Critères*, saisissez donc une de ces deux valeurs.

Créez la requête permettant d'extraire les médias offerts.

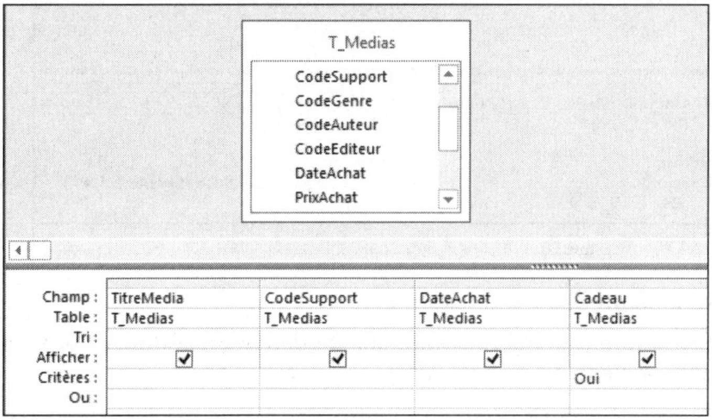

Figure 4.13 : Structure de la requête R_MediasOfferts

La recherche de données dans un intervalle

Vous souhaitez extraire des données contenues entre deux dates ou entre deux valeurs numériques. Vous utiliserez la syntaxe suivante : `Entre élément 1 et élément 2`. L'objectif de notre exemple est de créer la requête permettant d'afficher tous les médias achetés sur la période de mai 2013 à août 2013.

1. Créez une nouvelle requête basée sur la table *T_Medias* et insérez les champs *TitreMedia*, *CodeSupport* et *DateAchat*.
2. Dans la ligne *Critères* du champ *DateAchat*, saisissez `entre 01/05/2013 et 31/08/2013`. Après validation, le critère se transforme en : *Entre #01/05/2013# Et #31/08/2013#*. Comme ce sont deux dates, Access les entoure de dièses. Vous auriez également pu saisir `>=01/05/2013 et <=31/08/2013`.

3. Sauvegardez cette requête sous le nom *R_InterrogationDates Achats*.

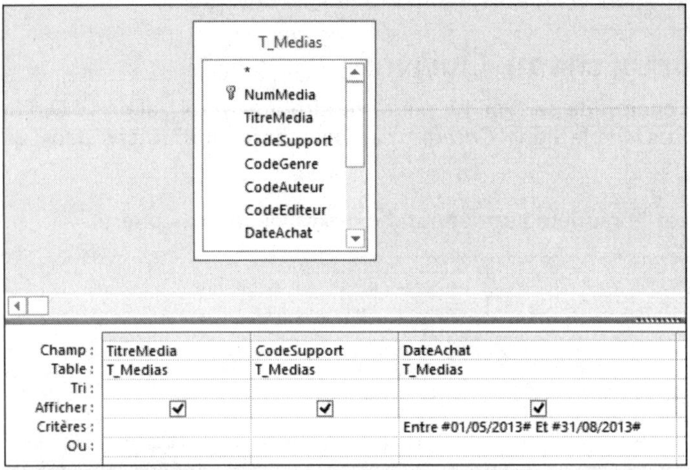

Figure 4.14 : Structure de la requête R_InterrogationDatesAchats

Réalisons un deuxième exemple.

1. Créez une requête affichant la liste des médias dont le prix est compris entre 10 et 30 euros.

2. Dans la ligne *Critères* du champ *PrixAchat*, saisissez `entre 10 et 30`. Après validation, le critère devient : *Entre 10 Et 30*. Access transforme la première lettre de chaque mot en majuscule. C'est simple.

Utiliser les autres opérateurs

Voici une liste complémentaire mais non exhaustive d'opérateurs pouvant être utilisés en tant que critères dans une requête.

Vous souhaitez obtenir la liste de tous les médias dont la date d'achat n'a pas été saisie afin de la compléter. Cela équivaut à extraire des données dont le champ *DateAchat* est vide. Pour extraire des enregistrements qui ne contiennent aucune valeur dans un champ, il faut utiliser l'expression *Est Null*.

Ouvrez la requête *R_InterrogationDatesAchats* créée précédemment en mode Création et supprimez le critère saisi sous le champ *DateAchat*. Dans la ligne *Critères* du champ *DateAchat*, saisissez `Est Null`.

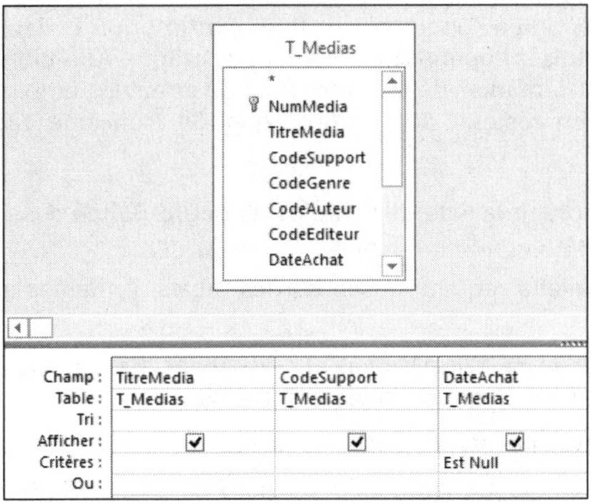

Figure 4.15 : Structure de la requête R_InterrogationDatesAchats dont la date est manquante

À l'inverse de la requête précédente, vous désirez la liste des médias qui contiennent une date d'achat. Dans la ligne *Critères* du champ *DateAchat*, vous saisirez la valeur `Est Pas Null`. Modifiez la requête précédente pour tester le critère.

Enfin, vous désirez obtenir la liste de tous les médias, tous genres confondus, excepté les bandes dessinées. Créez une nouvelle requête basée sur les tables *T_Medias* et *T_Genres* contenant les champs *TitreMedia* et *LibelleGenre*. Dans la ligne *Critères* du champ *LibelleGenre*, saisissez `Pas Bande dessinée`, ou encore <> `Bande dessinée`. Après validation, le critère se transforme en : *Pas "Bande dessinée"* ou <>*"Bande dessinée"*. Sauvegardez cette requête sous le nom *R_MediasPasBD*.

Combiner plusieurs critères avec les opérateurs logiques Et/Ou

Vous pouvez souhaiter définir plusieurs conditions dans une requête. Dans ce cas, Access offre la possibilité de combiner différents critères en mettant à votre disposition deux opérateurs logiques : *Et* et *Ou*.

Si vous saisissez plusieurs critères sur la même ligne, un enregistrement ne sera affiché que s'il satisfait à tous les critères de cette ligne. Cela correspond à l'opérateur *Et*. Pour exprimer un *Et* dans un seul champ, utilisez l'opérateur entre chaque critère. Attention, l'opérateur *Et* est à manier délicatement car un mauvais emploi peut amener à un résultat nul, comme dans le troisième cas énoncé ci-après.

Vous souhaitez obtenir la liste des médias du genre *Bande dessinée* dont le prix est supérieur à 8 euros :

1. Créez une nouvelle requête basée sur les tables *T_Medias* et *T_Genres*.
2. Insérez les champs *TitreMedia* et *PrixAchat* de la table *T_Medias* et *LibelleGenre* de la table *T_Genres*.
3. Posez les critères nécessaires et exécutez la requête.
4. Sauvegardez cette requête sous le nom *R_MediasBDPlusDe8Euros*. Les deux critères sont saisis dans la ligne *Critères*, comme l'indique l'image suivante.

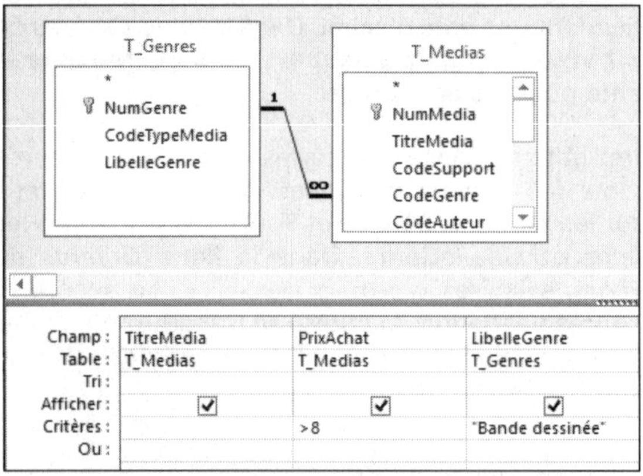

Figure 4.16 : Utilisation de l'opérateur logique Et

En revanche, si vous saisissez les critères sur plusieurs lignes, c'est-à-dire les uns au-dessous des autres, il suffit qu'un seul des critères soit satisfait pour obtenir un résultat. Cela correspond à l'opérateur logique *Ou*. Cet opérateur s'utilise dans la grille d'interrogation en remplissant les lignes *Critères* et *Ou*. Dans un champ, vous pouvez également saisir l'opérateur *Ou* entre chaque critère.

Vous souhaitez obtenir la liste des médias du genre *Roman* ou du genre *Poésie*. Dans la ligne *Critères* du champ *LibelleGenre*, saisissez `Roman` ou `Poésie`, ou bien dans la ligne *Critères* du champ *LibelleGenre*, saisissez `Roman`, et dans la ligne *Ou* du champ *LibelleGenre*, tapez `Poésie`.

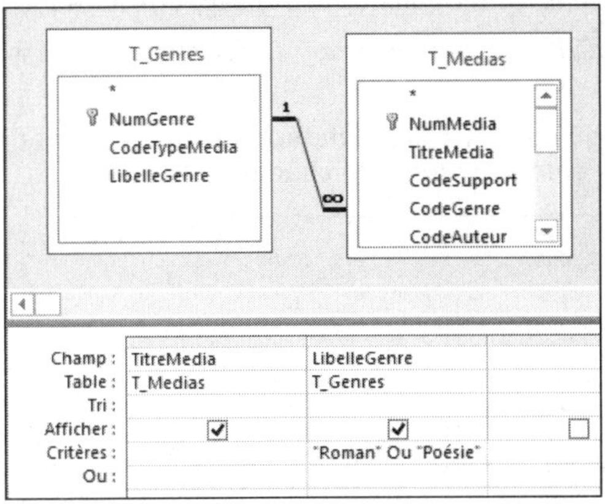

Figure 4.17 : Utilisation de l'opérateur logique Ou

Avant de mettre en œuvre une requête nécessitant l'utilisation de ces deux opérateurs, réfléchissez bien à ce que vous désirez obtenir comme résultat. Ne confondez pas les expressions utilisées dans le langage courant (et néanmoins correctes) et les expressions comprises par l'ordinateur.

Affichez la liste des livres écrits par l'auteur Marcel Pagnol et par l'auteur Charles Baudelaire. Cette expression est grammaticalement satisfaisante. En revanche, Access vous renverrait un résultat nul si vous appliquiez stricto sensu ce langage. En effet, il n'est pas possible qu'un auteur se nomme à la fois Marcel Pagnol et Charles Baudelaire. Dans la requête, il faudra utiliser l'opérateur logique *Ou* et non *Et*.

De nombreuses combinaisons sont réalisables quand vous maîtrisez bien ces deux opérateurs. Il s'agit juste de rester logique et cohérent.

Utiliser des fonctions de calcul

Pour affiner encore un peu l'élaboration de vos requêtes, Access met également à votre disposition des fonctions de calcul. Nous vous proposons quelques fonctions permettant de traiter des champs de type *Date*. L'objectif de cet exemple est de créer une requête permettant d'obtenir la liste des médias achetés chaque mois d'août (peu importe l'année). Procédez ainsi :

1. Créez une nouvelle requête basée sur la table *T_Medias* et contenant les champs *TitreMedia*, *CodeSupport* et *DateAchat*.
2. Dans la ligne *Critères* du champ *DateAchat*, saisissez `Mois([DateAchat])=8`.
3. Nommez cette requête *R_MediasAchatAout*. N'oubliez pas de saisir les crochets autour du nom du champ.

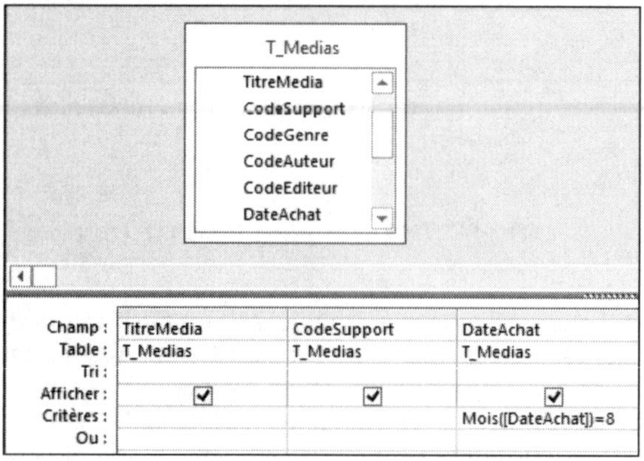

Figure 4.18 : Structure de la requête R_MediasAchatAout

4. Exécutez et fermez cette requête.
5. Ouvrez de nouveau cette requête en mode Création. Vous constatez qu'Access a modifié la structure de cette requête. Le critère est devenu un champ calculé. Cela n'a aucune importance dans l'exécution et le résultat de la requête.

Voici une liste de quelques fonctions permettant de poser des critères sur les champs de type *Date*.

Tableau 4.4 : Fonctions sur les dates les plus couramment utilisées

Fonction	Description
Année([DateAchat])	Renvoie l'année de la date d'achat saisie.
Mois([DateAchat])	Renvoie le mois de la date d'achat saisie.
Jour([DateAchat])	Renvoie le jour de la date d'achat saisie.
Date()	Renvoie la date système (en principe la date du jour si votre ordinateur est bien réglé).

ATTENTION

Particularité des fonctions Dates

Chaque fonction *Date* renvoie un numéro et non une valeur textuelle. Vous ne pourrez pas saisir `Jour([DateAchat])=mardi` mais plutôt `Jour([DateAchat])=3`.

Tableau 4.5 : Correspondance entre le nom des jours et leur numéro

Nom du jour	Numéro
Dimanche	1
Lundi	2
Mardi	3
Mercredi	4
Jeudi	5
Vendredi	6
Samedi	7

Prolongez l'exemple précédent en affichant la liste des médias achetés au mois d'août 2013. Sauvegardez cette requête sous le nom *R_MediasAchatAout2013*.

Dans la colonne *DateAchat*, il s'agit de saisir le critère `Mois([DateAchat])=8 Et Année([DateAchat])=2013`.

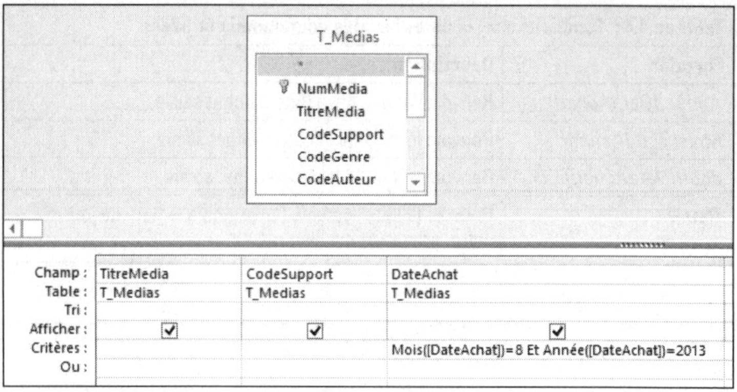

Figure 4.19 : Structure de la requête R_MediasAchatAout2013

4.3. Créer des requêtes avancées

Ajouter un champ calculé

Jusqu'à présent tous les champs utilisés provenaient des tables de votre base de données. Il est possible, dans une requête, de créer de nouveaux champs fictifs, utiles à un complément d'information. Comme dans les formulaires, vous pouvez ajouter des champs calculés.

Imaginons que vous souhaitiez calculer le prix d'achat en dollars de chaque média. Créez une nouvelle requête basée sur la table *T_Medias*. Dans la grille d'interrogation, ajoutez les champs *TitreMedia*, *DateAchat* et *PrixAchat*. Attribuez un tri croissant au champ *PrixAchat*. Nommez cette requête *R_MediasPrixDollars*.

Pour créer un champ calculant le prix en dollars de chaque média, suivez les étapes ci-après :

1. Dans la grille d'interrogation, cliquez dans la première colonne vide de la ligne *Champ*.
2. Saisissez un nom pour ce nouveau champ `PrixAchatD`, immédiatement suivi du symbole ":". Les deux-points sont impératifs car ils permettent de séparer le nom du champ de la formule de calcul.

3. À la suite du symbole ":", saisissez la formule de calcul `[PrixAchat]*1,3286`. En principe, les crochets ne sont pas obligatoires car le champ ne contient pas d'espaces. Mais prenez l'habitude de les insérer car c'est la syntaxe exacte. Il vous incombe de trouver le bon taux de change à la date souhaitée.

4. Appliquez un format monétaire au nouveau champ. Cliquez du bouton droit dans le champ *PrixAchatD*. Dans le menu contextuel, activez la commande **Propriétés**. Dans la propriété *Format*, saisissez le code `"$ " # #00,0`.

5. Exécutez et enregistrez la requête, puis fermez-la.

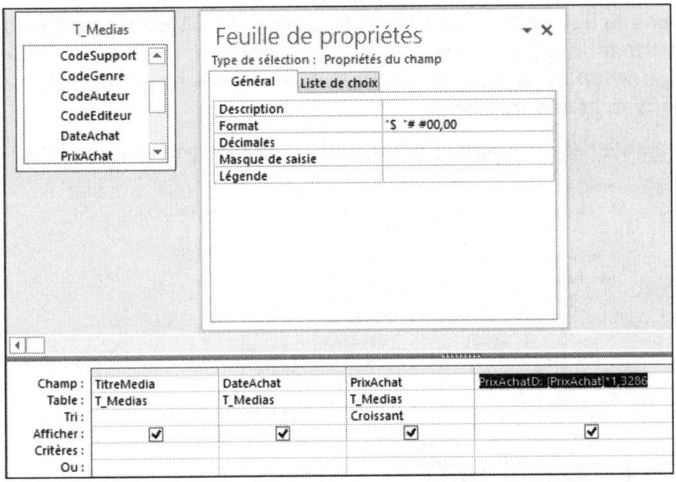

Figure 4.20 : Création d'un champ calculé dans la requête R_MediasPrixDollars

Effectuer des calculs par groupes de données

La fonctionnalité abordée maintenant permet d'effectuer des calculs sur un regroupement de données. Par exemple, vous souhaitez connaître le montant total des achats de médias par support. Cela répond à la question : "Combien ai-je dépensé en CD, en DVD, en livres, etc. ?"

Pour cela, créez une nouvelle requête basée sur les tables *T_Medias* et *T_Supports*. Elle doit permettre de connaître :

- Le montant des achats effectués par support.
- Le nombre de médias possédés par support.

Dans la grille d'interrogation, ajoutez les champs *IntituleSupport* de la table *T_Supports* puis *TitreMedia* et *PrixAchat* de la table *T_Medias*. Attribuez un tri croissant sur le champ *Intitule Support*. Sauvegardez la requête sous le nom *R_Achats MediasParSupport*.

Pour finir la requête, suivez les instructions suivantes :

1. Cliquez sur le contrôle **Totaux** du groupe **Afficher /Masquer**. Dans la grille d'interrogation, une nouvelle ligne nommée *Opération* apparaît sous la ligne *Table*. Elle contient, sous chaque champ, l'information *Regroupement*.
2. Dans la ligne *Opération*, sous le champ *TitreMedia*, choisissez la fonction *Compte* dans la liste déroulante, et dans la ligne *Opération* du champ *PrixAchat*, choisissez la fonction *Somme* dans la liste déroulante.
3. Exécutez et enregistrez la requête, puis fermez cette requête.

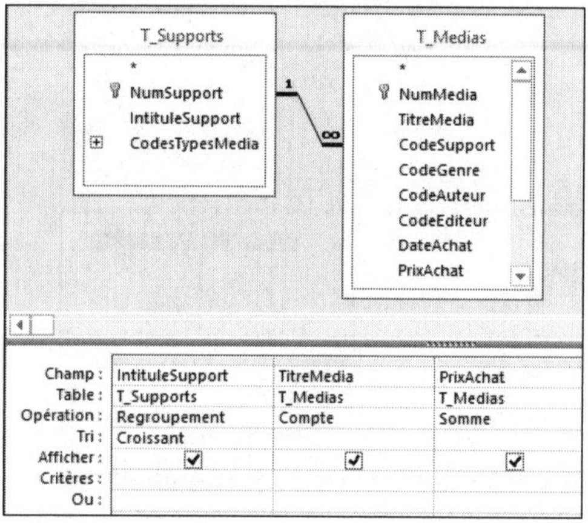

Figure 4.21 : Structure de la requête R_AchatsMediasParSupport

ASTUCE

Compter les enregistrements contenus dans un groupe

La fonction *Compte* permet de dénombrer tous les enregistrements d'un groupe. De plus, elle s'applique non seulement aux champs de type *Numérique* mais également à ceux de type *Texte court*.

Créer une requête paramétrée

Une requête paramétrée est une requête qui, à chaque exécution, demande un complément d'information à l'utilisateur. Cette requête pose une question et renvoie les enregistrements correspondant à la réponse formulée. C'est une autre façon de limiter les enregistrements au lancement d'une requête.

Reprenons l'exemple traité à la page 210, concernant la requête *R_ListeLivres*. Plutôt que de construire plusieurs requêtes (une affichant la liste des CD, une autre, la liste des livres, et ainsi de suite pour chaque support), vous allez créer une seule requête permettant d'afficher successivement les données souhaitées. Pour cela :

1. Ouvrez la requête *R_ListeLivres* en mode Création. Supprimez le critère posé sur le champ *IntituleSupport*.
2. Dans la ligne *Critères* du champ *IntituleSupport*, tapez `[Saisissez le libellé du support souhaité]`. N'omettez pas les crochets. Validez en appuyant sur la touche ↵ du clavier.
3. Exécutez la requête.

   La boîte de dialogue **Entrer une valeur de paramètre** s'affiche.
4. Saisissez le support dont vous souhaitez visualiser les médias, par exemple `LIVRE`. Cliquez sur le bouton OK.

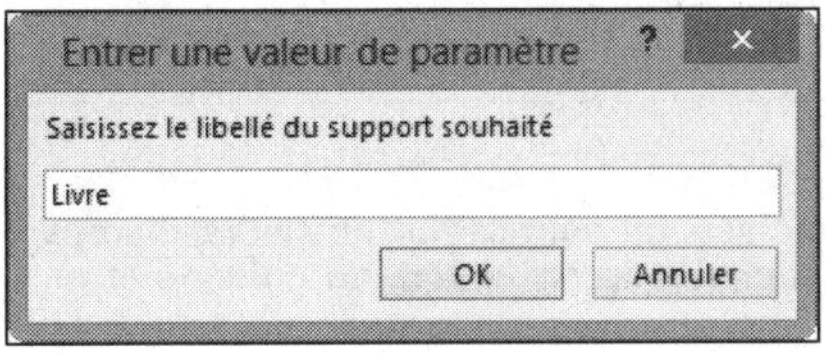

Figure 4.22 : Boîte de dialogue d'une requête paramétrée

   Les enregistrements du support *Livre* apparaissent dans la fenêtre en mode Feuille de données.
5. Fermez cette requête et renommez-la *R_ListeMediasPar Support*.
6. À présent, vous pouvez relancer la requête autant de fois que vous le souhaitez. À chaque exécution, la boîte de dialogue s'affiche, attendant la saisie du critère.

Créer une requête analyse croisée

Les requêtes analyse croisée permettent de créer des tableaux synthétiques. Si vous connaissez Excel, cette requête ressemble beaucoup aux tableaux croisés dynamiques.

Vous allez construire une requête permettant de connaître le nombre de livres détenus par genre et par éditeur. Procédez ainsi :

1. Créez une nouvelle requête basée sur les tables *T_Genres*, *T_Editeurs* et *T_Medias*. Ajoutez les champs *LibelleGenre*, *NomEditeur* et *TitreMedia*.
2. Dans l'onglet contextuel **Créer** sous l'onglet **Outils de requête**, cliquez sur le contrôle **Analyse croisée** du groupe **Type de requête**.

   Deux nouvelles lignes *Opération* et *Analyse* apparaissent dans la grille d'interrogation. La ligne *Analyse* indique où les données de chaque champ seront positionnées dans le tableau final :

   - Dans la première colonne du tableau, c'est l'option *En-tête de ligne*.
   - Dans la première ligne du tableau, c'est l'option *En-tête de colonne*.
   - Dans le reste du tableau, c'est l'option *Valeur*.

> REMARQUE
>
> **Règle à respecter**
>
> Dans une requête analyse croisée, on peut définir plusieurs champs en en-tête de ligne, mais un seul champ en en-tête de colonne et en valeur.

   La ligne *Opération* indique le type de calcul à attribuer à chaque champ. En principe, les champs *En-tête de ligne* et *En-tête de colonne* sont affectés de l'option *Regroupement*. Pour le champ *Valeur*, une fonction parmi celles proposées doit lui être attribuée (*Somme, Moyenne, Min, Max, Compte, StDev* correspond à la fonction *Ecart type, Var, Premier, Dernier, Expression* et *Où*).

3. Dans la ligne *Analyse* du champ *LibelleGenre*, sélectionnez *En-tête de ligne*. Dans la ligne *Analyse* du champ *NomEditeur*,

sélectionnez *En-tête de colonne*. Enfin, dans la ligne *Analyse* du champ *TitreMedia*, sélectionnez *Valeur*.

4. Dans la ligne *Opération* du champ *LibelleGenre*, conservez *Regroupement*. Dans la ligne *Opération* du champ *NomEditeur*, conservez *Regroupement*. Enfin, dans la ligne *Opération* du champ *TitreMedia*, sélectionnez *Compte*.
5. Exécutez la requête selon la méthode de votre choix.
6. Sauvegardez la requête sous le nom *R_NBMediasParGenreEt Editeur*.
7. Basculez de nouveau en mode Création.

   Vous allez améliorer le résultat en ajoutant un champ calculé. Ce champ indiquera le total des médias détenus par genre.
8. Dans la ligne *Champ* de la quatrième colonne (actuellement vide), saisissez le nom du champ calculé suivi du nom du champ sur lequel s'effectue le calcul : `Total:TitreMedia`.
9. Dans la ligne *Analyse* de ce champ, choisissez *En-tête de ligne*, et dans la ligne *Opération*, sélectionnez la fonction *Compte*.

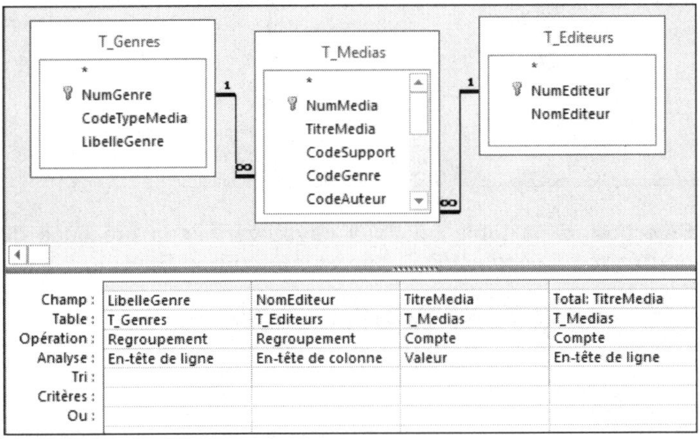

Figure 4.23 : Structure de la requête R_NBMediasParGenreEtEditeur

10. Exécutez la requête. La colonne *Total* apparaît après la colonne *LibelleGenre*.
11. Sauvegardez et fermez cette requête.

Utiliser l'Assistant Trouver les doublons

Il se peut que vous ayez saisi par inadvertance deux fois ou même davantage le même média dans la table *T_Medias*. Ce n'est pas toujours facile de repérer ce type d'erreur. Aussi, encore une fois, Access vient à votre secours en vous aidant à gérer ce petit souci.

Vous allez vérifier s'il existe ou pas des doublons (doublon signifie au sens large plus d'une fois ; cela peut être deux, trois ou plus) dans votre table *T_MediasV2*.

Pour une fois, vous allez créer cette requête avec un assistant. Procédez ainsi :

1.  Dans l'onglet **Créer**, cliquez sur le contrôle **Assistant Requête** du groupe **Requêtes**.
2. Dans la boîte de dialogue **Nouvelle requête**, sélectionnez *Assistant Requête trouver les doublons*. Cliquez sur le bouton OK.

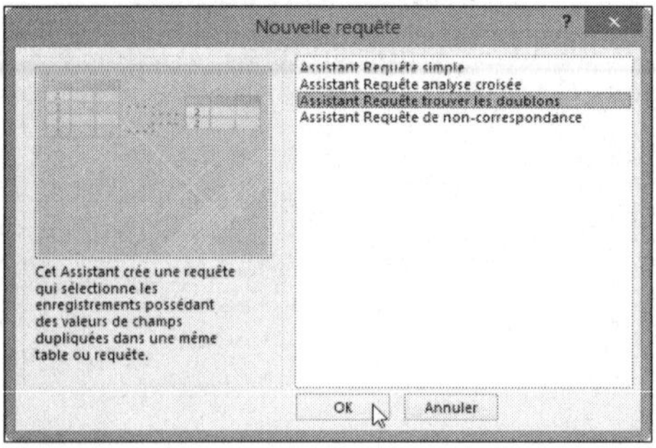

Figure 4.24 : Choix de l'assistant requête souhaité

3. Sélectionnez la table où vous devez vérifier la présence de doublons : *T_MediasV2*. Cliquez sur le bouton **Suivant**.

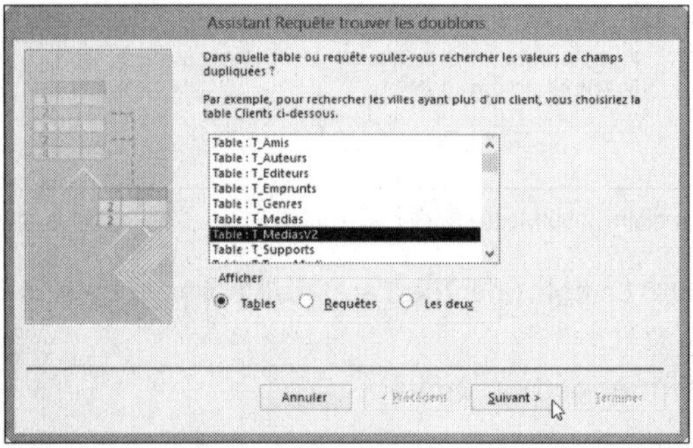

Figure 4.25 : Sélection de la table à analyser

4. Sélectionnez le champ qui peut poser problème : *TitreMedia*. Cliquez sur le bouton **Suivant**.

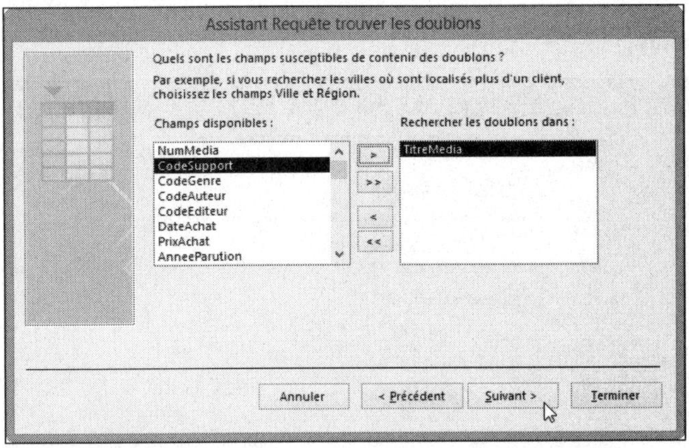

Figure 4.26 : Sélection du ou des champs susceptibles de poser problème

5. Il est prudent de sélectionner d'autres champs qui permettront de contrôler si vous avez des enregistrements réellement identiques. En effet, vous pouvez avoir saisi deux médias dont le titre est identique mais l'auteur différent. Par conséquent, sélectionnez *CodeSupport*, *CodeGenre*, *CodeAuteur*, *DateAchat* et *PrixAchat*. Cliquez sur le bouton **Suivant**.

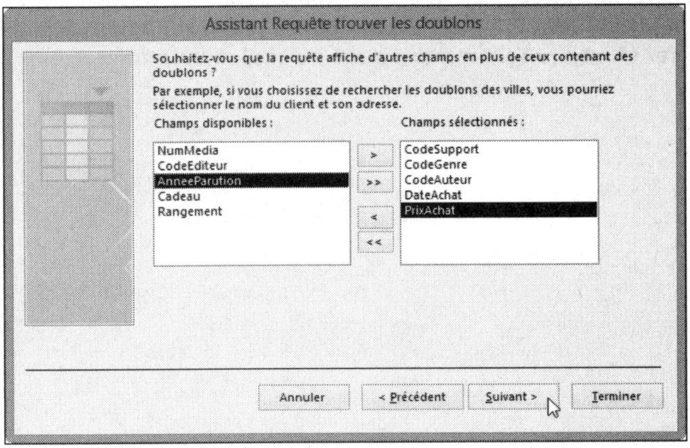

Figure 4.27 : Sélection du ou des champs permettant de compléter l'analyse

6. À la dernière étape, modifiez le nom proposé en *R_Medias EnDouble*. Cliquez sur le bouton **Terminer**.

   La requête s'exécute automatiquement et vous propose un résultat.

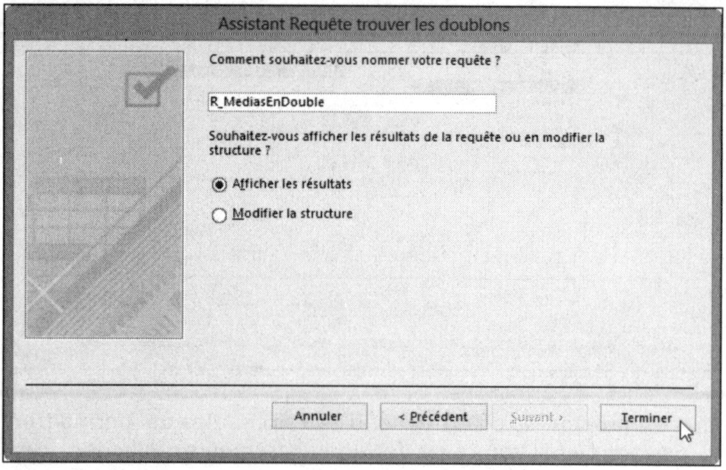

Figure 4.28 : À la dernière étape de l'assistant, attribuer un nom à la requête et choisir d'afficher les résultats immédiatement ou de fignoler la requête en mode Création

7. Vous pouvez faire directement "votre ménage" dans cette requête. Supprimez donc les enregistrements en double s'il en existe. Cette requête pourra vous servir ponctuellement afin de vérifier si un enregistrement a été saisi plusieurs fois.

CRÉER ET GÉRER DES ÉTATS

Afin que vous puissiez réaliser les exemples de cet apprentissage, les bases de données de ce chapitre ont été enregistrées dans le dossier *Chapitre 5* du fichier compressé que vous pouvez télécharger sur notre site, à l'adresse www.ma-editions.com. Les résultats des manipulations effectuées dans ce chapitre se trouvent dans la base finale *ET-Médiathèque02.accdb*.

5.1. Débuter avec les états

La conception des états est très proche de la conception des formulaires. Par conséquent, vous ne devriez pas rencontrer trop de difficultés. Les états sont également appelés "rapports" car ils sont destinés à être imprimés. Comme les formulaires, ils sont dynamiques. Cela signifie que vous n'avez pas besoin de les créer de nouveau lorsque vous ajoutez, modifiez ou supprimez des données dans les tables.

Il existe plusieurs possibilités pour créer un état :

- Utiliser l'outil **État** pour créer rapidement un rapport dont la source est une table ou une requête existante. L'état est créé automatiquement, aucune question n'est posée à l'utilisateur.
- Utiliser un assistant. Au cours des étapes successives, l'utilisateur est amené à effectuer des choix sur les champs à ajouter et la disposition des champs (tabulaire, en colonne, c'est-à-dire sous forme de fiche, etc.).
- Utiliser l'outil **État** vide pour créer manuellement un rapport, sans l'aide du logiciel. Dans ce cas, il faut maîtriser les propriétés des états et des contrôles qui le composent. Cet outil est intéressant si vous envisagez de n'insérer que quelques champs d'une table ou d'une requête dans un état.

Créer rapidement un état

Pour votre premier état, vous utiliserez l'outil **État**. Il offre l'avantage de créer rapidement un rapport. En revanche, la présentation n'est pas très élaborée, et cet état ne met pas en œuvre toutes les possibilités d'Access. Les états rapides existent uniquement sous forme de tableau.

Réalisez un état présentant la liste des auteurs. Pour cela :

1. Ouvrez la base de données *ET-Médiathèque01.accdb*.
2. Dans le volet de navigation, sélectionnez la table *T_Auteurs*.
3. Dans l'onglet **Créer**, cliquez sur le contrôle **Etat** du groupe **Etats**.

L'état est créé immédiatement et affiche le résultat en mode Page.

Découvrir les différents modes d'affichage

Access propose quatre modes d'affichage :

- Mode État : ce mode vous permet de visualiser les données telles qu'elles seront imprimées. Toutefois, vous ne pouvez pas modifier l'agrandissement ou la réduction (options de zoom) du document et obtenir ainsi une vue générale d'une page de l'état. Si votre état comporte plusieurs colonnes, vous n'en visualiserez qu'une seule en mode État (c'est le cas des états étiquettes).
- Mode Page : c'est un mode utilisé pour effectuer des modifications dans l'état. Cet affichage permet de visualiser le contenu des champs tout en apportant les améliorations souhaitées. Contrairement au mode État ou Aperçu avant impression, vous ne visualisez pas tous les éléments, tels que les sauts de page. C'est un mode très pratique pour effectuer des changements.
- Mode Création : c'est le deuxième mode utilisé pour créer ou modifier la présentation de l'état. Comme pour les formulaires, tous les éléments composant un état s'appellent des "contrôles". Comme en mode Page, vous pouvez ajouter de nouveaux contrôles, les supprimer, les déplacer ou les redimensionner. Certaines manipulations sont plus simples à réaliser en mode Création qu'en mode Page, telles que la modification de la propriété source contrôle ou encore l'ajout de certains contrôles.
- Aperçu avant impression : c'est le mode qui vous permet de visualiser le résultat exactement tel qu'il sera imprimé, avec la possibilité d'utiliser les fonctionnalités du zoom ou encore de visualiser toutes les colonnes d'un état s'il en comporte plus d'une.

Pour naviguer entre ces quatre modes d'affichage, utilisez la barre située en bas et à droite de l'écran dans la barre d'état.

Si vous êtes en Aperçu avant impression, pour quitter ce mode, cliquez sur le contrôle **Fermer l'aperçu avant impression** du groupe **Fermer l'aperçu**. Dans ce cas, vous revenez directement sur le mode précédemment sélectionné.

Pour basculer entre les quatre modes d'affichage, vous pouvez également :

- Cliquer directement sur l'outil **Affichage** situé dans le groupe **Affichages** de l'onglet **Accueil**, si l'icône correspond au mode d'affichage souhaité.
- Ou cliquer sur le bouton fléché situé en dessous de l'outil **Affichage**, puis sélectionner dans la liste le mode souhaité.

Enregistrer un état

Après la création de la structure de l'état, vous devez le sauvegarder, comme les autres objets. Procédez ainsi :

1. Cliquez sur l'outil **Enregistrer** de la barre d'outils *Accès rapide*.

   Si l'état a déjà été enregistré une fois (il est déjà nommé), les modifications sont automatiquement prises en compte, sans autre demande particulière.

2. En revanche, si vous enregistrez l'état pour la première fois, la boîte de dialogue **Enregistrer sous** s'affiche. Acceptez le nom proposé par Access ou saisissez-en un nouveau, puis cliquez sur le bouton OK. Nommez l'état précédemment créé *E_ListeAuteurs*.

REMARQUE

Nom d'un état

N'oubliez pas de faire précéder le nom de l'état des caractères *E_*.

Fermer un état

1. Positionnez-vous dans l'état à fermer.
2. Cliquez sur la case *fermer* de l'onglet de document actif.

Si aucune modification de structure n'a été apportée à l'état, celui-ci est fermé.

En revanche, si des modifications sur la structure de l'état ont été effectuées, un message demandant de confirmer ces changements apparaît. À vous de choisir si vous acceptez ces transformations.

Fermez l'état *E_ListeAuteurs* et acceptez les changements éventuels.

Renommer un état

Vous allez renommer l'état *E_ListeAuteurs* en *E_Auteurs*. Pour cela :

1. Assurez-vous que l'état est fermé.
2. Dans le volet de navigation, cliquez du bouton droit sur l'état à renommer. Choisissez l'état *E_ListeAuteurs*.
3. Dans le menu contextuel, sélectionnez la commande **Renommer**.

   Le nom de l'état apparaît en surbrillance.
4. Saisissez directement au clavier le nouveau nom : `E_Auteurs`.
5. Validez en appuyant sur la touche [↵] de votre clavier.

Ouvrir un état pour le modifier

Tant que vous serez dans la phase de conception de votre application, vous aurez souvent besoin de modifier la structure des différents états. Aussi, vous devrez obligatoirement ouvrir l'état en mode Création ou en mode Page. Ce sont les seuls modes disponibles pour effectuer les modifications. Procédez ainsi :

1. Dans le volet de navigation, déroulez le groupe **Etats**.
2. Effectuez un clic droit sur l'état à ouvrir.
3. Pour ouvrir l'état :
   - En mode Création, activez la commande **Mode création** du menu contextuel.
   - En mode Page, activez la commande **Mode Page** du menu contextuel.

Ouvrir un état en mode État

Afin de visualiser un état déjà créé tel qu'il sera imprimé ou presque :

1. Dans le volet de navigation, déroulez le groupe **Etats**.
2. Double-cliquez sur l'état souhaité, par exemple *E_Auteurs*.

Utiliser les options du zoom

La fonction **Zoom** permet d'adapter la taille de l'état dans l'écran aux dimensions souhaitées par l'utilisateur. Cette taille s'exprime en pourcentage de la taille initiale.

Cette fonction s'utilise en mode Aperçu avant impression. Voici les possibilités offertes par Access :

-  Si vous souhaitez visualiser la totalité de la page d'un état, positionnez votre pointeur n'importe où dans la page. Ce pointeur prend la forme d'une loupe contenant le signe -. Cliquez. La page apparaît dans son ensemble.
-  Pour réduire la page, positionnez le pointeur sur la partie à zoomer. Le pointeur prend maintenant la forme d'une loupe contenant le signe **+**. Cliquez.
- Vous pouvez aussi visionner plusieurs pages à l'écran en utilisant les outils suivants :

Tableau 5.1 : Liste des outils permettant l'affichage d'une ou plusieurs pages d'un état

Icône	Signification
	Outil **Une page** : il affiche une seule page à l'écran.
	Outil **Deux pages** : il affiche 2 pages à l'écran.
	Outil **Plus de pages** : il affiche de 4 à 12 pages simultanément à l'écran.

- Enfin, vous pouvez définir vous-même le pourcentage à appliquer. Dans la barre d'état, cliquez dans la barre de zoom. Glissez le curseur vers la droite pour effectuer un zoom avant ou vers la gauche pour effectuer un zoom arrière. Vous pouvez également utiliser les symboles + et - pour affiner le pourcentage du zoom.

Figure 5.1 : Utilisation de la barre de zoom

Se déplacer entre les différentes pages d'un état

Pour vous déplacer rapidement de page en page, utilisez la barre de déplacement située en bas à gauche de l'état. Cette barre fonctionne de la même façon que la barre de déplacement entre enregistrements dans un formulaire.

Modifier la mise en page

Avant d'imprimer un état, pensez à vérifier et à modifier le cas échéant la mise en page. Cela concerne les marges, l'orientation, le multicolonnage, etc., de l'état. Les options de mise en page sont accessibles dans l'onglet **Mise en page** en mode Création ou en mode Page sous l'onglet contextuel **Outils de création d'état**.

Pour accéder à l'ensemble des options proposées par Access, cliquez sur le contrôle **Mise en page** du groupe **Mise en page**.

La boîte de dialogue **Mise en page** s'ouvre et propose trois onglets :

- **Options d'impression** : vous permet de modifier la dimension des marges. Faites attention, car les mesures sont exprimées en millimètres et non en centimètres, comme vous en avez souvent l'habitude.

  Si vous cochez l'option *Données seulement*, seules les informations variables (les données stockées) s'imprimeront. Cette option est intéressante quand vous imprimez sur des formulaires préimprimés où les intitulés figurent déjà (voir fig. 5.2).
- **Page** : c'est dans cet onglet que vous pouvez modifier l'orientation, la taille du papier ou choisir une autre imprimante (voir fig. 5.3).

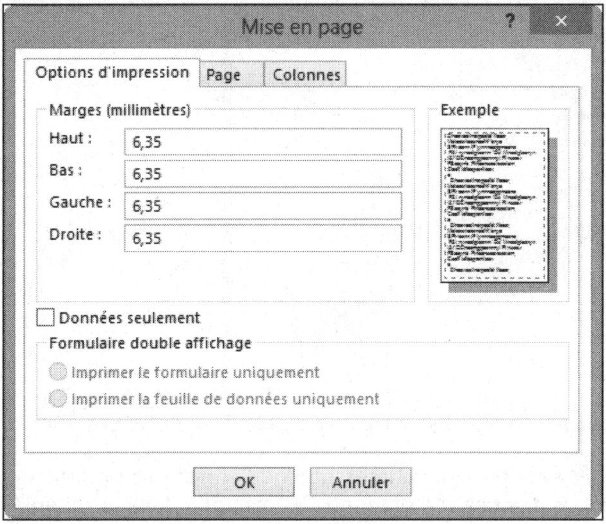

Figure 5.2 : Boîte de dialogue Mise en page, onglet Options d'impression

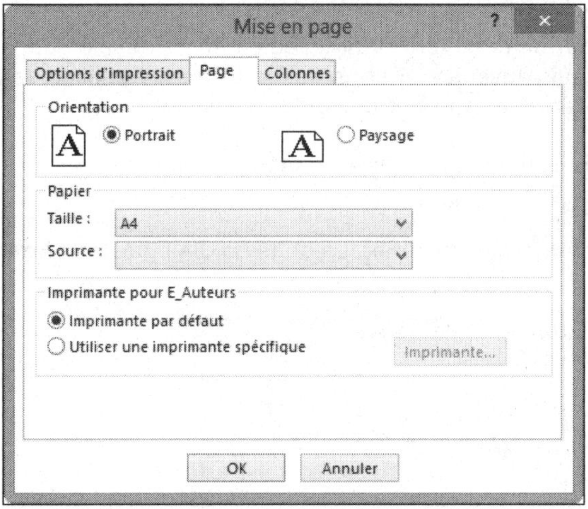

Figure 5.3 : Boîte de dialogue Mise en page, onglet Page

- **Colonnes** : vous permet de concevoir des états multicolonnes. Toutes les options nécessaires à la configuration d'un tel état se trouvent dans cet onglet.

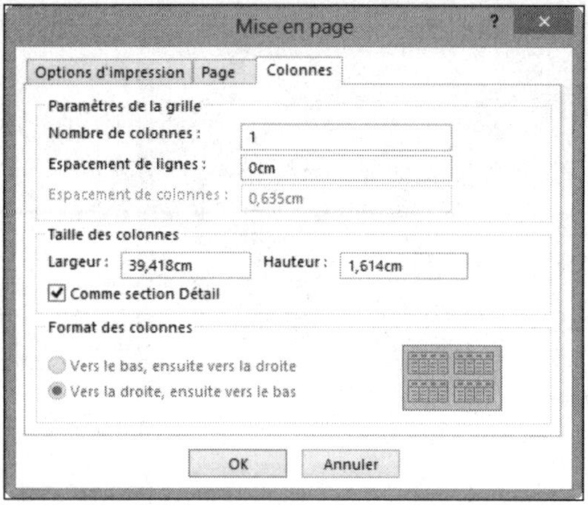

Figure 5.4 : Boîte de dialogue Mise en page, onglet Colonnes

Comme vous avez pu le constater, quelques-unes des options décrites ci-dessus disposent d'un contrôle raccourci dans le ruban.

Définir des options d'impression

Avant d'imprimer un état, vérifiez non seulement la mise en page du document mais aussi les options de l'imprimante utilisée, les pages à imprimer ou le nombre de copies à réaliser.

Pour définir des options d'impression, procédez ainsi :

1. Cliquez sur l'onglet **Fichier**.
2. Activez la commande **Imprimer**. La boîte de dialogue **Imprimer** apparaît.

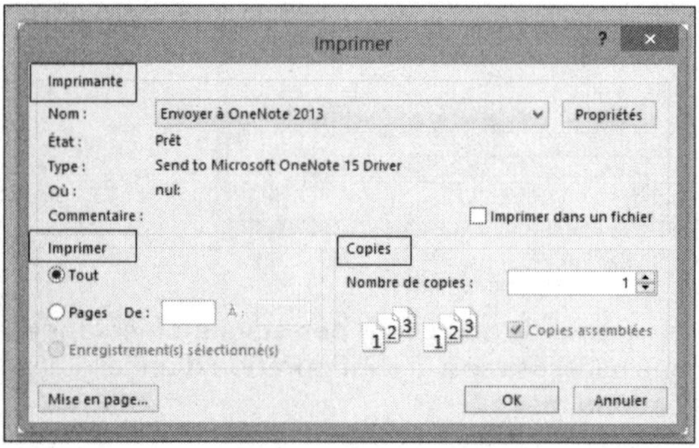

Figure 5.5 : Description de la boîte de dialogue Imprimer

Décrivons les éléments de cette boîte de dialogue :

– Rubrique *Imprimante* : choisissez l'imprimante à utiliser. En principe, vous ne devez pas avoir à changer très souvent.

– Rubrique *Imprimer*. Trois choix vous sont offerts :

- *Tout* : toutes les pages de l'état sont imprimées.
- *Pages de... à...* : seulement certaines pages de l'état sont imprimées. Indiquez le numéro de la première page à imprimer dans la rubrique *De* et le numéro de la dernière page à imprimer dans la rubrique *A*. Malheureusement, vous ne pourrez imprimer que des pages qui se suivent (impossible d'imprimer les pages 5, 10 et 15, comme vous avez peut-être l'habitude de le faire dans Word).
- *Enregistrement(s) sélectionné(s)* : cette option permet d'imprimer uniquement les enregistrements sélectionnés dans une feuille de données ou un formulaire, lorsque vous imprimez des données issues d'une table, d'une requête ou d'un formulaire. Elle est grisée pour l'impression d'un état.

– Rubrique *Copies* :

- Sous-rubrique *Nombre de copies* : c'est le nombre de documents identiques que vous désirez imprimer. Cela vous évite de faire des photocopies ensuite.
- Sous-rubrique *Copies assemblées* : généralement, cette case à cocher n'est pas disponible. Elle le devient lorsque vous imprimez plus d'une copie du document.

Tableau 5.2 : Choisir entre copies assemblées ou non

Image	Signification
	Le premier exemplaire de l'état (il comprend 1, 2 ou plus de pages) s'imprimera en totalité, puis le deuxième, le troisième, etc.
	La première page de l'état sera imprimée en autant de copies que demandé, de même pour la deuxième page, et ainsi de suite jusqu'à la dernière. Cette deuxième option n'est pas très efficace car il vous faudra ensuite trier les pages pour reconstituer chaque exemplaire au complet. Cette option peut présenter un intérêt si vous souhaitez distribuer votre document page par page à un ensemble de personnes, ou changer de papier pour chaque page par exemple.

– Bouton **Propriétés** : utile pour modifier la qualité d'impression, le type de papier utilisé, etc. Le contenu de la boîte de dialogue qui s'affiche est fonction de l'imprimante que vous possédez.

– Bouton **Mise en page** : un clic sur ce bouton fait apparaître la boîte de dialogue **Mise en page**, restreinte aux deux onglets **Options d'impression** et **Colonnes**.

Si la boîte de dialogue **Imprimer** est toujours ouverte, cliquez sur le bouton **Annuler** pour la fermer, ou passez à la section suivante.

Imprimer un état

Une fois tous les contrôles de mise en page et d'options d'impression définis, il vous reste à imprimer l'état. Pour imprimer un état, diverses solutions sont disponibles. Nous n'en citerons qu'une seule, l'objectif dans cette section n'étant pas de recenser toutes les possibilités d'impression offertes par Access. Que l'état soit ouvert ou fermé, procédez ainsi :

1. Dans le volet de navigation, faites un clic du bouton droit sur l'état à imprimer.
2. Activez la commande **Imprimer**. L'impression se réalise immédiatement.

Créer un état à l'aide de l'Assistant État

Contrairement à l'outil **État**, l'Assistant État propose des choix (en matière de champs à inclure, de disposition des champs, de regroupement des données, etc.) dans la conception de l'état. C'est la méthode que nous préconiserons désormais, la création d'un état en instantané présentant des options trop restrictives.

Vous allez créer un état présentant la liste des médias que vous possédez et dont les champs affichés seront le titre du média, son support, son auteur, son éditeur, sa date et son prix d'achat. Procédez ainsi :

1. Sélectionnez l'onglet **Créer**.
2.  Dans le groupe **Etats**, cliquez sur le contrôle **Assistant Etat**.
3. Sélectionnez d'abord la table *T_Medias*, puis ajoutez successivement, par un double-clic, les champs *TitreMedia*, *DateAchat* et *PrixAchat*. Sélectionnez ensuite la table *T_Supports* et

double-cliquez sur le champ *IntituleSupport*. Puis sélectionnez la table *T_Auteurs* et double-cliquez sur le champ *NomAuteur*. Enfin, sélectionnez la table *T_Editeurs* et double-cliquez sur le champ *NomEditeur*. Cliquez sur le bouton **Suivant**.

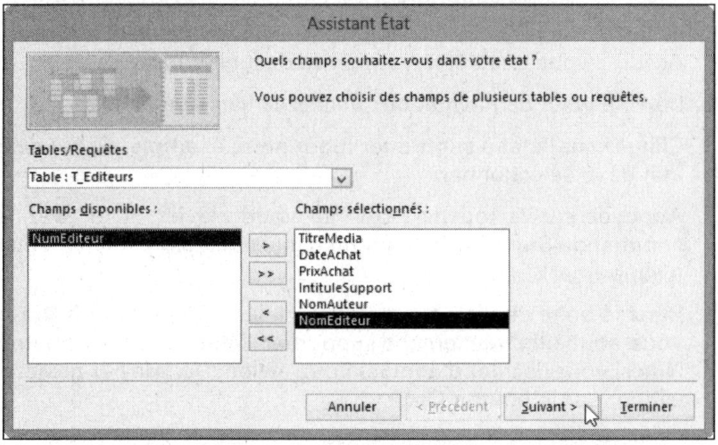

Figure 5.6 : Choix des tables et des champs à insérer

4. La deuxième étape permet de définir un premier niveau de regroupement. Vous n'allez pas effectuer un regroupement pour le moment, aussi cliquez sur le bouton **Suivant**.
5. La troisième étape permet de définir de nouveau un ou plusieurs niveaux de regroupement. Nous n'étudierons pas dans cet ouvrage les niveaux de regroupement. Par conséquent, cliquez sur le bouton **Suivant**.
6. Définissez un ordre de tri croissant sur le champ *TitreMedia*, puis cliquez sur le bouton **Suivant**.

   L'étape suivante permet de définir la présentation de l'état.
7. Acceptez la présentation *Tabulaire* et cliquez sur le bouton **Suivant**.
8. Dans la dernière étape, saisissez le nom de l'état : `E_Medias AuteursEditeurs`. Cliquez sur le bouton **Terminer**.

   L'état apparaît en mode Aperçu avant impression. Il reste quelques améliorations à apporter, mais l'ensemble est déjà très satisfaisant.
9. Fermez cet état.

Supprimer un état

Quand un état ne correspond plus à vos attentes, il convient de le supprimer afin de ne pas alourdir la base de données d'objets inutiles. Vous allez supprimer l'état *E_Auteurs* qui n'a finalement aucune utilité. Pour cela :

1. Assurez-vous que l'état à supprimer est bien fermé.
2. Dans le volet de navigation, affichez la liste des états.
3. Cliquez sur l'état à supprimer (pour notre exemple, *E_Auteurs*) afin de le sélectionner.
4. Appuyez sur la touche [Suppr] de votre clavier ou activez la commande **Supprimer** du menu contextuel (clic droit sur l'état à supprimer).
5. Dans la boîte de dialogue affichée, cliquez sur le bouton **Oui** si vous souhaitez réellement supprimer l'état ou sur le bouton **Non** si vous décidez d'annuler votre action. Dans le cas présent, cliquez sur le bouton **Oui**.

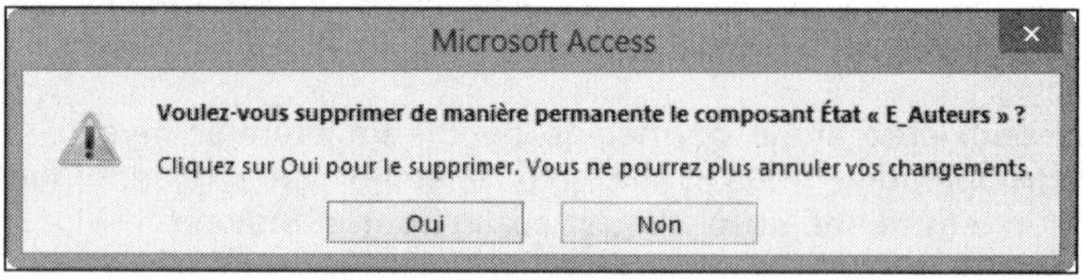

Figure 5.7 : Confirmation de suppression d'un état

5.2. Personnaliser un état

Découvrir les différentes possibilités de personnalisation

La personnalisation des états a beaucoup de points communs avec la personnalisation des formulaires. Vous retrouverez de nombreuses propriétés déjà identifiées dans les formulaires (en complément de ce paragraphe, reportez-vous à la page 154). Cette personnalisation peut porter sur :

- La source d'enregistrement : elle correspond aux tables ou requêtes sur lesquelles l'état est construit.

- Les sections : vous pouvez ajouter, modifier, supprimer ou simplement redimensionner les différentes sections qui composent l'état.
- Les contrôles : vous pouvez redimensionner, déplacer, ajouter, supprimer ou modifier les propriétés des contrôles à l'aide des outils de mise en forme comme dans les formulaires. Il est également possible d'ajouter des contrôles calculés.
- Les tris et regroupements de données.
- Les propriétés générales liées à l'état, comme la modification de la légende lors de l'affichage de l'état, l'affichage dans une fenêtre indépendante ou modale, l'affichage des boutons **Fermer**, **MinMax**, etc.

Rappelons que pour afficher les propriétés d'un état, il vous suffit de double-cliquer sur le sélecteur d'état placé en haut à gauche de la fenêtre.

Comprendre et modifier les différentes sections d'un état

Un état en mode Création ressemble beaucoup à un formulaire. Il est également divisé en plusieurs sections. Chaque section est précédée d'une barre de titre contenant le nom de cette section.

- La section *En-tête état* : elle est imprimée uniquement en haut de la première page d'un rapport. Elle contient le titre de l'état et éventuellement quelques contrôles graphiques (trait, rectangle ou image).
- La section *En-tête de page* : son contenu est imprimé en haut de chaque page du document, y compris sur la première page.
- La section *Détail* : elle contient les champs sélectionnés lors de la création de l'état. Bien entendu, il est possible, en fonction de la situation, de positionner certains champs dans une autre section.
- La section *Pied de page* : elle est imprimée en bas de chaque page du rapport, y compris en bas de la dernière page. Elle peut contenir le numéro de page, la date du jour et éventuellement quelques éléments graphiques.

- La section *Pied état* : son contenu est imprimé uniquement sur la dernière page du rapport. Elle contient souvent des champs calculés tels que des totaux.

À ces sections, toutes facultatives à part la section *Détail*, peuvent s'ajouter des sections *En-tête de groupe* et *Pied de groupe*. Ces dernières apparaissent lorsque vous créez des états de regroupement. Chaque groupe créé dispose d'une section *En-tête de groupe* et d'une section *Pied de groupe*.

ASTUCE

Sélectionner une section

Cliquez sur son nom ou à l'intérieur de cette section.

ASTUCE

Afficher ou masquer une section (autre que la section Détail)

- Pour les sections *En-tête* et *Pied de page*, faites un clic du bouton droit dans une des sections affichées et cliquez sur le contrôle **En-tête et pied de page**.
- Pour les sections *En-tête* et *Pied état*, cliquez du bouton droit dans une des sections affichées, puis cliquez sur le contrôle **En-tête/pied de rapport**.

Insérer un numéro de page

En principe, lorsque vous utilisez les assistants pour élaborer des états, les numéros de page sont automatiquement insérés.

1. Ouvrez l'état *E_MediasAuteursEditeurs* en mode Création. Commencez par modifier le titre en *Liste des médias possédés* et centrez-le.
2. Sélectionnez le champ contenant déjà le numéro de page et supprimez-le.
3. Positionnez-vous dans n'importe quelle section de l'état.
4. Sélectionnez l'onglet **Création** sous l'onglet contextuel **Outils de création d'état**.
5. Dans le groupe **En-tête/pied de page**, cliquez sur le contrôle **Numéros de page**.

   La boîte de dialogue **Numéros de page** s'ouvre.

6. Cochez successivement les options *Page N sur M* et *Bas de page [Pied de page]*, puis sélectionnez un alignement à *Droite*. Cliquez sur le bouton OK.

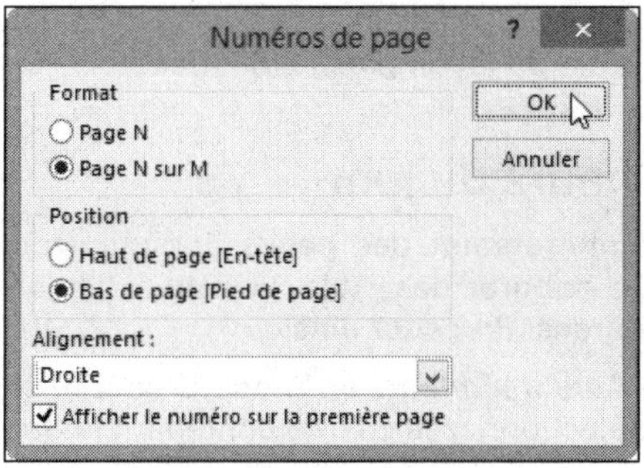

Figure 5.8 : Boîte de dialogue Numéros de page

Décrivons les éléments de cette boîte de dialogue :

– Dans la rubrique *Format* :

- *Page N* insère le numéro de la page en cours précédé de la mention "Page". Vous verrez par exemple : Page 1, Page 2, etc.
- *Page N sur M* insère le numéro de la page en cours et le nombre total de pages dans le rapport, précédés de la mention "Page", selon le modèle suivant : Page 1 sur 10, Page 4 sur 10.

– Dans la rubrique *Position* :

- *Haut de page [En-tête]* signifie que la numérotation sera insérée dans l'en-tête de page du rapport.
- *Bas de page [Pied de page]* signifie que la numérotation sera insérée dans le pied de page du rapport.

En principe, une numérotation se positionne plutôt en pied de page.

– Dans la rubrique *Alignement*, choisissez l'option qui vous convient (*Gauche*, *Centrer*, *Droite*, etc.). Vous pourrez toujours changer l'alignement par la suite car la numérotation insérée est un champ calculé.

– Dans la rubrique *Afficher le numéro sur la première page*, cochez ou décochez cette case selon que vous souhaitez voir apparaître ou non le numéro dans la première page du rapport. Si la première page sert de couverture, elle n'est pas numérotée.

7. Cliquez sur le bouton OK.

Il reste à présenter ce contrôle de façon plus esthétique.

Insérer la date et l'heure du jour

De même que pour la numérotation des pages, lorsque vous utilisez les assistants pour élaborer des états, la date et l'heure sont automatiquement insérées. Procédez ainsi :

1. Ouvrez l'état *E_MediasAuteursEditeurs* en mode Création, s'il n'est pas déjà ouvert. Sélectionnez le champ contenant la date et supprimez-le.
2. Positionnez-vous dans n'importe quelle section de l'état.
3. Sélectionnez l'onglet **Création** sous l'onglet contextuel **Outils de création d'état**.
4. Dans le groupe **En-tête/pied de page**, cliquez sur le contrôle **Date et heure**.
5. Laissez la case *Inclure la date* cochée et l'option *Date* sous sa forme complète. En revanche, décochez la case *Inclure l'heure*. Cliquez sur le bouton OK.

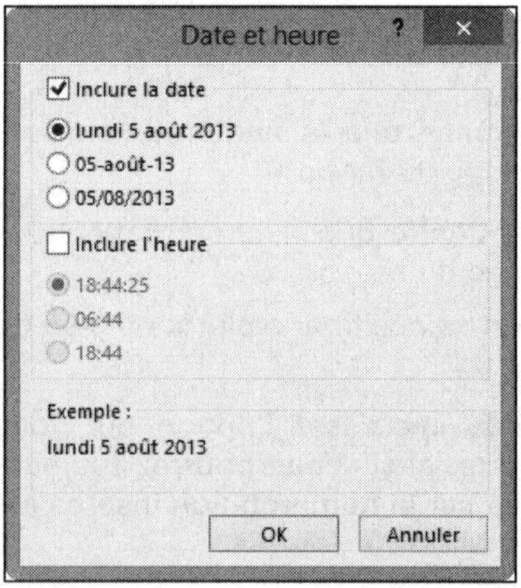

Figure 5.9 : Boîte de dialogue Date et heure

La date est insérée automatiquement dans la section *En-tête état*.

– Si cette section n'est pas affichée, elle est automatiquement créée.

– Si l'emplacement ne vous convient pas, vous pouvez déplacer ce contrôle à l'endroit désiré. Déplacez le contrôle dans la section *Pied de page*, à l'endroit où vous l'aviez supprimé.

Insérer un saut de page

Lorsque vous éditez un rapport, il est appréciable de créer une couverture en première page. Vous allez utiliser l'en-tête d'état pour réaliser cela. Procédez ainsi :

1. Ouvrez l'état *E_MediasAuteursEditeurs* en mode Création, s'il n'est pas déjà ouvert.
2. Agrandissez la section *En-tête état* de façon à ce qu'elle ait la dimension d'une feuille A4 en hauteur (environ 27 cm).
3. Positionnez manuellement le titre au centre de cette feuille (centrage vertical et horizontal).
4. Sélectionnez l'onglet **Création** sous l'onglet contextuel **Outils de création d'état**.
5.  Dans le groupe **Contrôles**, cliquez sur le contrôle **Insérer un saut de page**. Le pointeur se transforme en une page blanche accompagnée du signe **+**.
6. Cliquez en bas à gauche de la section *En-tête état*. Le saut de page est représenté par trois points.

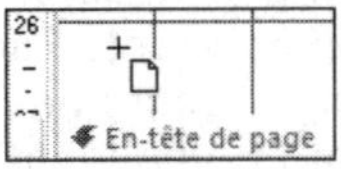

Figure 5.10 : Positionnement d'un saut de page

7. Passez en mode Aperçu avant impression pour visualiser le résultat.
8. Sauvegardez et fermez l'état.

Trier des données

Dans un état comme dans tous les autres objets, le tri s'effectue en priorité sur le champ clé primaire. Ce tri peut être modifié lorsque vous utilisez l'assistant. Souvenez-vous, une étape était réservée au choix du champ sur lequel effectuer le tri. Une fois l'état terminé, vous avez encore la possibilité de modifier les tris existants. Procédez ainsi :

1. Ouvrez l'état souhaité, par exemple *E_MediasAuteursEditeurs*, en mode Création.
2. Sélectionnez l'onglet **Création** sous l'onglet contextuel **Outils de création d'état**.
3.  Dans le groupe **Regroupement et totaux**, cliquez sur le contrôle **Regrouper et trier**.

   Le volet **Regrouper, trier et total** s'affiche. Dans ce volet, un champ est déjà désigné comme clé de tri (c'est le champ *TitreMedia* pour notre exemple).

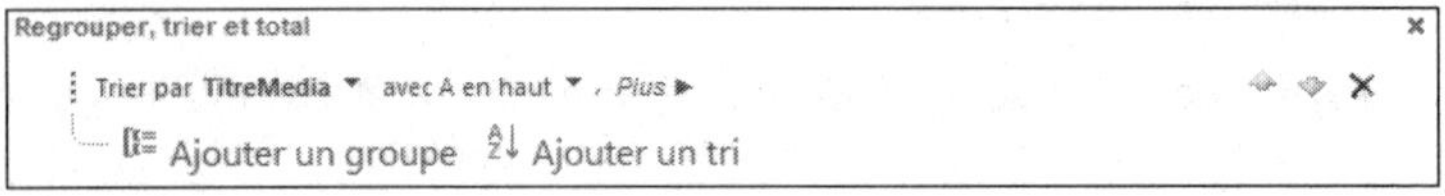

Figure 5.11 : Volet affichant le tri appliqué

Ajoutons trois informations sur ce volet :

- La ligne *Trier par* accepte que le tri s'effectue soit sur un champ de la table ou de la requête source, soit sur une expression. En effet, vous pouvez mettre en place une expression qui doit toujours être précédée du signe =. Dans cet apprentissage, vous vous limiterez aux champs.
- Vous pouvez définir jusqu'à dix niveaux de tri.
- L'ordre de tri détermine si les données du champ sélectionné doivent être triées en ordre croissant ou décroissant. Par défaut, c'est toujours l'option *Croissant* qui est sélectionnée. Les termes *Croissant* ou *Décroissant* prennent un libellé différent selon le type de données triées. Par exemple, pour un champ de type *Texte*, le libellé sera *avec A en haut* pour croissant, *avec Z en haut* pour décroissant. Le choix du type de tri est modifiable. Il suffit de dérouler la liste à droite de l'inscription *Croissant* et de choisir l'option contraire. Les tris s'effectuent dans l'ordre d'apparition des champs, c'est-à-dire du haut vers le bas.

Vous n'avez pas à valider ces modifications. Elles se réalisent dès que vous sélectionnez le champ et l'ordre de tri.

Ajouter un tri

Pour ajouter une nouvelle ligne de tri :

1. Ajouter un tri Cliquez sur le contrôle **Ajouter un tri**.
2. Dans la liste proposée, sélectionnez le champ sur lequel réaliser un tri. Par exemple, choisissez le champ *DateAchat*.
3. Puis ajoutez une nouvelle ligne de tri sur le champ *NomAuteur*.

Changer le champ affecté à un tri

Si le champ choisi dans une ligne de tri ne correspond plus à votre besoin, vous pouvez changer le nom du champ sur lequel effectuer le tri.

Trier par TitreMedia Déroulez la liste située à droite du champ en place, puis sélectionnez un autre champ.

Déplacer un tri

Pour déplacer une ligne de tri afin de modifier l'ordre de tri souhaité :

1. Sélectionnez la ligne de tri à déplacer.
2. Effectuez une des deux manipulations suivantes en fonction de ce que vous souhaitez faire :
   - Pour déplacer la ligne de tri vers le haut, cliquez sur le bouton **Monter** (flèche bleue pointant vers le haut).
   - Pour déplacer la ligne de tri vers le bas, cliquez sur le bouton **Descendre** (flèche bleue pointant vers le bas).

Supprimer une ligne de tri

Pour supprimer un ordre de tri, cliquez sur le bouton **Supprimer** à l'extrême droite de la ligne de tri.

PERSONNALISER UNE APPLICATION

Pour réaliser les exemples de cet apprentissage, la base de données *PE-Médiathèque01.accdb* est nécessaire. Tous les résultats des manipulations de ce chapitre sont sauvegardés dans la base de données *PE-Médiathèque02.accdb*. Ces deux bases de données sont stockées dans le dossier *Chapitre 6* du fichier compressé que vous pouvez télécharger sur notre site, à l'adresse **www.ma-editions.com**.

6.1. Bref aperçu des macros

Une macro permet d'automatiser des actions répétitives. Elle est composée d'une suite d'instructions correspondant chacune à une opération précise. Elle libère ainsi l'utilisateur d'un travail répétitif, devenant fastidieux à la longue.

Voici une liste non exhaustive des actions pouvant être réalisées par l'intermédiaire d'une macro :

- Ouvrir un formulaire, un état, une requête que vous avez besoin d'exécuter régulièrement. Vous pourrez associer un bouton de commande à une macro et exécuter cette dernière en cliquant simplement sur le bouton.
- Contrôler la saisie dans un formulaire grâce à la mise en œuvre de formules conditionnelles. Cela minimise encore les risques d'erreurs.
- Affecter des valeurs à des champs.
- Afficher des boîtes de dialogue pour prévenir l'utilisateur d'une fausse manipulation, d'un traitement achevé, etc.
- Trier, rechercher et filtrer rapidement des enregistrements.
- Formater des données lors du lancement d'états en aperçu ou en impression.
- Exporter des données vers d'autres logiciels.

Une macro peut être déclenchée à la suite d'un clic sur un bouton de commande, d'un événement particulier intervenant dans un formulaire ou un état, d'une saisie, etc.

Access 2013 propose deux types de macros : les macros autonomes et les macros incorporées. Les macros autonomes sont des objets distincts, visibles dans le groupe **Macros** du volet de navigation. Elles peuvent être associées à plusieurs événements. En revanche, les macros incorporées sont associées à un et un seul événement d'un formulaire, d'un état ou d'un contrôle et ne sont pas visibles dans le volet de navigation.

Certaines instructions seront accessibles ou non en fonction de la manière dont est configuré l'affichage des fenêtres des objets, en mode Onglets de document ou Fenêtres superposées. Par exemple, l'action *DéplacerDimensionner* ne sera applicable qu'en mode Fenêtres superposées.

Lorsque vous exécutez une macro, les instructions enregistrées s'exécutent les unes après les autres. Avec de l'entraînement, vous verrez que la mise en place de macros est relativement intuitive.

Dans ce chapitre, nous n'aborderons que les macros incorporées. Aussi, le terme macro désignera désormais implicitement l'expression macro incorporée.

6.2. Cas pratique : créer une barre d'outils personnalisée

Les actions répétitives comme la création d'un nouvel enregistrement, sa suppression, ou encore des déplacements entre enregistrements peuvent être exécutées par le biais de boutons de commande placés dans chaque formulaire. Pour les déplacements entre enregistrements, il existe déjà une barre de boutons de déplacement située en bas du formulaire. Mais pour l'ergonomie de l'application, vous masquerez cette barre et insérerez vous-même tous les boutons de commande nécessaires au bon fonctionnement de l'application. L'ensemble de ces boutons constituera la barre d'outils de l'application *Médiathèque*.

Pour réaliser votre barre d'outils, le contrôle **Utiliser les Assistants contrôle** (dans la liste des contrôles du groupe **Contrôles** de l'onglet **Création**) devra être activé. Cette barre d'outils figurera dans tous les formulaires de l'application. Par conséquent, elle sera créée de toutes pièces une première fois dans un des formulaires. Puis, un simple copier-coller suffira pour insérer cette barre dans les autres formulaires.

Passons à la pratique.

1. Ouvrez n'importe quel formulaire en mode Création. Pour votre réalisation, ouvrez le formulaire *F_Medias* de la base de données *PE-Médiathèque01.accdb*.

   La barre que vous allez créer se positionnera dans le pied de page de chaque formulaire.

2. Agrandissez la section *Pied de page*. Afin d'harmoniser tous vos formulaires, affectez à chaque pied de page la même dimension en hauteur. Cette dimension est repérable dans la fenêtre des propriétés du pied de page, dans la propriété *Hauteur* (saisissez par exemple 2 cm).

3. Dans le groupe **Contrôles** de l'onglet **Création**, cliquez sur l'outil **Bouton**, puis cliquez à l'emplacement souhaité (plutôt vers la gauche de l'écran) dans le pied de page. Le premier bouton que vous installerez permettra de vous placer sur le premier enregistrement du formulaire.

   Lorsque vous lâchez le bouton de la souris, l'Assistant Bouton de commande se déclenche.

4. Dans la rubrique *Catégories*, conservez l'option *Déplacements entre enreg*. Dans la rubrique *Actions*, cliquez sur *Premier enregistrement*, puis cliquez sur le bouton **Suivant**.

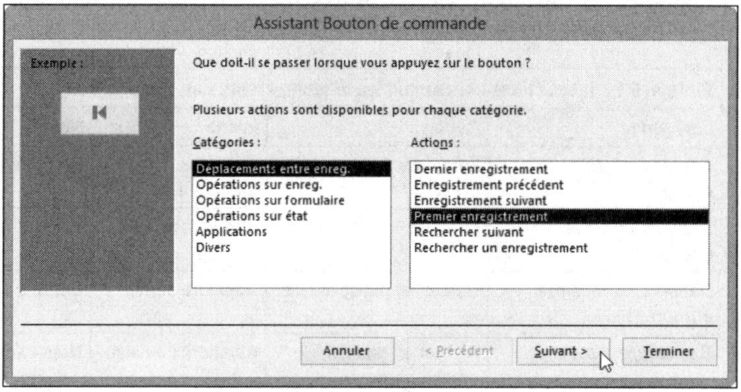

Figure 6.1 : Créer un bouton de commande avec l'assistant

5. Conservez l'image proposée et cliquez sur le bouton **Suivant**.

6. Donnez toujours un nom significatif au bouton, de préférence sans espace. Nommez-le **Premier**. Cliquez sur le bouton **Terminer**.

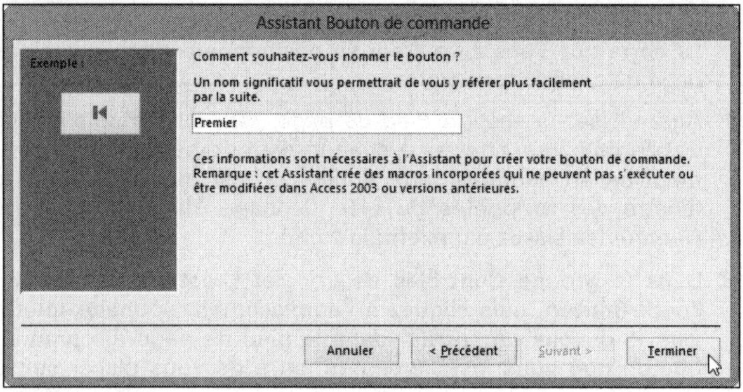

Figure 6.2 : Donner un nom court au bouton

Le bouton apparaît dans le pied de formulaire à l'endroit indiqué. Voilà ! Vous avez créé votre première macro incorporée. Facile, non ?

7. De la même façon, continuez la création de la barre d'outils en insérant successivement les autres boutons dont les consignes sont les suivantes :

Tableau 6.1 : Instructions concernant les boutons à mettre en place

Catégorie	Action	Image	Nom
Déplacements entre enreg.	Enregistrement précédent	Atteindre précédent	**Precedent**
Déplacements entre enreg.	Enregistrement suivant	Atteindre suivant	**Suivant**
Déplacements entre enreg.	Dernier enregistrement	Atteindre dernier	**Dernier**
Opérations sur enreg.	Ajouter un nouvel enregistrement	Atteindre nouveau	**Nouveau**
Opérations sur enreg.	Supprimer un enregistrement	Supprimer enregistrement	**Supprimer**

Le bouton **Fermer** existe déjà dans ce formulaire ; procédez juste à son déplacement. Positionnez-le à droite des autres boutons.

8. Améliorez la mise en forme comme ci-dessous (alignez correctement les contrôles, égalisez l'espacement entre chacun d'eux, réalisez un encadrement, etc.). Votre barre d'outils est prête à fonctionner.

Figure 6.3 : Barre d'outils de l'application Médiathèque

9. Avant de la tester, vous allez supprimer la barre de boutons de déplacement automatiquement intégrée dans un formulaire en mode Formulaire. Affichez les propriétés du formulaire. Placez-vous sur la propriété *Boutons de déplacement* et affectez-lui la valeur *Non*.

10. Enregistrez le formulaire, testez-le et fermez-le (en utilisant le bouton **Fermer**, bien sûr).

Voyons maintenant comment incorporer cette barre d'outils dans les autres formulaires de l'application. Suivez scrupuleusement les étapes suivantes :

1. Ouvrez de nouveau le formulaire *F_Medias* en mode Création.
2. Sélectionnez les sept boutons créés ainsi que le cadre. Copiez cette sélection.
3. Ouvrez un autre formulaire en mode Création, par exemple *F_Auteurs*.
4. Agrandissez le pied de page de ce formulaire (2 cm comme le formulaire précédent).
5. Collez la sélection dans la section *Pied de page*. Positionnez correctement la sélection.
6. Dans les propriétés du formulaire, supprimez la barre de boutons de déplacement.
7. Enregistrez le formulaire *F_Auteurs* et testez le bon fonctionnement de la barre d'outils.
8. Fermez le formulaire *F_Auteurs*.

9. Répétez cette procédure pour chaque formulaire où la barre d'outils doit figurer. En principe, vous n'avez plus besoin de copier la barre d'outils du formulaire *F_Medias*, puisque la copie est mémorisée dans le Presse-papiers. Fermez le formulaire *F_Medias*.

6.3. Utiliser des macros incorporées pour créer un formulaire d'accueil

Une fois les tables, requêtes, formulaires, états et macros réalisés, il serait souhaitable de faciliter la navigation entre tous ces objets par la réalisation d'un écran d'accueil. Cela donnera de plus un aspect professionnel et esthétique à votre application. Sur cet écran, vous insérerez des boutons de commande afin d'accéder rapidement aux différents formulaires et états créés, ainsi que des éléments graphiques pour rendre la manipulation de l'application par l'utilisateur plus conviviale.

Cet écran d'accueil sera par la suite lancé automatiquement au démarrage de votre base de données.

Pour créer un menu d'accueil personnalisé de façon autonome, vous allez utiliser les connaissances acquises dans cet ouvrage. Procédez ainsi :

1.  Pour créer un formulaire basé sur aucune table, dans l'onglet **Créer**, cliquez sur le contrôle **Formulaire vierge** du groupe **Formulaires**. Vous obtenez un écran vide : c'est un formulaire indépendant.
2. Fermez la fenêtre **Liste de champs** si elle s'affiche, et basculez en mode Création.
3. Agrandissez la zone de travail (la section *Détail*) en hauteur et en largeur.
4. Dans cette étape, vous allez insérer tous les boutons de commande nécessaires à la navigation dans votre application, ainsi que les éléments graphiques. Ces boutons seront commandés par des macros, incorporées dans le formulaire d'accueil. Bien entendu, rien ne vous empêche de créer des macros autonomes et de les associer aux différents boutons de commande.

Rappelons brièvement la méthode à appliquer pour réaliser des boutons de commande avec l'assistant. Pour insérer un bouton de commande, assurez-vous que le contrôle **Utiliser les Assistants contrôle** est activé. Cliquez sur le contrôle **Bouton** et cliquez à l'endroit souhaité dans le formulaire. Dès lors, un assistant se déclenche. Suivez les étapes et répondez aux questions en fonction des nécessités et de vos souhaits.

En suivant les indications figurant dans le tableau ci-après, vous allez réaliser les boutons générant l'ouverture des formulaires et des états, le bouton pour fermer le formulaire d'accueil et le bouton pour quitter Access.

Dans le tableau suivant, vous trouverez une partie des réponses à saisir dans les différentes étapes de l'assistant. En ce qui concerne l'étape du choix du texte ou de l'image, vous définirez ce que vous souhaitez. Vous insérerez ensuite tous les éléments graphiques : traits, images, couleurs, etc.

Tableau 6.2 : Liste des boutons insérés dans le formulaire F_Accueil

Objets	**Catégories**	**Actions**	**Choix**	**Nom**
Formulaires	Opérations sur formulaire	Ouvrir un formulaire	*F_Supports, F_Auteurs, F_Editeurs, F_Medias...*	Nom concis du formulaire. Par exemple *Auteurs* pour *F_Auteurs*
États	Opérations sur état	Aperçu d'un état	*E_Auteurs, E_Editeurs...*	Nom concis de l'état. Par exemple *Ap_Auteurs* pour *E_Auteurs* en aperçu
Fermer le menu d'accueil	Opérations sur formulaire	Fermer un formulaire		**Fermer**
Quitter Access	Applications	Quitter une application		**Quitter**

Vous allez réaliser le formulaire selon le modèle présenté ci-après (voir fig. 6.4).

5. Vous devez également régler certaines propriétés du formulaire pour que celui-ci fonctionne de façon optimale. Modifiez ces propriétés en vous conformant à l'écran suivant (voir fig. 6.5).

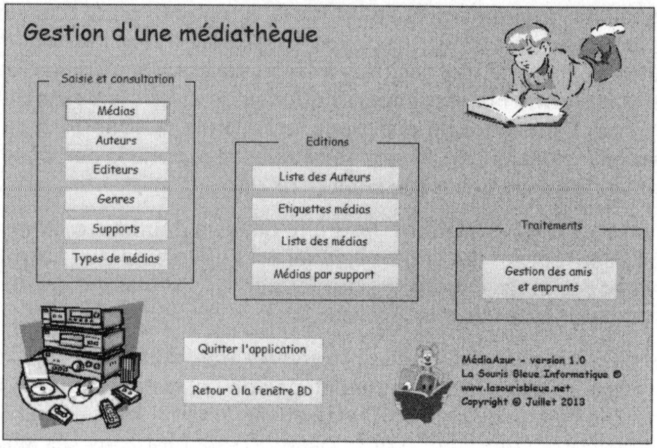

Figure 6.4 : Menu d'accueil de l'application Médiathèque

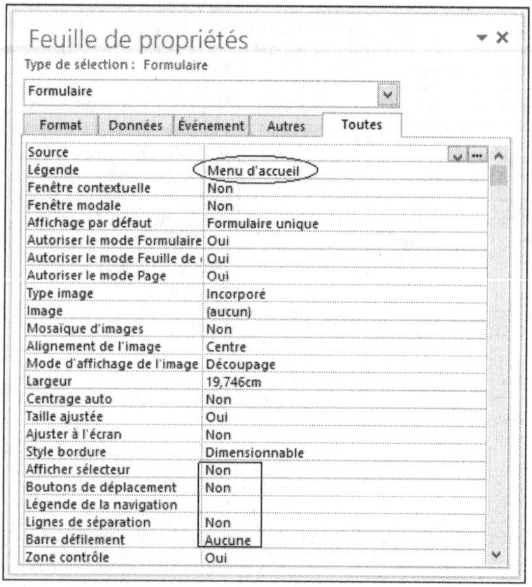

Figure 6.5 : Propriétés du formulaire d'accueil

6. Sauvegardez le formulaire sous le nom de *F_MenuAccueil*. Testez-le : passez en mode Formulaire et testez les différents boutons.
7. Fermez le formulaire d'accueil.

Pour modifier une macro incorporée :

1. Sélectionnez le contrôle auquel est associée la macro incorporée et affichez ses propriétés.
2. Dans la feuille de propriétés, déplacez-vous sur la propriété contenant la macro. Cette propriété (en principe, pour les exemples réalisés dans cette partie, c'est la propriété *Sur clic*) affiche le libellé *[Macro incorporée]*.
3. Cliquez sur le bouton surmonté de trois points, situé à droite de la zone sélectionnée, afin d'activer le générateur de macro.
4. Modifiez la macro, si nécessaire.
5. Enregistrez la macro avant de fermer la fenêtre.

6.4. Exécuter un formulaire d'accueil au démarrage

Maintenant que l'ensemble de l'application est finalisé, il s'agit d'automatiser le lancement du formulaire d'accueil créé dans la section précédente. Access vous offre la possibilité d'automatiser le fonctionnement de cette application. Pour cela :

1. Assurez-vous que tous les objets sont fermés.
2. Sélectionnez l'onglet **Fichier**.
3. Cliquez sur la commande **Options**.
4. Dans la boîte de dialogue **Options Access**, sélectionnez la catégorie *Base de données active*.

   C'est dans la partie droite de cette fenêtre que vous allez paramétrer les éléments à activer au démarrage de l'application.
5. Dans la rubrique *Titre de l'application*, saisissez `Gestion d'une médiathèque`.

   Ce titre apparaît au lancement de la base de données dans la barre de titre de l'application, à la place de l'actuel titre Microsoft Access.
6. Dans la rubrique *Icône de l'application*, saisissez le chemin complet d'un fichier icône (extension *.bmp* ou *.ico*) présent sur votre disque dur, ou cliquez sur le bouton de commande **Parcourir** afin d'explorer votre disque dur à la recherche de

l'icône souhaitée. Si vous avez téléchargé les fichiers exemples sur notre site, vous y trouverez une icône nommée *souris.ico*. Cette icône remplacera l'icône de Microsoft Access en haut et à gauche de la fenêtre **Base de données**.

Profitez-en pour cocher la case *Utiliser comme icône de formulaire et d'état*.

7. Dans la rubrique *Afficher le formulaire*, sélectionnez le formulaire *F_MenuAccueil* dans la liste déroulante afin qu'il se lance automatiquement à l'ouverture.
8. Décochez la case *Afficher la barre d'état*.
9. Comme nous avons créé un menu d'accueil, le volet de navigation n'est plus utile. Par conséquent, dans la rubrique *Navigation*, décochez la case *Afficher le volet de navigation* (un peu plus bas dans la fenêtre).
10. Enfin, dans la rubrique *Options de la barre d'outils et du ruban*, décochez les cases *Autoriser les menus complets* et *Autoriser les menus contextuels par défaut*.

    Ne vous occupez pas des autres propriétés ; conservez les options proposées.

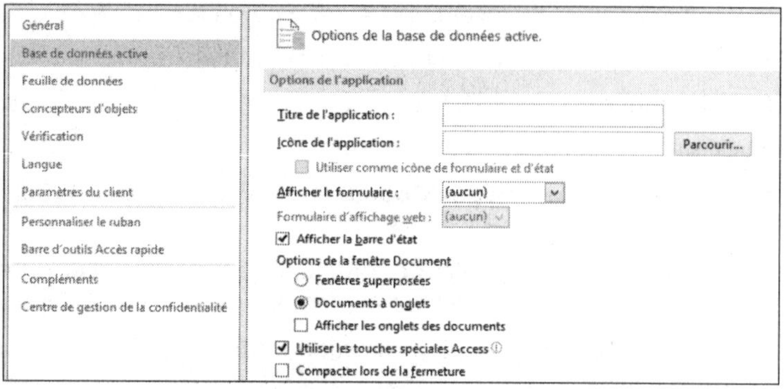

Figure 6.6 : Paramètres des options de démarrage

11. Cliquez sur le bouton OK pour valider ces modifications. Cliquez encore sur OK pour valider le message d'Access.

Certaines propriétés sont appliquées immédiatement, comme le remplacement du titre et de l'icône. Les autres propriétés seront prises en compte au prochain démarrage de votre application.

Quittez la base de données ainsi qu'Access, puis relancez l'application pour visualiser le résultat.

ASTUCE

Ne pas activer les options de démarrage

Pour éviter la prise en compte des paramètres définis au lancement d'une application, maintenez la touche Maj enfoncée au moment où vous lancez l'ouverture de la base de données.

6.5. Compacter une base de données

Plus vous effectuez de manipulations sur une base de données, plus celle-ci se fractionne et occupe une place importante sur le disque dur. De plus, quand vous supprimez des objets ou des enregistrements, vous ne gagnez pas pour autant de la place. En effet, une base de données a tendance à augmenter régulièrement en taille. Le remède consiste à compacter la base de données. Vous serez surpris par la place économisée après une manipulation de compactage. Procédez ainsi :

1. Ouvrez la base de données à compacter, par exemple la base *PE-Médiathèque01.accdb*.
2. Sélectionnez l'onglet **Fichier**.
3. Cliquez sur la commande **Informations** (en principe, elle est déjà active).
4. Dans la partie droite de la fenêtre, cliquez sur le bouton de commande **Compacter et réparer la base de données**.

La procédure s'exécute automatiquement. La base de données est fermée puis s'ouvre de nouveau quelques secondes voire quelques minutes plus tard, tout dépend de son importance. Si la base de données comporte peu d'éléments, comme c'est le cas pour la base *Médiathèque*, vous vous apercevez à peine de sa fermeture.

REMARQUE

Compacter régulièrement vos bases de données

En effet, compacter une base de données réduit la place occupée sur le disque dur et permet d'accélérer son fonctionnement.

6.6. Créer un fichier .accde

Si vous souhaitez distribuer votre application sans que les utilisateurs aient accès au code VBA ou encore aux formulaires et états en mode Création, vous pouvez créer un fichier portant l'extension *.accde* et non *.accdb*. C'est l'équivalent du fichier *.mde* des anciennes versions Access. En créant un fichier *.accde*, le code VBA, s'il y en a, est compilé et éliminé du code source. Ce code, s'il est toujours exécuté, n'est plus visible ni modifiable par les utilisateurs de la base de données. Lors de cette conversion de *.accdb* en *.accde*, la base est en plus compactée. Toutes ces opérations libèrent de la place en mémoire et accélèrent ainsi les différentes manipulations à venir.

Voici quelques manipulations (liste non exhaustive) qui ne pourront plus être effectuées sur une base enregistrée en fichier *.accde* :

- Afficher, modifier ou créer des formulaires, des états ou des modules en mode Création.
- Importer ou exporter des formulaires, des états ou des modules.

En revanche, il reste possible d'afficher, de modifier, de supprimer, d'importer ou d'exporter des tables, des requêtes ou des macros. C'est pourquoi il est prudent de réaliser un fractionnement avant de créer un fichier *.accde*. Un fractionnement consiste à dissocier la base de données en deux bases de données, l'une contenant toutes les tables de la base d'origine et l'autre contenant tous les autres objets.

Avant de créer un fichier *.accde*, pensez à sauvegarder la base de données au format *.accdb* dans un coin de votre disque dur, en sécurité. Elle servira ultérieurement si vous souhaitez effectuer des modifications sur les formulaires ou états.

Passons à la réalisation concrète du fichier *.accde*.

1. Ouvrez la base de données (format Access 2013) à convertir en *.accde*. Choisissez la base *PE-Médiathèque01.accdb*. N'oubliez pas, si nécessaire, de maintenir jusqu'à la fin de l'ouverture la touche [Maj] enfoncée afin d'annuler l'exécution des commandes de démarrage.
2. Cliquez sur l'onglet **Fichier**.

3. Cliquez sur la commande **Enregistrer sous.**

4. Dans la rubrique *Types de fichiers*, cliquez sur la commande **Enregistrer la base de données sous** (en principe, la commande est déjà sélectionnée).

5.  Dans la partie droite de la fenêtre et sous la rubrique *Avancé*, cliquez sur la commande **Créer ACCDE**.

6. Cliquez sur le bouton de commande **Enregistrer sous**.

7. Dans la boîte de dialogue **Enregistrer sous**, sélectionnez le dossier de sauvegarde, par exemple le dossier *D:\Access 2013 \Médiathèque*, et donnez le nom *MédiathèqueACCDE* à cette base. Puis cliquez sur le bouton de commande **Enregistrer**.

8. Fermez la base de données en cours et ouvrez le fichier *.accde* pour contrôler le bon fonctionnement de la procédure.

   Si nécessaire, pensez à activer le contenu de la base de données.

ACCESS ET LES AUTRES APPLICATIONS OFFICE

Access peut échanger des informations avec d'autres programmes et, plus particulièrement, avec les autres logiciels de la gamme Office tels que Excel ou Word. Vous pouvez transférer des données chiffrées dans Excel afin de les analyser avec des outils adaptés aux formules de calcul. Access vous permet également d'exporter des informations vers Word afin de les exploiter avec le traitement de texte. Ou encore, il est possible de créer un publipostage entre Word et Access. Avec le logiciel Word, vous réalisez la lettre type, des étiquettes ou des enveloppes et utilisez Access comme source de vos données.

Pour réaliser les exemples de cet apprentissage, la base de données *OF-Médiathèque01.accdb* est nécessaire. Tous les résultats des manipulations de ce chapitre sont sauvegardés dans la base de données *OF-Médiathèque02.accdb*. Ces deux bases de données et autres fichiers nécessaires à l'exécution des cas pratiques de ce chapitre sont stockés dans le dossier *Chapitre 7* du fichier compressé que vous pouvez télécharger sur notre site, à l'adresse **www.ma-editions.com**.

7.1. Exporter des données vers Excel

La fonctionnalité première d'Access n'étant pas d'effectuer des calculs complexes, utilisez plutôt Excel pour réaliser des simulations ou des calculs élaborés à partir de données provenant d'Access. En effet, Access vous permet de transférer vers une feuille de calcul Excel des données issues des tables, requêtes ou formulaires. La majeure partie de la mise en forme est également conservée dans la feuille de calcul.

Vous allez exporter la requête *R_ListeMediasParGenre*. Pour cela :

1. Faites un clic du bouton droit sur l'objet à exporter, pour cet exemple, la requête *R_ListeMediasParGenre*.
2. Activez la commande **Exporter** puis la sous-commande **Excel**.

   La boîte de dialogue **Exportation - Feuille de calcul Excel** s'affiche.
3. Cliquez sur le bouton **Parcourir** afin de choisir le dossier de sauvegarde et d'attribuer un nom au fichier Excel. Cliquez sur le bouton de commande **Enregistrer**.

4. Dans la rubrique *Format de fichier*, sélectionnez le format correspondant à la version d'Excel souhaitée.
5. Cochez éventuellement une ou plusieurs options d'exportation, puis cliquez sur OK.

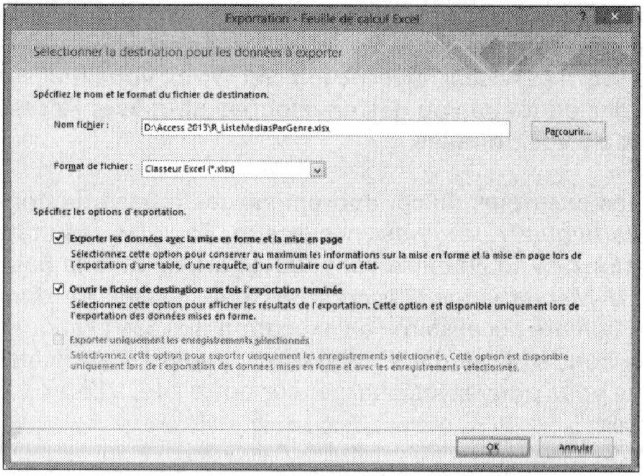

Figure 7.1 : Renseignements nécessaires à l'export vers Excel

Si vous avez coché l'option *Ouvrir le fichier de destination une fois l'exportation terminée*, le logiciel Excel est exécuté et la requête sélectionnée est intégrée dans une feuille de calcul.

Si vous avez déjà exporté un objet portant le même nom, Access vous indique que le document existe déjà et vous demande si vous souhaitez le supprimer pour le remplacer par la nouvelle version. Acceptez en cliquant sur le bouton **Oui**. En revanche, si vous souhaitez conserver la version antérieure, cliquez sur le bouton **Non**. Dans ce cas, Access active une boîte de dialogue vous permettant de choisir le lieu de stockage ainsi que le nom à attribuer au fichier.

6. Dans la boîte de dialogue proposant d'enregistrer les étapes d'exportation, cliquez sur le bouton **Fermer**.

7.2. Exporter des données vers Word

Avec Access, vous pouvez exporter très rapidement le contenu d'une table, d'une requête, d'un formulaire ou d'un état vers Word afin de le mettre en forme plus aisément.

Vous allez exporter l'état *E_MediasParSupportEtGenre*. Pour cela :

1. Faites un clic du bouton droit sur l'objet à exporter, par exemple l'état *E_MediasParSupportEtGenre*.
2. Activez la commande **Exporter** puis la sous-commande **Fichier RTF Word**.

   La boîte de dialogue **Exportation - Fichier RTF** s'affiche.
3. Cliquez sur le bouton **Parcourir** afin de choisir le dossier de sauvegarde et d'attribuer un nom au fichier Word. L'extension du fichier exporté est toujours *.rtf*. Cliquez sur le bouton de commande **Enregistrer**.
4. Cochez éventuellement l'option *Ouvrir le fichier de destination une fois l'exportation terminée*, puis cliquez sur OK.

   Si vous avez coché l'option *Ouvrir le fichier de destination une fois l'exportation terminée*, le logiciel Word est exécuté et l'état sélectionné est transformé en document Word.

   Là aussi, si vous avez déjà exporté cet objet, Access indique que le document existe déjà et vous demande si vous souhaitez le supprimer pour le remplacer par la nouvelle version. Acceptez en cliquant sur le bouton **Oui**. Cliquer sur le bouton **Non** déclenche une boîte de dialogue vous permettant de choisir le lieu de stockage ainsi que le nom à attribuer au fichier.
5. Dans la boîte de dialogue proposant d'enregistrer les étapes d'exportation, cliquez sur le bouton **Fermer**.

Vous avez dû constater que les contrôles graphiques tels que les traits ou les images n'étaient pas exportés. Le texte avec la mise en forme des caractères ainsi que l'orientation (portrait ou paysage) et les marges sont conservés.

Si vous exportez une table, une requête ou un formulaire, les données sont transférées directement dans un tableau Word.

7.3. Créer un publipostage avec Word

Concernant les échanges de données, le publipostage entre Word et Access est une des fonctionnalités les plus utiles. Une lettre type créée sous Word peut être fusionnée avec des données provenant d'une table ou d'une requête Access. Les données ne peuvent provenir de formulaires ou d'états puisque ces objets ne sont finalement que des masques utiles à la saisie ou à l'édition d'informations.

Vous allez concevoir un courrier pour réclamer à vos amis la restitution des livres qu'ils vous ont empruntés. Au préalable, effectuez la requête regroupant toutes les informations nécessaires à la réalisation de cette lettre.

Basez la nouvelle requête sur les tables *T_Amis, T_Emprunts, T_Medias, T_Supports* et *T_Auteurs*. Sélectionnez les champs :

- *PrenomAmi, NomAmi, RueAmi, CPAmi* et *VilleAmi* de la table *T_Amis*.
- *DateEmprunt* et *DateRetour* de la table *T_Emprunts*.
- *TitreMedia* de la table *T_Medias*.
- *IntituleSupport* de la table *T_Supports*.
- *NomAuteur* et *PrenomAuteur* de la table *T_Auteurs*.

Apportez les modifications suivantes à la requête :

1. Posez le critère *EstNull* sur le champ *DateRetour*.
2. Effectuez un tri croissant sur *NomAmi* et *TitreMedia*.
3. Afin de préserver l'affichage de la date dans un format français (jour/mois/année), modifiez le champ *DateEmprunt* de la façon suivante : `Emprunt: Format([DateEmprunt];"jj/mm/aaaa")`.

   Si vous ne réalisez pas cette manipulation, Word affichera la date au format américain (mois/jour/année).
4. Enregistrez la requête sous le nom de *R_LettreEmprunts*.

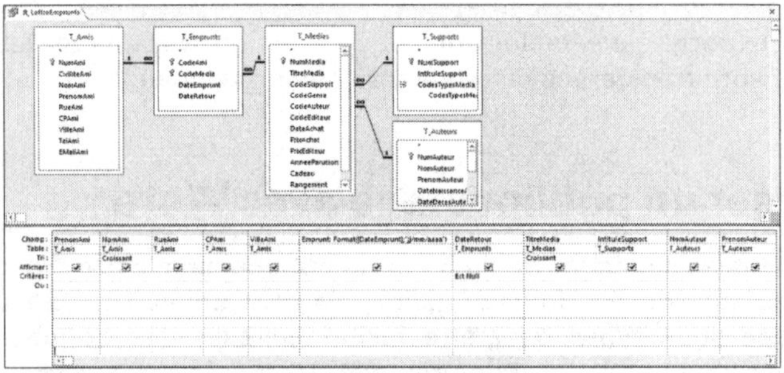

Figure 7.2 : Requête R_LettreEmprunts en mode Création

Pour réaliser un publipostage entre Word et Access, suivez ces étapes :

1. Faites un clic du bouton droit sur la table ou la requête qui fournira les données à fusionner avec la lettre type réalisée dans Word. Pour l'exemple, cliquez du bouton droit sur la requête *R_LettreEmprunts*.
2. Activez la commande **Exporter** puis la sous-commande **Word**.
3. L'Assistant Fusion et publipostage MS Word se déclenche. Cette boîte de dialogue vous propose de fusionner les données issues de la requête soit avec un document Word existant, soit avec un nouveau document. Pour l'exemple, cochez l'option *Créer un nouveau document et y attacher vos données*. Cliquez ensuite sur le bouton OK.

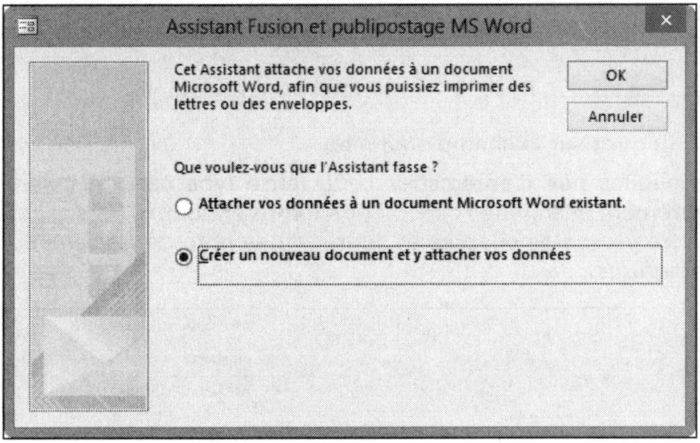

Figure 7.3 : Assistant Fusion et publipostage MS Word

Le logiciel Microsoft Word 2013 est exécuté et un nouveau document est chargé, prêt à réaliser la procédure de publipostage.

4. Saisissez le contenu de la lettre à envoyer concernant la demande de retour d'emprunt, en insérant au fur et à mesure les champs de fusion.

   Pour insérer un champ de fusion, procédez ainsi :

   - Positionnez le curseur à l'endroit où vous désirez ajouter le champ de fusion dans la lettre.

- Dans l'onglet **Publipostage**, déroulez la liste des champs disponibles en cliquant sur le contrôle **Insérer un champ de fusion** du groupe **Champs d'écriture et d'insertion**.

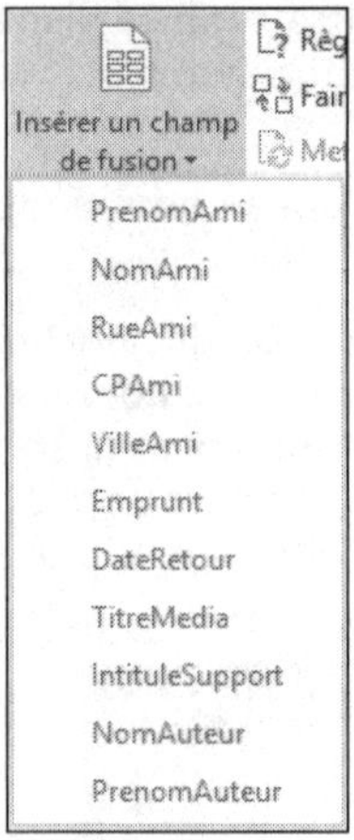

Figure 7.4 : Liste des champs de la requête dans Word

- Cliquez sur le champ souhaité.

N'oubliez pas d'enregistrer cette lettre type car vous aurez sûrement besoin de l'exécuter de temps en temps. Saisissez la lettre présentée ci-après et donnez-lui le nom de *Réclamation emprunts*.

«PrenomAmi» «NomAmi»

«RueAmi»

«CPAmi» «VilleAmi»

Nantes, le 31 juillet 2013

Bonjour «PrenomAmi»,

Tu m'as emprunté le «Emprunt», le «IntituleSupport» dont le titre est "«TitreMedia»" de «PrenomAuteur» «NomAuteur». Pourrais-tu me le renvoyer sans tarder ?

Je te remercie d'avance.

Amicalement.

Céline

Figure 7.5 : Lettre à reproduire, nommée Réclamation emprunts

5. Effectuez la mise en forme du courrier.

6. Exécutez la fusion de la lettre type avec les données dans un nouveau document :
   - 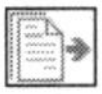 En cliquant sur le contrôle **Terminer & fusionner** du groupe **Terminer**.
   -  Puis en activant la commande **Modifier des documents individuels**.
7. Dans la fenêtre **Fusion avec nouv. doc.**, cliquez sur le bouton OK afin de fusionner toutes les données de la requête.

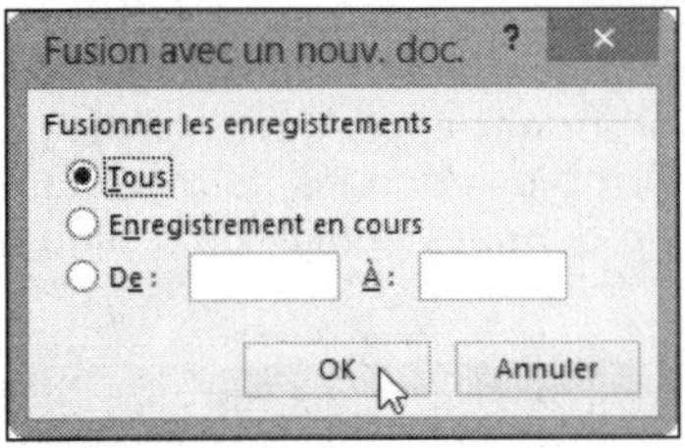

Figure 7.6 : Boîte de dialogue des options de fusion des enregistrements

8. Éventuellement, imprimez le résultat obtenu, puis fermez la fenêtre contenant les lettres fusionnées sans l'enregistrer, car vous pourrez à tout moment réaliser de nouveau la fusion.
9. Enregistrez éventuellement la lettre type et quittez Word afin de revenir dans Access.

Désormais, votre lettre type étant créée, quand vous exécuterez l'Assistant Fusion et publipostage MS Word à partir d'Access, vous choisirez l'option *Attacher vos données à un document Microsoft Word existant* dans la première étape de l'assistant. Vous devrez ensuite sélectionner l'endroit et le nom du fichier souhaité puis fusionner la lettre type avec les données. La mise à jour des emprunts sera automatiquement effectuée.

7.4. Importer une feuille de calcul Excel

Une dernière fonctionnalité intéressante d'Access est la possibilité d'importer des données provenant de sources extérieures à Access. Voyons comment importer des données issues du logiciel Excel. Pour appréhender cette commande, créez vous-même une liste structurée de données sous Excel, ou utilisez le fichier *Amis.xlsx* fourni avec les bases de données exemples. Effectuez les étapes suivantes :

1. Dans Access, sélectionnez l'onglet **Données externes.**
2.  Dans le groupe **Importer et lier**, cliquez sur le contrôle **Excel.**

   La boîte de dialogue **Données externes - Feuille de calcul Excel** s'affiche.
3. Cliquez sur le bouton **Parcourir** afin de localiser le classeur à importer. Une fois le classeur Excel (*Amis.xlsx* pour notre exemple) sélectionné dans la boîte de dialogue **Ouvrir**, cliquez sur le bouton de commande **Ouvrir**.
4. Sélectionnez l'option correspondant au type de stockage souhaité dans la base de données. Pour notre exemple, conservez la première option cochée *Importer les données sources dans une nouvelle table de la base de données active*, puis cliquez sur le bouton OK.

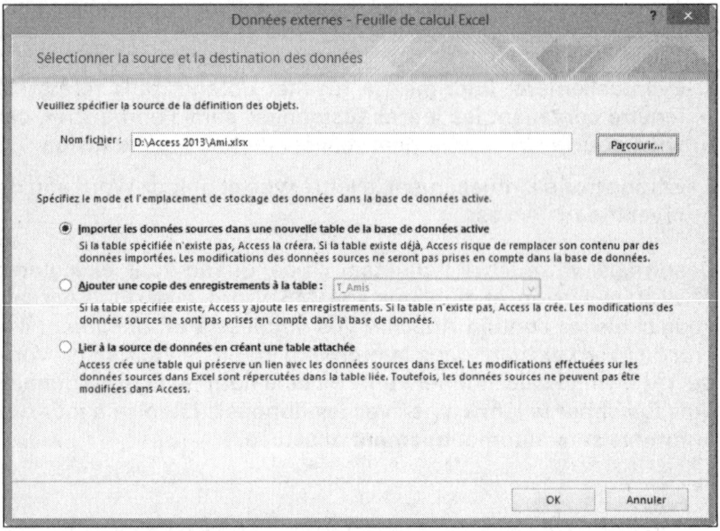

Figure 7.7 : Sélection du chemin d'accès et du nom du fichier source, et choix du mode d'insertion des informations dans la base de données

ATTENTION

Importer des enregistrements dans une table existante

Si vous choisissez d'ajouter les enregistrements dans une table existante, il faut alors que les champs importés soient compatibles avec les champs de la table créée. La réussite de cette opération n'est donc pas garantie, sauf si toutes les vérifications ont été effectuées au préalable.

5. À l'étape suivante, choisissez la feuille de calcul ou la plage de données nommée à importer. Conservez les options proposées : *Afficher les feuilles de données* et *Amis*. Cliquez sur le bouton **Suivant**.

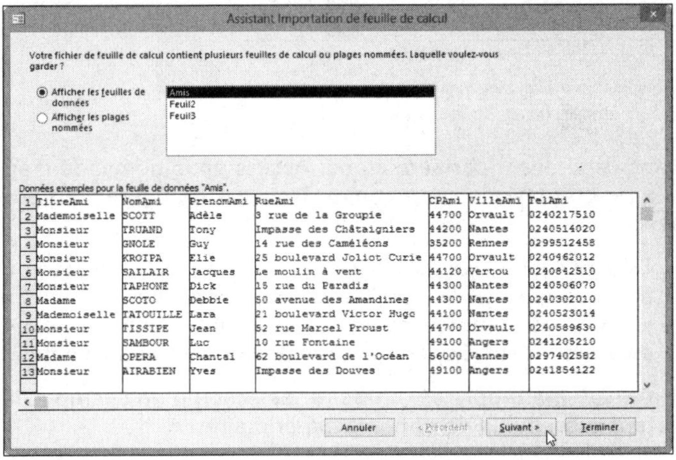

Figure 7.8 : Ce classeur Excel contient trois feuilles de calcul. Dans la partie inférieure de la fenêtre, vous avez un aperçu des données contenues dans la feuille sélectionnée

6. Dans cette étape, Access vous demande si la première ligne de votre feuille de calcul contient les noms des champs à utiliser dans la table. Dans la plupart des cas, il convient de cocher cette option. Cliquez ensuite sur le bouton **Suivant**.

7. À la quatrième étape, dans la rubrique *Options des champs*, vous pouvez modifier le nom, l'indexage et le type de données de chaque champ, en cliquant successivement sur chaque colonne dont vous souhaitez changer les propriétés. Il est également possible de ne pas importer un champ. Dans ce cas, cliquez sur la colonne du champ à omettre et cochez la case *Ne pas importer le champ (sauter)*. Modifiez le type de données du champ *CPAmi* de *Réel double* en *Texte court*. En effet, un code postal doit toujours être de type *Texte court*. Puis cliquez sur le bouton **Suivant**.

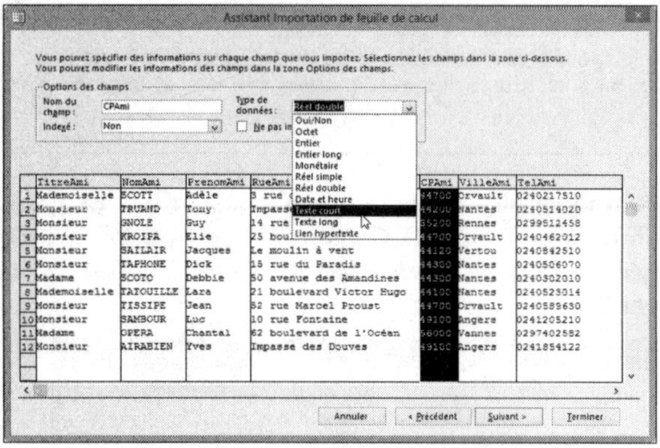

Figure 7.9 : Modifier les options des champs

8. Dans cette avant-dernière étape, Access vous demande d'appliquer ou non une clé primaire. Trois cas de figure sont proposés :

   – *Laisser Access ajouter une clé primaire* : un numéro automatique, ce qui signifie que l'utilisateur n'aura pas à remplir ce champ, un numéro séquentiel se créant à chaque nouvel enregistrement. Conservez cette option pour votre exemple.

   – *Choisir ma propre clé primaire* : sélection d'un champ existant susceptible de porter la clé primaire.

   – *Pas de clé primaire* : ne pas définir de clé primaire pour le moment.

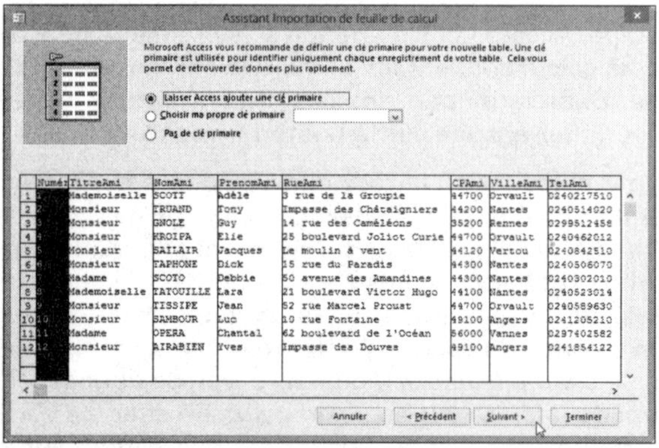

Figure 7.10 : Définition de la clé primaire

9. Cliquez sur le bouton **Suivant**.

10. Vous pouvez soit accepter le nom proposé pour cette nouvelle table ou en affecter un autre. Nommez cette table *T_AmisBis*, puisqu'il existe déjà une table *T_Amis*. Cliquez sur le bouton **Terminer**.

11. Une fois la table créée, Access affiche un message indiquant la fin de l'importation et vous propose d'enregistrer les étapes d'importation. Cliquez sur le bouton **Fermer**.

A

B

C

D

E

N

O

P

R

S

T

V

W

Z

Composé et imprimé en France - JOUVE - 1, rue du Docteur Sauvé - 53100 MAYENNE
N° 2122390L - Dépôt légal : octobre 2013